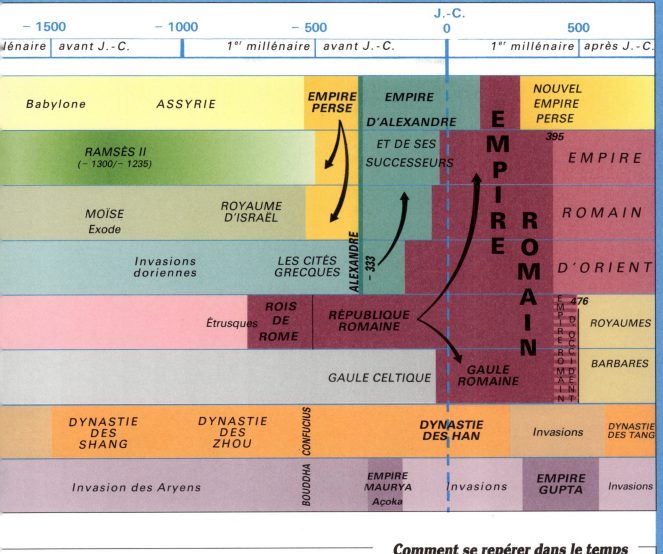
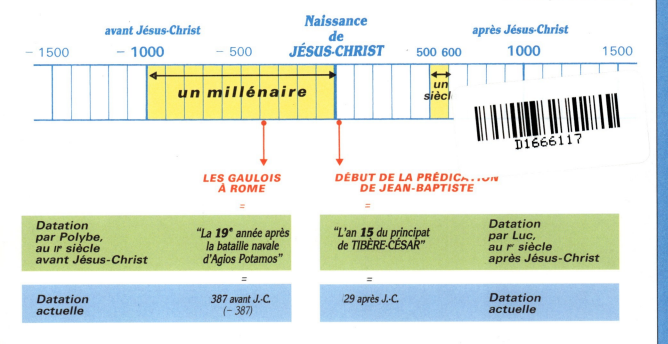

HISTOIRE 6ᵉ
GÉOGRAPHIE
INITIATION ÉCONOMIQUE

Programme paru en 1985

HISTOIRE

Sous la direction de

Marie-Thérèse DROUILLON
Agrégée d'histoire
IPR de l'académie d'Orléans-Tours

Eric BACONNET
Professeur certifié au collège Jean Monod
de Beaumont-sur-Oise

Catherine CHADEFAUD
Agrégée d'histoire
Professeur au lycée Toulouse-Lautrec
de Vaucresson

Jean-Marie FLONNEAU
Ancien élève de l'ENS de Cachan
Agrégé d'histoire
Professeur de Première supérieure
au lycée Pothier d'Orléans

Patricia ROUILLARD-FILIPPI
Professeur au collège Jeanne d'Arc de Surgères

Marie-Hélène ROY
Professeur certifié au collège Georges Politzer
de La Courneuve

GÉOGRAPHIE

Sous la direction de

Monique FLONNEAU
Ancienne élève de l'ENS de Cachan
Agrégée de géographie
Professeur à l'École Normale du Loiret

Daniel LEGER
Professeur de collège à Sancergues

Chantal SEBBANE
Agrégée de géographie
Professeur au collège Pablo Neruda de Gagny

Conseiller pour la partie géographie

Gérard LAMBERT
Directeur de recherche au CNRS

Cartographie

Grandes cartes d'histoire
et planisphères de géographie

Claude DUBUT/Anne LE FUR

PROGRAMME D'HISTOIRE, GÉOGRAPHIE, INITIATION ÉCONOMIQUE
CLASSE DE SIXIÈME

Histoire

Les élèves étudient quelques grandes civilisations de l'Antiquité, dans le monde méditerranéen, dans le monde asiatique.

Présentation sommaire de la préhistoire : la succession de ses civilisations ; leurs acquis.

Anciennes civilisations du monde méditerranéen :
— L'Egypte.
— Les Hébreux.
— La civilisation de la Grèce classique ; les grands traits de la civilisation hellénistique.
— Rome : la république romaine ; l'empire romain (la Paix romaine) ; la Gaule celtique et romaine.
— Naissance et développement du christianisme.
— La dislocation de l'empire romain.

Anciennes civilisations de l'Asie : grands traits des civilisations de la Chine et de l'Inde.

La notion de civilisation

Géographie

Les élèves étudient la diversité des conditions de vie des hommes sur la Terre, les efforts d'adaptation des groupes humains ou des sociétés humaines et leur action sur le milieu.

La Terre : continents et océans.
Les hommes dans les milieux tempérés.
Les hommes dans les milieux désertiques chauds.
Les hommes dans les milieux intertropicaux.
Les hommes dans les milieux polaires.
L'homme et la montagne dans les milieux tempérés et intertropicaux.

La notion de zone climatique
La répartition des hommes à la surface de la Terre

Initiation économique

Les élèves comprennent la notion d'agent économique et reconnaissent les acteurs de la production et des échanges, en prenant appui sur l'étude du circuit économique dans la commune (les ménages, les entreprises locales, les échanges locaux).

GÉNÉRIQUE DE L'OUVRAGE

Edition : Jean-Rémi Clausse
Maquette : Thierry By
Couverture : Graphir
Cartographie et schémas : AFDEC, Claude Dubut, Martine Frouin, Anne Le Fur
Iconographie : Monique Durguerian et Christine Morel
Relecture : Jean Pencréac'h
Réalisation cartographique : Edigraphie
Illustration : Laurent Schmitz
Photocomposition : EDIT-PRESS

© Éditions Nathan, Paris 1990 ISBN 2.09.173530.2

AVANT-PROPOS

Aux élèves de Sixième

Ce livre, nous l'avons fait pour vous qui êtes nés quelques années seulement avant l'an 2000.

Vous savez déjà, pour l'avoir appris à l'école primaire, que beaucoup d'hommes ont vécu avant vous, depuis les temps préhistoriques jusqu'à vos parents. Apprendre l'histoire, c'est établir le contact avec ces hommes, leur demander comment ils ont vécu, ce qu'ils ont fait et ce qu'ils ont pensé. Ils ne peuvent pas nous répondre de vive voix mais ils nous ont laissé des renseignements que l'on appelle des documents. C'est pourquoi nous devons apprendre à regarder une image, à lire un texte, une carte, une frise chronologique. Ils nous faut aussi apprendre à poser des questions à ces documents afin qu'ils ne restent pas muets comme une histoire racontée dans une langue inconnue.

Et le monde actuel ? Chaque jour, la télévision présente des images et des reportages venus du monde entier. Souvent, il vous arrive de raconter ce que vous avez vu ou ce que vous avez fait pendant vos vacances. Parfois, vous rêvez d'aventures dans les pays lointains. La géographie va vous aider à comprendre les différences qui existent aujourd'hui entre les pays du monde. La lecture des cartes vous aidera à répondre à de nombreuses questions que vous vous posez sur la vie des hommes : où vivent-ils ? Quelles sont leurs activités ? Quels sont leurs problèmes quotidiens ? Quelles sont leurs richesses ? Nous allons vous accompagner dans cette découverte de la Terre et de ses 5 milliards d'habitants.

De l'homosapiens au barbare installé dans l'empire romain, des pôles à l'équateur, élargissez vos connaissances des hommes et du monde. Vous constaterez qu'apprendre l'histoire et la géographie est une aventure passionnante.

Les auteurs

POUR UTILISER VOTRE MANUEL

■ **Votre manuel comprend deux grandes parties et des pages complémentaires**

— Une partie histoire, divisée en 8 chapitres : elle se distingue par la couleur rouge.
— Une partie géographie, divisée en 6 chapitres (couleur verte) et trois doubles pages d'initiation économique (couleur bleue).

— Un sommaire, pages 6, 7 et 8, vous permet de retrouver facilement les pages que vous recherchez.
— De la page 300 à la page 303, un lexique vous rappelle les définitions de tous les mots nouveaux ou difficiles, expliqués dans ce manuel.

■ **Chaque chapitre est organisé selon le même modèle, par doubles pages.**

1. La double page d'ouverture du chapitre

Elle vous offre un premier contact avec ce que vous allez étudier dans le chapitre. Avec ses documents, elle vous invite au rêve ou au voyage.

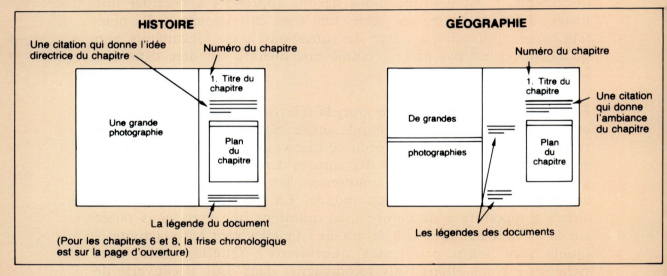

2. La double page de cartographie. En histoire, elle vous permet de vous situer dans l'espace (avec la carte) et dans le temps (avec la frise chronologique). En géographie, elle vous permet de localiser le milieu étudié dans le chapitre.

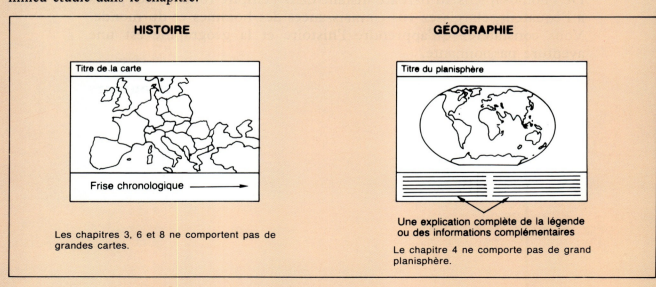

3. Les doubles pages de cours

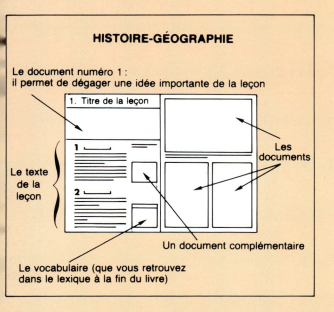

4. Les doubles pages « Activités et documents »

L'objet de ces pages est de mettre les documents en relation entre eux.

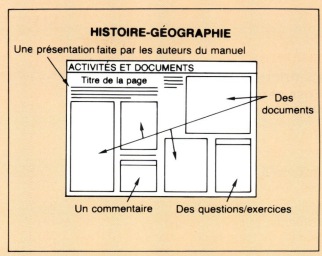

■ **A l'intérieur de ces doubles pages.**

I. Le texte de cours

2. Les cartes : elles portent un titre donné par les auteurs du manuel, une échelle simple à utiliser avec le rappel des centimètres que vous avez sur vos règles, et une légende complète. Sauf indication, le nord est toujours en haut.

3. Les photographies : elles portent un titre donné par les auteurs du manuel, l'époque dont date l'objet photographié est indiquée, ainsi que l'endroit où il est conservé. En géographie, nous indiquons le pays ou le département où la photographie a été prise.

4. Des questions

Des questions pour vous guider sont souvent posées sous les documents (cartes, photographies, textes).

5. Les textes documents

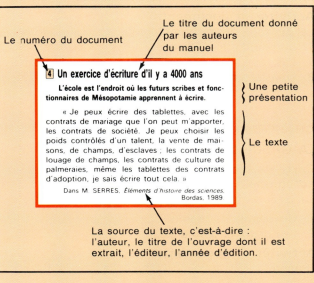

SOMMAIRE

HISTOIRE

CHAPITRE 1
LA PRÉHISTOIRE 10/11
Frise chronologique :
La préhistoire 12/13
1. Vivre au paléolithique 14/15
2. Vivre au néolithique 16/17
3. L'outil, du galet à l'araire 18/19

Activités et documents
Les débats de la préhistoire 20/21
L'écriture, mémoire des hommes 22/23
L'homme et l'esprit religieux 24/25
Sumer, un peuple entre dans l'histoire . 26/27

CHAPITRE 2
L'EGYPTE ANTIQUE 28/29
Carte de localisation et frise chronologique :
- L'Egypte antique 30
- Le delta du Nil 31
1. L'Egypte, un pays le long du Nil 32/33
2. Pharaon dirige l'Egypte 34/35

Activités et documents
Scribes et hiéroglyphes 36/37
3. Le petit peuple égyptien 38/39
4. Une religion pour les vivants 40/41

Activités et documents
Pharaon dans sa demeure d'éternité 42/43
5. Une religion pour survivre 44/45

CHAPITRE 3
LES HÉBREUX 46/47
Activités et documents
La Bible (+ frise chronologique) 48/49
1. Le peuple de l'Alliance 50/51
2. Les royaumes d'Israël 52/53
3. Une religion monothéiste 54/55

CHAPITRE 4
LA GRÈCE CLASSIQUE 56/57
Carte de localisation et frise chronologique :
La Grèce classique 58/59
1. Un peuple de marins 60/61
2. Les dieux et les héros 62/63

Activités et documents
Homère 64/65

3. Le sanctuaire de Delphes 66/67
Activités et documents
Les Jeux 68/69
4. La naissance des cités 70/71
5. Athènes, l'aube de la démocratie 72/73
6. Des guerres médiques à l'impérialisme athénien 74/75

Activités et documents
L'Acropole d'Athènes 76/77
7. A Athènes, au fil des jours 78/79
8. Sparte et Athènes 80/81
9. Philippe et Alexandre 82/83

Activités et documents
La civilisation hellénistique 84/85
L'héritage des Grecs 86/87

Carte de localisation :
Les civilisations du monde antique
à l'époque hellénistique 88/89

CHAPITRE 5
ROME 90/91
Carte de localisation et frise chronologique :
Rome et ses conquêtes 92/93
1. Les origines de Rome 94/95
2. Etre citoyen à Rome 96/97
3. Les premières conquêtes de la République 98/99

Activités et documents
L'armée romaine 100/101
4. La crise de la République 102/103
5. La Gaule celtique 104/105

Activités et documents
Artisans et paysans gaulois 106/107
6. La guerre des Gaules 108/109
7. Jules César et la fin de la République 110/111
8. Auguste et la fondation de l'Empire 112/113

Activités et documents
La Paix romaine 114/115
9. Tous les chemins mènent à Rome ... 116/117
10. La société romaine 118/119

Activités et documents
Du pain et des jeux 120/121
11. La Gaule romaine 122/123
12. Les religions des Romains au fil des temps 124/125

Activités et documents
Timgad, ville de province 126/127
Pompéi, 24 août 79 .... 128/129

CHAPITRE 6
LE CHRISTIANISME 130/131
(+ frise chronologique)
1. Jésus de Nazareth 132/133
2. L'expansion du christianisme 134/135
3. L'empire romain devient chrétien 136/137

CHAPITRE 7
L'EMPIRE ROMAIN ET LES BARBARES 138/139
Carte de localisation et frise chronologique :
Les migrations barbares et la division de l'empire romain 140/141
1. Les migrations barbares 142/143
2. L'Empire disloqué 144/145

CHAPITRE 8
INDE ET CHINE ANCIENNES 146/147
(+ frise chronologique)
1. Histoire de l'Inde ancienne 148/149
2. Croyances et société en Inde ancienne 150/151
3. La Chine ancienne 152/153
4. Idées et croyances en Chine ancienne 154/155

CONCLUSION
Qu'est-ce qu'une civilisation ?
Grille d'analyse d'une civilisation 156
L'histoire au présent 157

GEOGRAPHIE

CHAPITRE 1
LA PLANÈTE TERRE 160/161
1. La Terre dans l'univers 162/163
2. La Terre, notre planète 164/165
Activités et documents
S'orienter et se repérer sur la Terre 166/167
Planisphère :
Les continents et le relief 168/169
3. Les continents 170/171
Planisphère :
Les océans et les fonds marins 172/173
4. Les océans et les mers 174/175
5. La vie de la Terre 176/177
Activités et documents
Lire des cartes à différentes échelles 178/179

CHAPITRE 2
LA TERRE, PLANÈTE DES HOMMES 180/181
Planisphère :
La population de la Terre 182/183
1. Les hommes peuplent la Terre 184/185
2. Les hommes exploitent la Terre 186/187
3. Les hommes circulent 188/189
4. Les hommes aménagent l'espace 190/191
Activités et documents
Lire une photographie 192/193
Comparer un texte et une carte 194/195

CHAPITRE 3
LES MILIEUX CLIMATIQUES 196/197
1. Le soleil et les rythmes de la vie 198/199
2. Les facteurs du climat 200/201
Activités et documents
Construire et lire des graphiques 202/203
3. Les cours d'eau 204/205
4. La végétation de la Terre 206/207
Planisphère :
Les climats de la Terre 208/209

CHAPITRE 4
LES HOMMES AUX LIMITES DU MONDE HABITABLE 210/211
1. Les limites du monde habitable 212/213
2. Le milieu désertique chaud 214/215
3. Vivre dans les déserts 216/217
4. Vaincre le désert 218/219
Activités et documents
Les oasis 220/221
5. Le milieu polaire 222/223
6. Vivre dans le Grand Nord 224/225
7. Les enjeux autour des pôles 226/227
Activités et documents
La zonalité dans l'Arctique 228/229
8. Le milieu montagnard 230/231
9. Les transformations des Alpes 232/233
10. La vie traditionnelle en montagne .. 234/235
Activités et documents
Dessiner une coupe de synthèse 236/237

CHAPITRE 5

LES HOMMES DANS LES MILIEUX TEMPÉRÉS 238/239

Planisphère :
Les zones tempérées 240/241
1. La diversité des milieux tempérés 242/243
2. Des campagnes fortement humanisées 244/245
3. Plusieurs générations d'industries 246/247

Activités et documents
L'évolution des paysages 248/249
4. Un milieu dominé par les villes 250/251
5. Au cœur des échanges mondiaux 252/253
6. Les espaces touristiques 254/255

Activités et documents
Un plan d'occupation des sols 256/257
7. Le domaine méditerranéen 258/259
8. L'agriculture méditerranéenne 260/261
9. Le peuplement autour de la Méditerranée 262/263

Activités et documents
La fragilité du milieu méditerranéen 264/265

CHAPITRE 6

LES HOMMES DANS LES MILIEUX INTERTROPICAUX 266/267

Planisphère :
La zone intertropicale 268/269
1. Climats et milieux intertropicaux 270/271
2. L'eau et les fleuves 272/273
3. Vivre dans la forêt dense 274/275

Activités et documents
Un dossier : l'Amazonie 276/277
4. L'agriculture vivrière de la savane 278/279
5. L'agriculture commerciale 280/281
6. La riziculture tropicale 282/283

Activités et documents
Découvrir la Côte d'Ivoire par les cartes 284/285
7. Les villes tropicales 286/287
8. Les grands chantiers 288/289

Activités et documents
La Réunion, une île tropicale 290/291

CONCLUSION

La mondialisation des activités des hommes 292/293

INITIATION ÉCONOMIQUE

1. Les échanges 294/295
2. La demande des consommateurs 296/297
3. L'offre des producteurs 298/299

LEXIQUE de la partie histoire 300/301
LEXIQUE de la partie géographie/initiation économique 302/303

HISTOIRE

Chapitre 1

LA PRÉHISTOIRE

« Et l'Homme fut là !... »

E. BONIFAY, *Archéologie de la France, 30 ans de découvertes*, Réunion des musées nationaux, 1989.

PLAN DU CHAPITRE

Frise chronologique : La préhistoire 12/13
1. Vivre au paléolithique 14/15
2. Vivre au néolithique 16/17
3. L'outil, du galet à l'araire 18/19

Activités et documents :
Les débats de la préhistoire 20/21

Gisement archéologique de Pontcharaud dans le Puy-de-Dôme. Ce site où les archéologues ont retrouvé 70 sépultures est un des premiers témoignages laissés par des communautés sédentaires en France. Il date d'environ 4 500 ans avant J.-C.

LA PRÉHISTOIRE

◀ **Le peuplement de la planète**

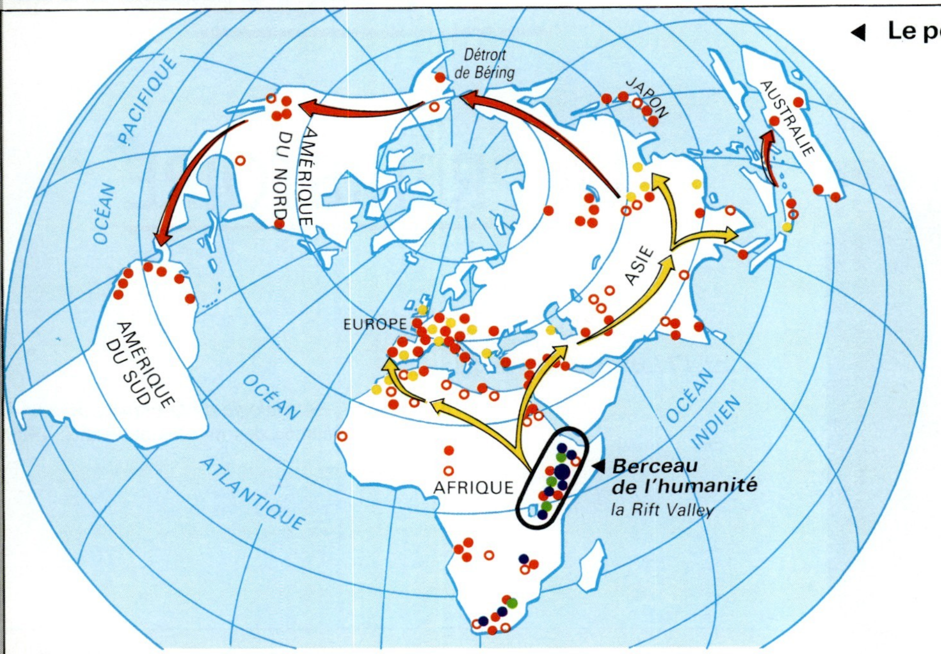

Détroit de Béring
JAPON
AUSTRALIE
OCÉAN PACIFIQUE
AMÉRIQUE DU NORD
ASIE
EUROPE
AMÉRIQUE DU SUD
OCÉAN ATLANTIQUE
OCÉAN INDIEN
AFRIQUE
◀ Berceau de l'humanité
la Rift Valley

Sites occupés par :
- l'australopithèque
- l'homo habilis
- l'homo erectus
- l'homo sapiens
- l'homo sapiens-sapiens

Migrations supposées
- de l'homo erectus
- de l'homo sapiens et sapiens-sapiens

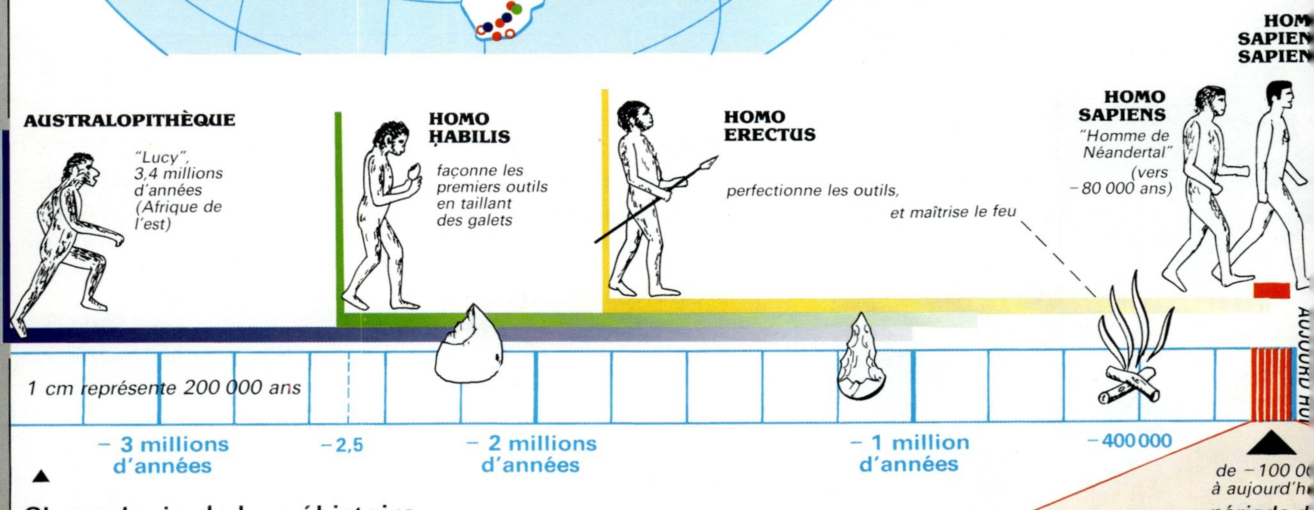

AUSTRALOPITHÈQUE
"Lucy", 3,4 millions d'années (Afrique de l'est)
HOMO HABILIS
façonne les premiers outils en taillant des galets
HOMO ERECTUS
perfectionne les outils,
et maîtrise le feu
HOMO SAPIENS
"Homme de Néandertal" (vers −80 000 ans)
HOMO SAPIENS SAPIENS
AUJOURD'HU
1 cm représente 200 000 ans
− 3 millions d'années
−2,5
− 2 millions d'années
− 1 million d'années
−400 000
de −100 000 à aujourd'hui
période des plus grands progrès de l'homme
(détaillée ci-dessous)

▲ **Chronologie de la préhistoire**

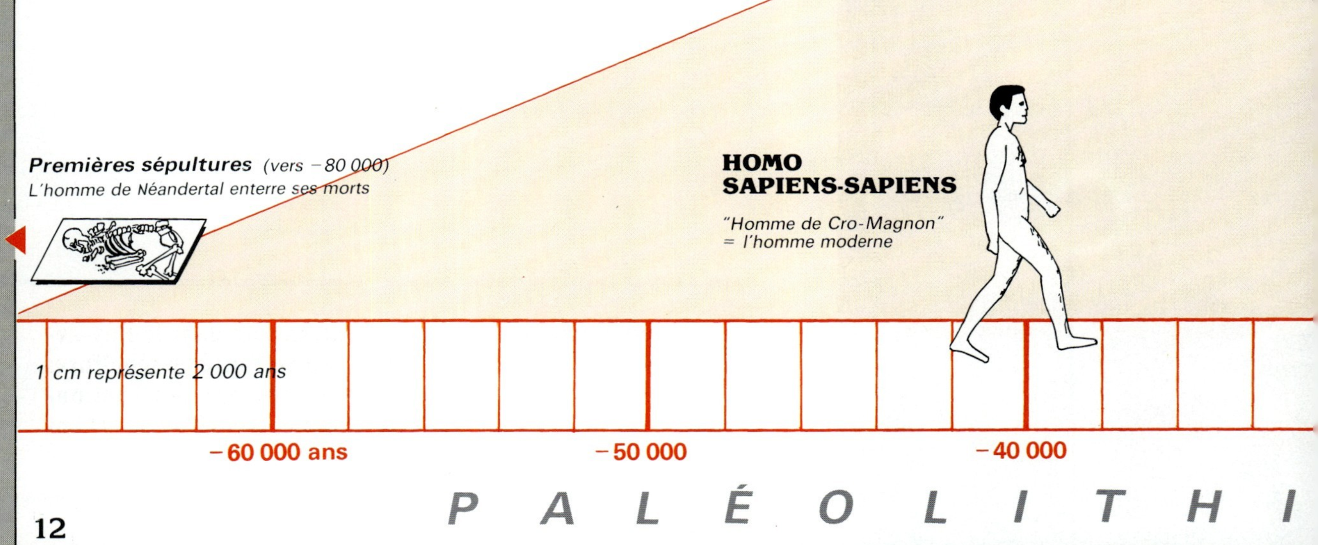

Premières sépultures (vers −80 000)
L'homme de Néandertal enterre ses morts
HOMO SAPIENS-SAPIENS
"Homme de Cro-Magnon" = l'homme moderne
1 cm représente 2 000 ans
−60 000 ans
−50 000
−40 000
P A L É O L I T H I

← **Squelette découvert dans la grotte de Foissac (Ariège).** Il a été appelé Arthur par les archéologues. Cette grotte semble être un lieu aménagé pour le culte des morts vers 3 000 ans avant J.-C.

→ **Bison peint sur une paroi de la grotte de Niaux (Ariège) daté de 15 000 ans avant J.-C.** La signification des flèches n'est pas connue avec certitude.

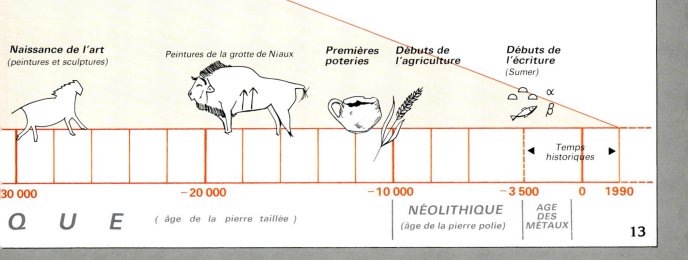

CHAPITRE 1 : LA PRÉHISTOIRE

1. Vivre au paléolithique

1. L'Afrique, berceau de l'humanité

● Les traces les plus anciennes de l'homme datent d'il y a trois millions d'années. Elles ont été découvertes en **Afrique de l'Est**. Vivant à découvert dans la savane où les dangers sont nombreux, les premiers hommes se défendent mieux ensemble. Ils vivent en groupe, en **société*** organisée.

● **Nomades*,** ces premiers hommes (doc. 2) vivent de chasse et de cueillette. Au début ils ne s'attaquent qu'au petit gibier, les antilopes par exemple... La chasse est l'affaire des hommes ; les femmes et les enfants pratiquent la cueillette. L'habitat est temporaire. Chaque groupe compte 5 ou 6 familles, soit 25 personnes environ qui se déplacent sur de grandes distances à la recherche de la nourriture.

2. L'homme fait des progrès décisifs

● Il y a environ 1,5 million d'années, **des groupes d'hommes quittent l'Afrique pour se répandre en Europe et en Asie.** Lors des grandes **glaciations***, il y a un million d'années, mammouths, rhinocéros laineux, bisons et rennes partagent avec les hommes la steppe glacée. La grande chasse prend son essor. L'homme s'attaque désormais au gros gibier : il faut se déployer pour piéger les animaux. La vie de groupe s'en trouve renforcée.

● **Les hommes apprennent à maîtriser le feu.** Ils inventent de nouvelles armes comme le propulseur à sagaie (doc. 4). Le plus souvent l'habitat se localise sur un surplomb rocheux bien exposé au soleil. Ce surplomb est fermé par des branches et des peaux (doc. 3).

● Les premières sépultures nous permettent de penser que **l'homme de Néandertal a des préoccupations spirituelles***. Il enterre ses morts avec de la nourriture, des bijoux et des armes. Cela laisse supposer qu'il croyait en une vie après la mort. A la fin de la période, il y a 20 000 ans, les parois des grottes se couvrent de peintures : **c'est l'art pariétal** (doc. 1). Les couleurs sont mélangées avec de la graisse animale et étalées avec des pinceaux de poils.

---

1 La grotte de Lascaux en Dordogne. Ces parois ont été peintes il y a 17 000 ans environ.

♦ *Quelles sont les couleurs utilisées pour ces fresques pariétales ?*

♦ *Quels animaux reconnaissez-vous ?*

VOCABULAIRE

* **Société** : ensemble de personnes vivant en groupe organisé.

* **Nomades** : personnes qui se déplacent et n'ont pas d'habitation fixe.

* **Glaciations** : périodes de refroidissement des climats de la Terre, qui se traduit par un développement des glaciers.

* **Spirituelles** : du latin *spiritus*, « esprit » ; qui n'appartient pas au domaine physique ou matériel.

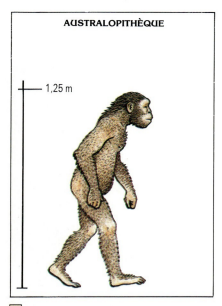
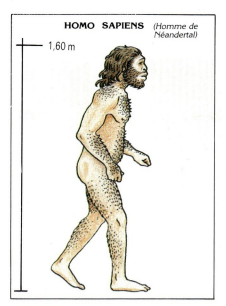
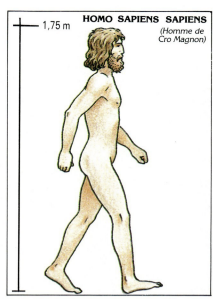

AUSTRALOPITHÈQUE — 1,25 m

HOMO SAPIENS (Homme de Néandertal) — 1,60 m

HOMO SAPIENS SAPIENS (Homme de Cro Magnon) — 1,75 m

2 **– 6 à – 3 millions d'années.** Ce premier préhumain est de petite taille. Il est originaire d'Afrique de l'Est.

– 100 000 à – 30 000 ans. C'est un homme déjà évolué dont les ossements ont été retrouvés en Allemagne.

A partir de – 30 000 ans. C'est l'homme moderne. Des ossements ont été trouvés à Cro-Magnon en Dordogne.

♦ *Observez ces trois silhouettes : décrivez l'évolution physique de l'homme.*

3 **L'habitat paléolithique.** Reconstitution d'une cabane construite à l'intérieur de la grotte du Lazaret à Nice, il y a 130 000 ans.

♦ *Quelles indications cette cabane donne-t-elle sur le climat de l'époque ?*

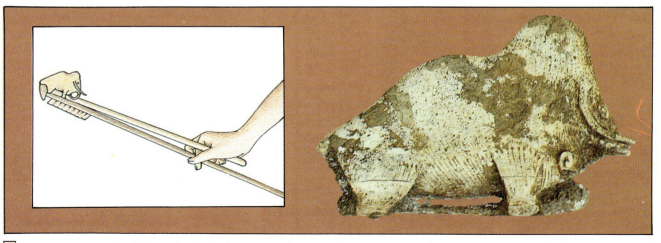

4 **Mammouth sculpté dans des bois de renne,** découvert dans la grotte de Cavecaude (Aude). A gauche, reconstitution du propulseur à sagaie dont ce mammouth ornait le manche.
♦ *Quel est l'avantage de cette arme de chasse ?*

CHAPITRE 1 : LA PRÉHISTOIRE

2. Vivre au néolithique

[1] Fresque peinte il y a 7 000 ans dans le désert du Tassili (Algérie).

◆ *Quel est le genre de vie des hommes représentés sur cette fresque ?*

1. La révolution du néolithique

● L'homme est devenu lentement **sédentaire***. De —10 000 à —5 000 et du Proche-Orient vers l'Europe, des groupes s'installent peu à peu sur des sols fertiles, où la nourriture est abondante. Ils construisent des maisons durables (doc. [2]). Des villages se développent et **les premières villes apparaissent au Proche-Orient vers —3 700**. Ces premiers sédentaires vivent d'abord de cueillette, de pêche et de chasse.

● Peu à peu, ces hommes favorisent la croissance des végétaux sauvages, par exemple grâce à un apport d'eau supplémentaire. Puis ils choisissent les graines des plantes les plus vigoureuses pour les semer : entre —8 000 et —7 000, **l'agriculture est née**. A la même époque moutons et chèvres sont domestiqués : **c'est le début de l'élevage** (doc. [1]).

● Les techniques se modifient. Le travail de la pierre se perfectionne grâce au polissage. **Des outils nouveaux sont fabriqués.** La hache sert à défricher, la houe et l'araire à labourer, la faucille à moissonner. **Ces changements sont une véritable rupture pour l'homme, c'est pourquoi on parle de révolution néolithique.**

2. La civilisation mégalithique

● Au néolithique, la recherche de matières premières, le développement des productions agricoles, entraînent **le développement des échanges**. Des navigateurs venus du Proche-Orient s'aventurent jusque dans l'océan Atlantique pour **découvrir des routes commerciales**. Ils entrent ainsi en contact avec les populations indigènes et échangent avec elles leurs marchandises et aussi leurs techniques.

● C'est de cette époque, au début du IIIe millénaire avant J.-C., que datent en Europe atlantique les **mégalithes***, monuments faits de grosses pierres. Les **dolmens** (doc. [3]) sont des tombes collectives. Les **menhirs** sont de gigantesques pierres dressées, souvent disposées en alignements. Peut-être sont-elles des monuments destinés à rendre un culte au soleil et à la lune (doc. [4]).

VOCABULAIRE

* **Sédentaire** : personne qui vit dans un lieu d'habitation fixe.

* **Mégalithe** : monument préhistorique de grande dimension, formé d'un ou de plusieurs blocs de pierre ; par exemple, les dolmens ou les menhirs.

2 **Maison néolithique des îles Orcades, au nord-est de l'Ecosse.**

◆ *Quel est le matériau utilisé pour cette construction ?*
◆ *Décrivez cet intérieur.*

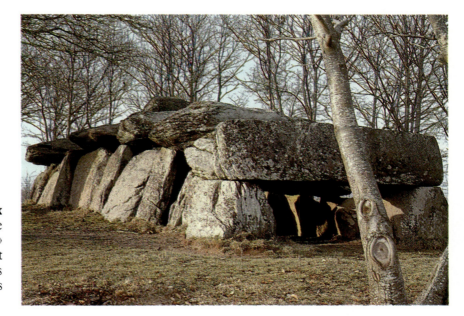

3 **Le dolmen de La Roche aux Fées à Essé en Ille-et-Vilaine.** Le mot dolmen signifie « table de pierre » en breton. Ces constructions servaient de tombes collectives. Il ne faut pas les confondre avec les menhirs (« pierres longues » en breton).

4 **Le site de Stonehenge en Angleterre.** Ce monument mégalithique date d'il y a 4 000 ans. Il est orienté de telle façon que le 21 juin, jour du solstice d'été, le soleil se lève exactement dans l'axe de la porte centrale.

3. L'outil, du galet à l'araire

↑ Site archéologique de Pincevent en Seine-et-Marne. Ce gisement daté de −8 000 a été découvert en 1964.

1. Les outils, une invention de l'homme

● **Le premier outil de pierre fabriqué volontairement par l'homme date d'il y a trois millions d'années.** Au début le galet est à peine travaillé, seuls quelques éclats sont enlevés à l'aide d'un autre galet. **C'est le début de la pierre taillée.** Jusque-là l'**Australopithèque***, pour attraper un objet, utilisait sa main ou s'aidait par exemple d'une branche de bois... et cela un gorille peut le faire aussi. A partir de l'instant où il transforme un galet avec un autre galet, il ouvre la voie à **la modification de la matière par le travail.** C'est le point de départ de **tous les progrès techniques** accomplis par l'homme.

● Un million d'années plus tard, la taille de la pierre se perfectionne avec le **biface***. Le silex est taillé en forme de pointe. D'autres outils sont imaginés, comme le racloir. Un million d'années encore, et de nouveaux progrès sont faits : le biface est plus régulier et plus plat grâce à l'utilisation d'un percuteur de bois qui finit la taille. L'outil devient même un **objet d'art*** avec la pointe « feuille de laurier ».

● L'ivoire, l'os, le bois de renne servent aussi. Les petits outils se multiplient : grattoirs, burins ou perçoirs. Vers −16 000 ans, des aiguilles en os permettent aux hommes de se couvrir de peaux cousues.

2. Les progrès du néolithique

● La pratique de l'agriculture s'accompagne d'une modification importante des outils. **La pierre est à présent polie.** Le **polissage*** rend les outils beaucoup plus coupants ; il est essentiel pour la hache. Le bâton recourbé que la femme traînait derrière elle pour le labour est armé d'un silex, sorte de soc. Il devient ainsi l'araire, capable de fendre plus facilement la terre sur de grandes surfaces.

● La découverte des métaux transforme à nouveau les conditions de vie et marque, vers −3 500, la fin du néolithique. Le cuivre, puis le bronze, et enfin le fer, sont à l'origine d'une nouvelle civilisation, contemporaine de l'écriture. **La préhistoire laisse la place à l'histoire.**

VOCABULAIRE

* **Australopithèques** : êtres préhumains de petite taille qui se tenaient debout sur leurs membres inférieurs ; ils vécurent en Afrique australe entre 6 et 1 millions d'années avant nous (voir p. 15).

* **Biface** : outil de pierre grossièrement taillé sur deux faces pour qu'il coupe bien.

* **Objet d'art** : objet conçu pour être beau.

* **Polissage** : frottement destiné à rendre une pierre lisse et tranchante ; un tranchant poli résiste aux chocs et à l'usure.

1 Galet taillé en forme de pic (paléolithique, − 500 000 ans). 2 Bifaces (paléolithique, − 300 000 ans). 3 Feuille de laurier (paléolithique, − 17 000 ans). 4 Poinçon en os avec chevaux sculptés (fin du paléolithique, − 15 000 ans). 5 Harpon en os (fin du paléolithique, − 15 000 ans). 6 Collier de dents perforées (fin du paléolithique, − 15 000 ans). 7 Trousse à couture en os (fin du paléolithique, − 15 000 ans). 8 Hache de pierre polie emmanchée (néolithique, − 8 000 ans).

ACTIVITÉS ET DOCUMENTS

Les débats de la préhistoire

Lors de la préhistoire, l'écriture n'est pas encore inventée : il n'existe donc aucun document écrit de cette époque. Cela nous pose deux grands problèmes :
— Comment dater les traces laissées par les hommes préhistoriques ?
— Comment comprendre le sens de ce que les archéologues ont trouvé ?

1 La découverte de Lascaux en Dordogne

Le jeune Ravidat, âgé de 17 ans, se promène avec des camarades. L'instituteur raconte :

« Le jeudi 12 septembre 1940, quatre tout jeunes gens parcouraient les bois en compagnie de leur chien Robot... Tout à coup, ils virent le chien disparaître dans un trou plein de ronces. Au bout d'un long moment, le chien ne reparaissant pas, Ravidat se décida à pénétrer à son tour dans l'étroit orifice... Il arriva dans une grande salle ; mais n'ayant pour éclairage qu'une boîte d'allumettes, il décida de rentrer. Le lendemain, munis de cordes et d'une pompe à graisse transformée en lampe à pétrole, les quatre amis commencèrent leurs investigations. Quelle surprise alors d'apercevoir sur les parois du roc une immense chevauchée fantastique. »

A. LEROI-GOURHAN, *Lascaux inconnu*, Editions CNRS, 1979.

3 **Bison de la grotte de Niaux** en Ariège recouvert de dépôt calcaire et daté de − 12 000 ans.

2 Lascaux menacé de destruction

Les grottes de Lascaux ont été fermées au public le 17 avril 1963.

« Peintes il y a 15 000 ans (20 000 peut-être), les grottes de Lascaux s'étaient conservées fraîches et inconnues jusqu'au jour où des enfants les découvrirent par hasard. Depuis plusieurs menaces pèsent sur Lascaux. Des colonies d'algues ont prospéré subitement depuis deux ans dans des proportions incroyables. Les premiers petits points verts ont été repérés en 1960. Il y en avait deux. En 1961 on dénombrait déjà six foyers certains, l'année suivante quinze, et au début de 1963 quatre-vingt-treize. Pourquoi cette prolifération fulgurante ? »

Y. REBEYROL dans *Le Monde* du 18 mai 1963.

COMMENTAIRE

■ Le calcaire contenu dans l'eau se dépose peu à peu sur les parois de la grotte. Si l'on connaît la date du dépôt calcaire, on peut dater les peintures qui sont dessous.

■ Lorsque les fouilles sont faites dans la terre, on date les couches de terrain qui les surmontent. Ainsi, la géologie permet la datation des gisements préhistoriques.

■ On peut aussi utiliser le carbone 14 pour dater les découvertes. Le principe est simple : le carbone 14 est une substance présente dans tout ce qui a été vivant. Or, la quantité de carbone 14 diminue régulièrement après la mort : on peut donc dater des restes en mesurant ce qu'il en reste. Au-delà de 45 000 années, il ne reste plus de carbone 14 : ce système ne peut donc plus servir : on peut alors utiliser le potassium-argon.

ACTIVITÉS ET DOCUMENTS

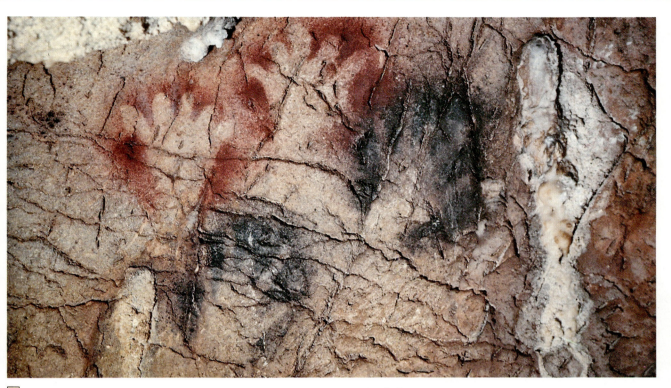

[4] Les mains peintes de la grotte de Gargas dans les Hautes-Pyrénées.

COMMENTAIRE

■ Les 260 mains peintes sur les parois de la grotte de Gargas sont sur des fonds rouges ou noirs. Les mains gauches sont plus nombreuses que les mains droites. Beaucoup paraissent mutilées : des phalanges manquent à un ou plusieurs doigts. Comment interpréter ces peintures ?

■ Les archéologues ont pensé à plusieurs explications :

— ou bien les mains représentées ont été amputées à la suite d'une maladie comme, par exemple, la lèpre ;

— ou bien les mutilations ont été faites volontairement en sacrifice ;

— ou bien les mains ne sont pas mutilées, et les doigts sont simplement repliés.

■ On a par ailleurs constaté que les mains de la grotte de Gargas sont peintes aux emplacements où, dans d'autres grottes, sont dessinés des animaux. Or, de nos jours, les membres d'une peuplade primitive d'Afrique, les Bochimans, font des gestes avec leurs mains pour se renseigner en silence sur les animaux qu'ils découvrent au cours d'une chasse (doc. 5).

◆ Quels gestes de chasse des Bochimans retrouvez-vous sur les mains peintes de la grotte de Gargas ?
1 = singe
2 = phacochère (cochon sauvage qui vit en Afrique)
3 = girafe

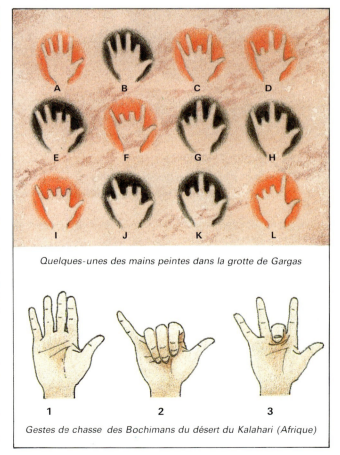

Quelques-unes des mains peintes dans la grotte de Gargas

Gestes de chasse des Bochimans du désert du Kalahari (Afrique)

[5] Reconstitution des mains de Gargas et de gestes de chasse des Bochimans.

L'écriture, mémoire des hommes

Pendant des millénaires, les hommes n'ont communiqué entre eux que par la parole. Vers − 3300, l'écriture apparaît. Pourquoi ? Sans doute pour tenir des registres de comptes. Comment se souvenir de listes de nombres autrement qu'en les notant par écrit ?

Peu à peu, l'écriture se répand, se perfectionne et joue un rôle de plus en plus grand dans les relations entre les hommes. Ceux-ci pourront désormais garder le souvenir des événements passés, écrire leur histoire, mais aussi des poèmes ou des textes de loi.

COMMUNIQUER AVEC LES AUTRES HOMMES

1 Sceaux-cylindres de Suse du IVe millénaire avant J.-C. *(musée du Louvre)*. A gauche, un homme grimpé sur une échelle remplit un silo de blé. A droite, un scribe compte le nombre de sacs versés et l'inscrit sur une tablette.

2 Les premières écritures

Les signes sont d'abord des **dessins stylisés** :

Par exemple, une tête de bœuf désigne un bœuf   *vers −3300*

Puis, les Sumériens simplifièrent les signes en les traçant avec une baguette de roseau taillée en biseau.
Les signes prirent alors une forme de **coins**, d'où le nom d'écriture « **cunéiforme** ». Cette écriture évolua au fil du temps. Ainsi le mot bœuf s'écrivit :

vers −2800   *vers −2400*   *vers −1800*   *vers −700*

Ces signes peuvent également représenter des **idées**, par exemple :

  Hachures sous un demi-cercle : obscurité tombant de la voûte du ciel ; idée de nuit ou de noir    L'idée de « mettre au monde » est rendue par le signe de l'œuf placé à côté de celui de l'oiseau

A la même époque, c'est-à-dire à la fin du IVe millénaire avant J.-C., les Égyptiens utilisent aussi une écriture composée de **signes-images**. Les grecs appelleront ces signes « **hiéroglyphes** » (« images sacrées »).
Nous avons conservé ce terme.

L'écriture, mémoire des hommes

o pi ri mi ni jo	cuirasse	char	cheval
signes syllabiques (nom d'homme)	**idéogrammes**		

3 **Reconstitution d'une tablette de Cnossos en Crète, datant de − 1 300 et représentant un char de guerre.** Les Crétois utilisaient une écriture syllabique, c'est-à-dire que chaque signe correspondait à un son. Ils utilisaient en même temps des idéogrammes. Sur cette tablette d'inventaire on lit : un nom d'homme suivi de trois idéogrammes. Cela nous indique les armes que possédait ce guerrier. Plus tard, l'écriture devient alphabétique : une trentaine de signes seulement permettent de tout écrire.

CONSERVER ET TRANSMETTRE LE SAVOIR

Extraits de deux tablettes sumériennes.

4 **Un exercice d'écriture d'il y a 4000 ans**

L'école est l'endroit où les futurs scribes et fonctionnaires de Mésopotamie apprennent à écrire.

« Je peux écrire des tablettes, avec les contrats de mariage que l'on peut m'apporter, les contrats de société. Je peux choisir les poids contrôlés d'un talent, la vente de maisons, de champs, d'esclaves ; les contrats de louage de champs, les contrats de culture de palmeraies, même les tablettes des contrats d'adoption, je sais écrire tout cela. »

Dans M. SERRES, *Éléments d'histoire des sciences*, Bordas, 1989.

5 **Une énigme**

Exercice scolaire sumérien datant de −1 800.

« Une maison avec des fondations comme le ciel,
une maison qui repose sur une base solide,
on y entre les yeux fermés,
on en sort les yeux ouverts.
« solution : l'école.

Dans M. SERRES, *Éléments d'histoire des sciences*, Bordas, 1989.

6 **Des élèves scribes apprennent à écrire** (XVIIIe dynastie, musée de Florence). La nécessité d'un long apprentissage pour lire et écrire a entraîné la création d'écoles. Tout le monde ne peut pas aller à l'école ; la majorité des enfants doit aider les adultes à travailler la terre. Ceux qui ont la chance de pouvoir apprendre à lire et à écrire forment un groupe puissant : ils sont les seuls à **savoir**.

L'homme et l'esprit religieux

VIVRE APRÈS LA MORT

1 Patrocle demande à Achille de l'ensevelir

« Du malheureux Patrocle alors l'âme surgit :

Ainsi tu dors Achille, et tu m'as oublié ! tu prenais soin de moi lorsque j'étais en vie ; tu me négliges mort. Vite, ensevelis-moi : que je passe au plus tôt la porte de l'Hadès. Les âmes des défunts, leurs ombres me repoussent ; elles ne veulent pas que j'aille les rejoindre en franchissant le fleuve, et j'erre vainement pour gagner le palais d'Hadès aux larges portes. Va, donne-moi la main, je t'en prie avec larmes. De l'Hadès désormais je ne sortirai plus, lorsque j'aurai de vous reçu ma part de feu. Le trépas odieux a fait de moi sa proie. Tel était mon destin du jour où je suis né. »

HOMÈRE, *Iliade, Chant XXIII*, trad. R. Flacelière. © Editions Gallimard, 1965.

2 Le sarcophage d'Haghia Triada en Crète (*XIVe siècle avant J.-C.*). A droite, le défunt auquel un personnage apporte un bateau en offrande.

SAVOIR D'OÙ VIENT L'HOMME

Les hommes se sont très tôt demandé d'où ils venaient. Leurs réponses ne sont pas les mêmes selon les époques et les lieux. Les Hindous parlent d'un homme primitif extraordinaire ; les Egyptiens et les Hébreux reconnaissent un dieu créateur, plein de bonté pour ses créatures.

3 Le géant primitif

Les Hindous expliquent l'origine des hommes et les divisions de la société par le démembrement du géant primitif.

« Sa bouche devint le Brahmane
Le guerrier fut le produit de ses bras
Ses cuisses furent l'artisan
De ses pieds naquit le serviteur. »

Rig Veda X, 90

4 Hymne à Amon (−1 400)

En Egypte, un hymne chante le dieu-soleil Amon, père de tous les dieux.

« Bienvenue en paix à Toi qui soulèves le ciel et repousses le sol,
faisant ce qui existe, formant les êtres.
Nous te glorifions, car tu te fatigues pour nous. »

E. CHARPENTIER, *Pour lire l'Ancien Testament*, Cerf, 1980.

5 La création de l'homme

La Genèse, premier livre de la Bible, attribue à Dieu la création.

« Dieu créa l'homme à son image,
à l'image de Dieu il le créa,
homme et femme il les créa.

Dieu les bénit et leur dit : ''Soyez féconds, multipliez, emplissez la terre et soumettez-la ; dominez sur les poissons de la mer, les oiseaux du ciel et tous les animaux qui rampent sur la terre. Je vous donne toutes les herbes portant semence qui sont sur toute la surface de la terre, et tous les arbres qui ont des fruits portant semence : ce sera votre nourriture.'' »

Genèse I, 27-29, B.J.

L'homme et l'esprit religieux

HONORER LES DIEUX

6 Imiter les dieux

Sénèque, écrivain romain du Ier siècle après J.-C., proteste contre la façon dont on honore les dieux.

« Défendons aux dévots d'allumer les lampes le jour du sabbat, car les dieux n'ont nul besoin de luminaire et aux hommes mêmes la fumée n'est pas chose fort agréable. Défendons de pratiquer la salutation matinale et de se tenir assis aux portes des temples : c'est l'orgueil humain qui se laisse prendre à de tels hommages, mais adorer Dieu c'est simplement le connaître. Défendons de porter des linges à Jupiter, de présenter le miroir à Junon : Dieu ne se cherche pas des serviteurs. [...] Le culte à vouer aux dieux, c'est d'abord de croire qu'il y a des dieux, et puis de reconnaître leur bonté. Tu veux te rendre les dieux propices ? Sois bon. On a satisfait au culte en les imitant. »

P. Grimal, A. Hus, J. Helle-Gouarch, M. Rambaud, *Rome et nous*, avec l'aimable autorisation des Ed. A. et J. Picard, 1977.

7 **Détail du chaudron de Gundestrup** (*Ier siècle avant J.-C., musée de Copenhague*). Pour honorer les dieux, les hommes ont fait des sacrifices humains, puis des sacrifices d'animaux. Peu à peu, le culte deviendra plus spirituel.

TROUVER UN CHEMIN DE SALUT

8 Dieu donne le salut

Jésus, accusé de blasphème pour avoir dit qu'il était le « Fils de Dieu », vient d'être condamné à mort. Il est crucifié entre deux autres condamnés. L'un d'eux se moque de lui ; mais l'autre montre sa foi et son espérance en Jésus : il recevra le salut.

« Le peuple restait là à regarder ; les chefs, eux, ricanaient. Ils disaient : ''Il en a sauvé d'autres. Qu'il se sauve lui-même, s'il est le Messie de Dieu, l'Elu !'' L'un des malfaiteurs suspendus à la croix l'insultait en disant : ''N'es-tu pas le Christ ? Sauve-toi toi-même, et nous aussi.''

Mais l'autre, le reprenant, lui dit : ''Tu n'as même pas crainte de Dieu, toi qui subis la même peine ! Pour nous c'est justice, nous payons nos actes ; mais lui n'a rien fait de mal.'' Et il disait : ''Jésus souviens-toi de moi, quand tu viendras dans ton royaume.'' Jésus lui répondit : ''En vérité, je te le dis, dès aujourd'hui tu seras avec moi dans le Paradis.'' »

Evangile de Luc, 23, 35, 39-43, B.J.

9 **Bouddha couché de Polonnaruwa** (Sri Lanka). L'homme qui comprend que la vie n'est que souffrance trouve le chemin de la délivrance. Il gagne le Paradis.

Sumer, un peuple entre dans l'histoire

S'INSTALLER EN UN LIEU

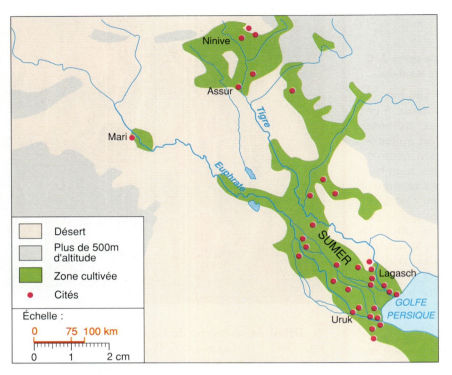

1 **La Mésopotamie au IVe millénaire avant J.-C.** Venus sans doute de l'Est, les Sumériens s'installent au IVe millénaire avant J.-C. en Mésopotamie (« la région entre les fleuves »). Cette région est fertilisée par les alluvions du Tigre et de l'Euphrate. Vers − 3 000, ils inventent l'écriture. Des milliers de tablettes d'argile couvertes de signes nous permettent de connaître leur histoire : comment ils vivaient, comment ils s'organisaient, ce qu'ils croyaient... Nous apprenons aussi comment leur genre de vie s'est transformé au fil des siècles, notamment à la suite de l'arrivée de populations étrangères.

S'ORGANISER POUR ÊTRE EN SÉCURITÉ

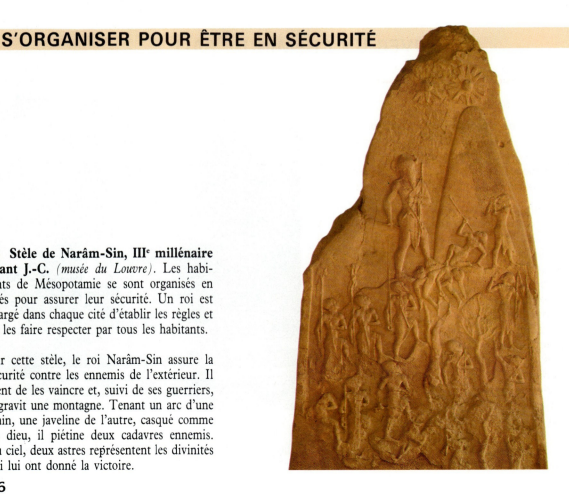

2 **Stèle de Narâm-Sin, IIIe millénaire avant J.-C.** *(musée du Louvre).* Les habitants de Mésopotamie se sont organisés en cités pour assurer leur sécurité. Un roi est chargé dans chaque cité d'établir les règles et de les faire respecter par tous les habitants.

Sur cette stèle, le roi Narâm-Sin assure la sécurité contre les ennemis de l'extérieur. Il vient de les vaincre et, suivi de ses guerriers, il gravit une montagne. Tenant un arc d'une main, une javeline de l'autre, casqué comme un dieu, il piétine deux cadavres ennemis. Au ciel, deux astres représentent les divinités qui lui ont donné la victoire.

Sumer, un peuple entre dans l'histoire

VIVRE EN SOCIÉTÉ

■ Par une bonne administration et en sauvegardant la paix, le roi assure la prospérité de son royaume. Les paysans peuvent cultiver la terre.

■ Les techniques agricoles sont encore rudimentaires, mais les récoltes sont suffisantes pour que certains habitants puissent faire autre chose que produire de quoi se nourrir.

■ La société sumérienne est composée de 3 catégories d'hommes libres :
— les paysans, les plus nombreux, cultivent la terre ;
— les artisans et commerçants fabriquent et vendent des objets ;
— les notables et les scribes, qui savent lire et écrire, aident le roi à gouverner.

■ Les esclaves, qui font les tâches les plus pénibles, sont des prisonniers de guerre.

[3] **Charrue-semeuse mésopotamienne du Ier millénaire avant J.-C.** Les paysans ont peu à peu amélioré les techniques de culture des céréales (blé et orge). Ces progrès ont permis de nourrir un nombre plus grand de population non paysanne.

ENTRER EN RELATION

AVEC LES DIEUX

■ D'où vient l'univers ? Pourquoi les hommes meurent-ils ? Les Mésopotamiens se posent beaucoup de questions. Pour entrer en relation avec les dieux, ils construisent les ziggourats, grandes tours à étages, escaliers gigantesques qui doivent permettre aux dieux de descendre parmi les hommes.

AVEC LES AUTRES HOMMES

■ Même bien organisés, bien défendus, les Mésopotamiens ne sont pas seuls dans le monde. Leur pays est un carrefour. Les marchands le traversent, comme les pillards ou les conquérants. Malgré les violences et la fréquente destruction des cités, c'est par les chemins d'invasion que passent aussi les richesses, que l'écriture se répand. Les Grecs apprendront des Mésopotamiens les premiers éléments de la médecine, de l'astronomie, des mathématiques.

[4] Ziggourat de Samarra (Irak).

Chapitre 2

L'ÉGYPTE ANTIQUE

« Adoration à Hâpy, qui jaillit de la terre, qui vient pour nourrir la terre d'Égypte. [...] Qu'il fasse boire les sentiers du désert, pendant que sa rosée descend du ciel. [...] Lorsqu'il coule, la terre se réjouit, les ventres jubilent. [...] C'est lui, Hâpy, qui fait pousser les herbages pour les troupeaux. Personne ne peut vivre sans lui, les gens sont habillés avec le lin qui pousse dans les champs grâce à lui. »

Papyrus du Nouvel Empire.

PLAN DU CHAPITRE

Carte de localisation et frise chronologique :	
- L'Égypte antique	30
- Le delta du Nil	31
1. L'Égypte, un pays le long du Nil	32/33
2. Pharaon dirige l'Égypte	34/35
Activités et documents :	
Scribes et hiéroglyphes	36/37
3. Le petit peuple égyptien	38/39
4. Une religion pour les vivants	40/41
Activités et documents :	
Pharaon dans sa demeure d'éternité	42/43
5. Une religion pour survivre	44/45

Le gouverneur Sennefer et son épouse peints sur les murs de leur tombe *(Nouvel Empire, XVIII⁰ dynastie, Thèbes).* Les époux reçoivent des offrandes sous la treille de leur jardin. Les inscriptions indiquent leurs noms et titres, ainsi que les prières nécessaires pour qu'ils vivent dans l'Au-delà.

LE DELTA DU NIL

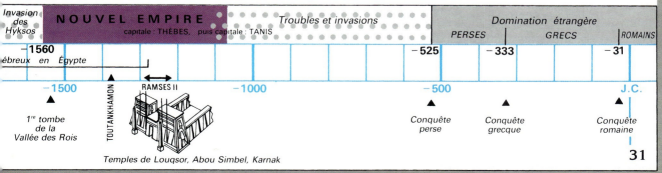

CHAPITRE 2 : L'ÉGYPTE ANTIQUE

1. L'Égypte, un pays le long du Nil

1. L'Égypte, un don du Nil ?

● L'Égypte est un pays d'Afrique composé de grands plateaux désertiques. Cette terre serait peu favorable aux activités des hommes si elle n'était pas traversée par **le plus long fleuve du monde, le Nil.**

● Les Égyptiens, dans l'Antiquité, ignoraient d'où venait ce fleuve dont les sources n'ont été découvertes qu'au siècle dernier. On sait aujourd'hui que **le Nil prend sa source à plus de 4 000 mètres d'altitude en Afrique centrale,** dans une région qui reçoit des pluies abondantes au printemps. Long de 6 600 kilomètres, il franchit d'abord des barrières rocheuses, les **cataractes***, puis traverse la Haute Égypte et se jette dans la mer Méditerranée par un large delta.

● Une fois par an, en été, le Nil déborde et la vallée est inondée : c'est la crue pendant laquelle **les Égyptiens font du Nil un dieu qu'ils nomment Hâpy.** Le début de la crue en juillet marque la nouvelle année (doc. 3). Quand les eaux se retirent à l'automne, **le limon* que transporte le fleuve se dépose sur les terres et les enrichit.** C'est alors que commencent les labours et les semailles. Au Vᵉ siècle avant J.-C., l'historien grec Hérodote constate : « L'Égypte est un don du Nil ».

2. Le fleuve et les hommes

● A part quelques **oasis*** isolées, **toute l'activité humaine est concentrée dans la vallée du Nil** (doc. 4). La prospérité de l'Égypte antique vient donc de la présence du Nil mais aussi du travail des hommes. Ce sont eux qui assèchent les marécages du Fayoum, eux qui chaque année creusent les canaux et entretiennent les digues.

● **Le Nil est la principale voie de communication de l'Égypte.** Tous les jours, de nombreux bateaux le sillonnent transportant **papyrus***, bois, céréales, et pierres pour les constructions (doc. 1). On y rencontre aussi des convois funèbres, des pèlerins, des soldats, des artisans. Dans les marécages, pêcheurs et chasseurs d'oiseaux (doc. 2) viennent chercher de quoi améliorer leurs repas.

---

1 Bateaux de commerce sur le Nil *(peinture de la tombe d'un haut fonctionnaire du Nouvel Empire, XVIIIᵉ dynastie, Thèbes).* Ces navires à quai sont lourdement chargés de produits venant de Nubie. Des Nubiens captifs sont amenés comme esclaves.

◆ *Comment ces bateaux étaient-ils manœuvrés ?*
◆ *En quel matériau étaient-ils construits ?*

VOCABULAIRE

* **Cataractes** : groupe de rochers qui barrent un fleuve, forment des chutes et interrompent la navigation ; il y a 6 cataractes sur le Nil.

* **Limon** : fines particules de terres entraînées par un fleuve ; le limon du Nil se déposait à la fin de la crue et formait, après la baisse des eaux, un riche engrais naturel.

* **Oasis** : endroit isolé dans le désert où la végétation pousse autour d'un point d'eau.

* **Papyrus** : sorte de roseau des bords du Nil dont la tige découpée en lanières séchées, puis collées, sert à fabriquer un papier très résistant.

2 **La pêche dans les marais** *(tombe de Nakht, Nouvel Empire, XVIIIᵉ dynastie, Thèbes).* Le haut fonctionnaire Nakht est représenté deux fois avec son épouse et ses enfants. Les barques sont faites de papyrus. La pêche et la chasse aidaient les Egyptiens à compléter leur alimentation.

- *Quels sont les animaux et les fleurs du marais ?*
- *De quelle manière Nakht pêche-t-il (à droite) ?*
- *Comment l'eau du Nil est-elle représentée ?*

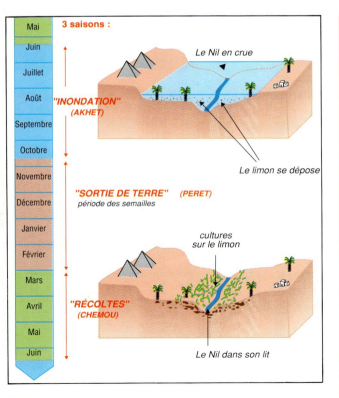

3 **La crue du Nil et le calendrier agricole.** La crue n'arrive pas tous les ans exactement à la même date.

- *Sur ce calendrier, la crue est-elle tardive ou précoce ?*
- *Que se passe-t-il quand la crue du Nil est tardive (doc. 4) ?*

4 **La stèle de la famine**

Au IIᵉ siècle avant J.-C., un roi se désespère car la crue du Nil est insuffisante : les terres, trop peu inondées, n'ont donné que de maigres récoltes. Dans les silos, les réserves de céréales sont épuisées et la population souffre de la famine. Le roi a envoyé un prêtre à la recherche des sources du Nil. Ce prêtre apporte sa réponse au roi et ce dialogue est gravé sur un rocher qui domine le fleuve, au sud de l'Égypte.

« Un roi parle : ''J'étais dans l'affliction sur mon grand trône [...] car le Nil n'était pas venu à temps pendant une durée de sept ans. Le grain était peu abondant. [...] On en venait à ne plus pouvoir marcher, l'enfant était en larmes. [...] Le cœur des vieillards était triste [...] et les temples étaient fermés ; les sanctuaires étaient sous la poussière.''

Un prêtre lui répond : ''Il y a une ville au milieu de l'eau : le Nil l'entoure ; son nom est Éléphantine. Le Nil [...] offre la crue. [...] Khnoum est là, [...] tenant le verrou de la porte dans sa main, et ouvrant les deux battants à son gré.'' »

P. BARGUET, *La Stèle de la famine à Sehel,* IFAO, 1956.

- *Quelle est la cause principale de la famine ?*
- *Pour les Égyptiens, quel est le rôle du dieu Khnoum ?*

CHAPITRE 2 : L'ÉGYPTE ANTIQUE

2. Pharaon dirige l'Égypte

1. Pharaon, un roi tout-puissant

● L'histoire de l'Égypte ancienne est divisée en époques séparées par des périodes de troubles : Ancien, Moyen et Nouvel Empire. **Cette histoire dure près de 3 000 ans.** Déjà vers −5 000, des tribus de chasseurs et de pêcheurs s'étaient installées le long du Nil et avaient commencé à y pratiquer l'agriculture. L'Ancien Empire commence vers −3 200 avec les premiers témoignages de l'**existence d'un pouvoir royal.**

● **Pharaon*** porte le titre de roi de Haute et de Basse Égypte, et celui de « Fils de Rê », c'est-à-dire fils du dieu soleil. **Il est donc considéré à la fois comme un homme et comme un dieu vivant,** ce qui lui donne un privilège d'abord unique : la vie après la mort (doc. 4).

● **Pharaon est chef des armées** (doc. 2). Les premiers pharaons ne disposent que d'une petite troupe, grossie en cas de danger par des **milices*** de paysans. Puis, vers −1 500, ils recrutent **une armée de métier pour assurer la sécurité du royaume** (doc. 1). Les soldats sont des **mercenaires***. Après chaque victoire (doc. 3), Pharaon répartit selon les grades le butin pris à l'ennemi, accorde « l'or de la vaillance » et fait des donations de terres à ses officiers.

2. L'administration de pharaon

● **Les fonctionnaires** sont la plupart du temps **choisis parmi les scribes, ceux qui savent lire, écrire et compter.** Ils veillent à l'entretien des digues et des canaux. Après chaque crue du Nil, lorsque les limites des champs ont été effacées par les eaux, ils mesurent les parcelles attribuées à chaque paysan. **Comme l'agriculture est la principale richesse de l'Égypte,** leur rôle est très important. Les scribes fixent les impôts de chacun en fonction de la récolte, ils dirigent les grands chantiers et rendent la justice au nom de Pharaon.

● **Le plus haut fonctionnaire est le tjaty** qui joue le rôle de Premier ministre (doc. 5). Il dirige tous les autres fonctionnaires. A la fois « bouche et oreilles » de Pharaon, le tjaty est choisi par le roi qui désigne qui il veut : prêtre, fonctionnaire ou officier méritant.

1 Soldats de la milice du gouverneur de province Meketrê (*Moyen Empire, XIIe dynastie, musée du Caire*). Ces statuettes ont été trouvées dans la tombe de Meketrê à Assiout.

◆ *Décrivez l'armement de ces soldats.*

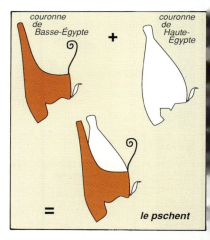

VOCABULAIRE

* **Pharaon** : mot qui vient de l'égyptien Pir-Ra, « grande maison », ou encore « palais » ; il sert à désigner celui qui habite le palais et y gouverne, c'est-à-dire le roi d'Égypte.

* **Milice** : troupe provisoire qui renforce l'armée régulière en cas de danger.

* **Mercenaires** : soldats étrangers qui se font payer pour combattre.

2 **Ramsès II coiffé de son casque de guerre** *(Nouvel Empire, XIXe dynastie, musée de Turin).*

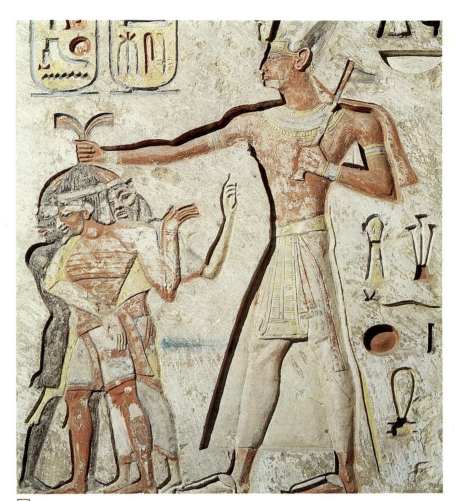

3 **Ramsès III se prépare à tuer des prisonniers nubiens et asiatiques** *(Nouvel Empire, XIXe dynastie, Thèbes).* Ce bas-relief peint du temple de Medinet Habou montre l'autorité du roi sur la Nubie (au sud) et l'Asie (au nord).

4 **Masque d'or du pharaon Psousennès** *(vers − 950, musée du Caire).* Le roi porte une barbe tressée : cela indique son entrée dans l'Au-delà, auprès des dieux.

5 La fonction du tjaty

Le tjaty reçoit les rapports des fonctionnaires du royaume de Pharaon (inscription de la tombe de Reckhmirê à Thèbes, datant de −1450).

« Le tjaty est assis sur une chaise à dossier, sceptre dans la main, quarante rouleaux déroulés devant lui. Les dix grands juges de Haute Égypte devant lui, le chef de bureau à sa droite, le préposé aux revenus à sa gauche, le scribe à son côté... On lui rapporte la situation des établissements du Sud et du Nord. [...] Puis il se rend à l'extérieur de la porte du double portail ; alors le chef du Trésor [...] lui fait un rapport : ''Le palais royal est en ordre.'' Le tjaty donne l'ordre que soient ouvertes toutes les portes du palais royal, pour permettre que sorte tout ce qui doit sortir et qu'entre tout ce qui doit entrer. »

D'après J. DAVIES, *The Tomb of Reckhmirê at Thèbes,* New York, 1943.

◆ *Quels sont les fonctionnaires que doit inspecter le tjaty ?*

ACTIVITÉS ET DOCUMENTS

Scribes et hiéroglyphes

Sous l'Ancien Empire, les scribes égyptiens écrivent des hiéroglyphes (écriture sacrée). A partir du VIIe siècle avant J.-C., une écriture plus simple apparaît : le démotique. « L'homme périt mais le livre fera que son souvenir soit transmis » dit un papyrus du Nouvel Empire.

1 **Statue en calcaire peint d'un scribe assis, au travail** *(Ancien Empire, IVe dynastie, musée du Caire).* Ce scribe écoute des ordres avant de les écrire sur la feuille de papyrus déroulée devant lui. Il exerçait sa profession auprès de l'administration de la capitale Memphis. Dans sa main droite, il y avait sans doute un roseau taillé (calame) aujourd'hui disparu.

2 **Le matériel de travail d'un scribe** *(Nouvel Empire, musée du Louvre)* :
— un papyrus déroulé portant une écriture démotique avec, en rouge, les noms des dieux ;
— une petite tablette sur laquelle est posé un encrier à deux godets ;
— un instrument de cuivre qui permet de lisser le papyrus ;
— une palette en bois pour ranger les calames.

ACTIVITÉS ET DOCUMENTS

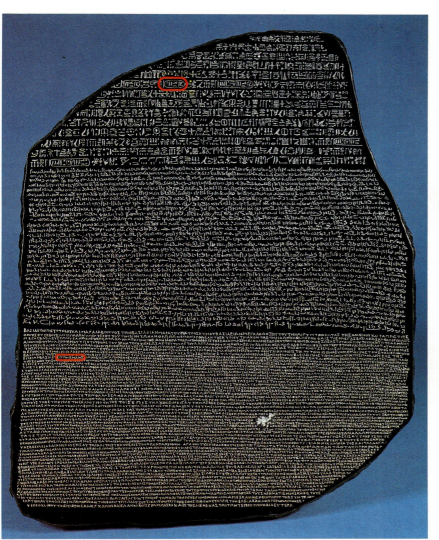

3 **La pierre de Rosette** *(British Museum, 1,14 m de haut, 0,73 m de large)*. En 1824, le Français Champollion déchiffre les hiéroglyphes à partir d'une pierre trouvée en 1799 à Rosette, près d'Alexandrie. Sur cette pierre, un texte est gravé en hiéroglyphes, en écriture démotique et en grec. Le grec étant connu, Champollion a pu lire le texte où le nom de Ptolémée figurait :

Or Champollion savait que les noms des rois égyptiens sont inscrits dans un ovale appelé cartouche. Il découvrit le cartouche de Ptolémée dans le texte écrit en hiéroglyphes :

La comparaison entre les deux écritures lui permit de commencer à déchiffrer les hiéroglyphes.

4 **Hiéroglyphes incrustés du sarcophage de Pétosiris** *(IVᵉ siècle avant J.-C., musée du Caire)*. Les couleurs ont une signification :
— le noir, couleur du limon du Nil, signifie la fécondité ;
— le rose, couleur des ailes du flamant, évoque le désert stérile ;
— le blanc est signe de pureté ;
— le vert suggère la santé ;
— le bleu turquoise protège et donne la joie.

◆ Dans le monde actuel, les couleurs ont-elles aussi une signification ?

CHAPITRE 2 : L'ÉGYPTE ANTIQUE

3. Le petit peuple égyptien

1. Le travail des paysans

● **Les paysans forment la grande majorité de la population de l'Égypte antique. La crue du Nil rythme les travaux des champs.** A l'automne, lorsque les eaux du fleuve se retirent de la vallée, les paysans labourent avec l'araire la terre encore humide et lourde du limon qui l'enrichit. Puis ils sèment le grain à la volée. Les moissons s'échelonnent de mars à juin et la récolte est conservée dans des **silos*** collectifs (doc. 2).

● Les paysans entretiennent la vigne et les vergers d'arbres fruitiers. Avec l'orge, ils font de la bière. Ils soignent le bétail et la volaille, pêchent les poissons du fleuve, cueillent les papyrus et coupent le lin dont ils font leurs habits.

● Pour **irriguer*** les hautes terres que la crue du Nil ne recouvre pas, on utilise un puits à balancier, le chadouf, qui prélève l'eau du fleuve. L'été, quand les champs sont inondés et que les paysans ne peuvent pas travailler la terre, **ils exécutent des corvées* pour Pharaon** sur les chantiers des temples ou des tombes royales.

2. Des artisans habiles

● Villageois ou citadins, les artisans travaillent aussi dans les ateliers de Pharaon ou dans ceux des temples. Boulangers, menuisiers, forgerons ou constructeurs de bateaux, tous apprennent leur métier dans ces ateliers (doc. 1 et 3).

● **Tout ce qui ne sert pas à la consommation familiale est contrôlé par les scribes de Pharaon qui en organisent le commerce.** Comme la monnaie n'existe pas encore, les salaires sont payés en nature et les échanges se font par le troc, c'est-à-dire en échangeant une marchandise contre une autre. Dans la boutique de l'artisan ou au marché, on donne par exemple une vache contre un vêtement de lin (doc. 4).

● La croyance en une vie après la mort donne beaucoup de travail aux artisans égyptiens. **Les plus beaux objets sont le plus souvent destinés aux tombeaux afin d'accompagner le défunt dans sa nouvelle vie.** Cela explique la richesse des tombeaux découverts par les **égyptologues***.

---

1 Forgerons au travail peints sur les parois de la tombe du tjaty Reckhmirê *(Nouvel Empire, XVIIIe dynastie, Thèbes).* Ces artisans préparent des lingots de métal pour les ateliers d'Etat dirigés par Reckhmirê.

◆ *Que font les deux personnages de part et d'autre du brasier ?*

VOCABULAIRE

* **Silo** : grenier clos où la récolte de grains est conservée ; en Égypte antique, les silos sont bâtis en briques et de forme arrondie.

* **Irriguer** : faire venir de l'eau dans un terrain cultivable trop sec ; les Égyptiens ont constitué un réseau de bassins et de canaux pour irriguer après le retrait des eaux de la crue du Nil.

* **Corvées** : impôt payé sous forme de travail à Pharaon ou aux prêtres des temples.

* **Égyptologues** : historiens spécialistes de l'Égypte antique ; l'égyptologie est devenue une science grâce au savant français Champollion qui déchiffra les hiéroglyphes en 1822 *(voir p. 37).*

2 Labours, semailles et moisson de la tombe d'Ounsou *(Nouvel Empire, XVIIIe dynastie, musée du Louvre).*

♦ *A l'aide du doc. 3 de la page 33, retrouvez les mois de ces travaux agricoles.*

3 La satire des métiers

Le scribe Doua-Khéty envoie son fils à la ''Maison-de-Vie'', l'école des scribes. Il veut qu'il y travaille bien et lui décrit les avantages de son futur métier en critiquant toutes les autres professions.

« Reste fidèle aux livres !... Il n'y a rien de meilleur que les livres [...]. C'est la meilleure des professions [...]. J'ai vu le forgeron au travail, devant l'ouverture de sa forge avec ses doigts semblables à de la peau de crocodile... L'orfèvre travaille au ciseau dans toutes sortes de matériaux très durs. A force de rester assis, son dos est voûté. [...] Celui qui coupe les roseaux dans le delta, ses bras sont dévorés par les moustiques des marais... Le potier travaille dans la terre gluante, il est plus sale qu'un porc, ses vêtements sont toujours souillés. Quant au maçon, il doit travailler par tous les temps et ses bras sont déformés par le rude labeur. Quant au jardinier, il a les épaules voûtées bien avant l'âge : [...]. Le blanchisseur nettoie sur le rivage, mais avec le crocodile pour voisin ! Le pêcheur a la plus mauvaise de toutes les professions. [...] Aussi vois-tu, tous ces métiers ont des inconvénients, sauf celui de scribe justement ! Chaque journée passée à l'école te profitera. [...] Regarde ! aucun scribe ne manque jamais de nourriture et de richesses provenant du palais. »

D'après un papyrus du Moyen Empire, vers −1900.

♦ *Pourquoi le scribe critique-t-il les autres métiers ?*

4 Jeune femme apportant des offrandes à un temple *(statuette en bois peint du Moyen Empire).* Elle porte sur la tête une corbeille remplie de gâteaux coniques et serre un canard dans sa main.

♦ *Décrivez la robe de cette jeune femme.*

4. Une religion pour les vivants

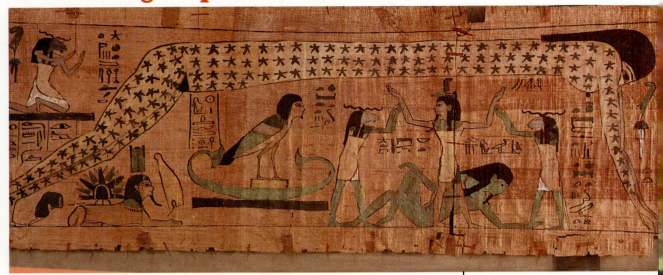

1. Des dieux innombrables

● Chaque matin, les Égyptiens, du plus humble paysan au Pharaon, prient le dieu soleil Rê : « **Adoration à toi, ô Rê à ton lever, toi qui portes le nom d'Atoum au coucher.** » Ils adorent beaucoup d'autres dieux. Certains sont des puissances naturelles (doc. 1) dont ils font des personnes comme Hâpy, le dieu de la crue du Nil.

● Certains dieux sont particulièrement importants (doc. 2). Par exemple **Amon** protège Pharaon et **Thot** est le dieu des scribes. Les Égyptiens leur donnent tantôt une forme humaine, tantôt la forme d'un animal, ou encore celle d'un corps humain surmonté de la tête d'un animal. Le dieu **Horus** a une tête de faucon ; la déesse **Hathor** est une vache symbolisant l'amour et la joie.

● Les dieux jouent un rôle dans la vie quotidienne des Égyptiens. Il y a dans chaque maison des petits objets de culte et des statuettes de dieux. **Chacun recherche la protection des dieux.**

2. La maison des dieux sur la terre

● Les maisons des dieux sur la terre sont des temples (doc. 3) où se déroulent les cérémonies en leur honneur : pèlerinages, processions et les **rituels*** journaliers. Le temple est construit en pierres. Une allée bordée de **sphinx*** conduit à une entrée monumentale. A l'intérieur du temple, une cour est suivie de plusieurs salles de plus en plus petites où le sol s'élève et le plafond s'abaisse. **Au fond, dans l'obscurité mystérieuse, se trouve la statue du dieu.** Chaque matin, le grand prêtre lui offre un repas et des fleurs, fait sa toilette et l'habille.

● Les temples sont riches. Ils possèdent des terres, des troupeaux, des bateaux. Les prêtres s'occupent des biens du dieu. Ils ont souvent une école où les futurs scribes viennent apprendre à lire, à écrire et à compter. Ils conservent leurs archives dans de véritables bibliothèques. **Les prêtres sont nombreux et puissants :** Pharaon les consulte sur les problèmes importants et il écoute leurs conseils.

---

1 **Les dieux du ciel et de la terre** *(papyrus, musée du Caire).* La déesse Nout figure la voûte du ciel et son corps est couvert d'étoiles. Au sol, le dieu Greb dont le corps est peint en vert, couleur de la végétation. Au centre, le dieu Chou lève les bras : il représente le vent. Sur une barque, le mort à qui est dédié ce papyrus est peint sous forme d'un oiseau à tête d'homme.

VOCABULAIRE

* **Rituel** : ensemble des rites, c'est-à-dire prières, offrandes et cérémonies en l'honneur de dieux.

* **Sphinx** : statue d'animal fantastique ; en Égypte, les sphinx ont le corps d'un lion, d'un bélier ou d'un épervier et la tête d'un homme.

2 Quelques-uns des innombrables dieux égyptiens.

Amon-Rê : dieu de Thèbes assimilé à Rê.
Rê : dieu soleil.
Hathor : déesse de l'amour.
Ptah : dieu des artisans et des artistes.
Thot : dieu du savoir.

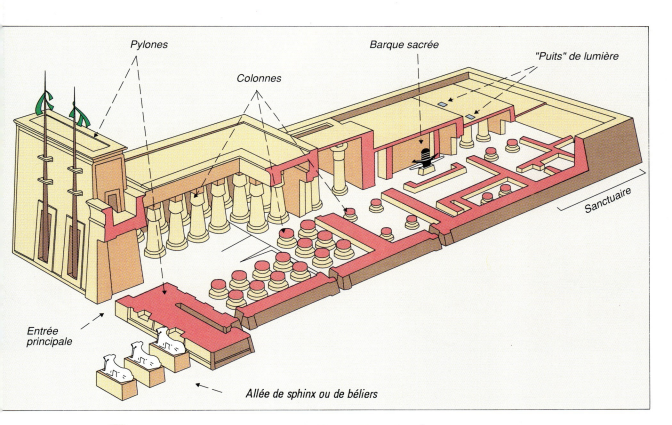

3 **Reconstitution d'un temple dédié aux dieux.** Les Égyptiens se pressaient devant les pylônes ou dans la grande cour, pour apporter leurs offrandes. Ils ne pénétraient pas dans le sanctuaire réservé aux prêtres et où se déroulaient les cérémonies quotidiennes du culte.
Parfois, de grandes processions se déroulaient à l'extérieur du temple. Les prêtres sortaient la statuette du dieu sur la barque sacrée. Le cortège se rendait à un temple voisin : ainsi, les divinités se rendaient visite.

ACTIVITÉS ET DOCUMENTS

Pharaon dans sa demeure d'éternité

A partir du IIIe millénaire avant J.-C., les pharaons font construire de grandioses monuments de pierre. Certains leur servent de tombeaux, d'autres sont des habitations pour les dieux. Ce sont d'abord les pyramides, en Basse Égypte et, plus tard, les temples de la région de Thèbes. Pendant des dizaines d'années, des milliers d'ouvriers travaillent sur ces chantiers gigantesques. Ces « maisons d'éternité » sont parvenues presque intactes jusqu'à nous.

1 **Reconstitution d'un ensemble de pyramides et de temples funéraires à Abousir.** Sous l'Ancien Empire, les pharaons sont enterrés dans des pyramides. Le jour de l'enterrement, la momie royale est transportée par bateau sur le Nil. Elle est débarquée dans un temple-bas situé sur les rives du fleuve. Après les rituels, le cortège composé des prêtres, de la famille royale et de la cour monte par la chaussée jusqu'à la pyramide. Le sarcophage du roi y est enfermé. Un temple-haut servira de lieu de culte dédié au roi. À côté vivent les prêtres qui entretiennent les terres destinées à produire les offrandes nécessaires à la survie du roi dans l'Au-delà.

ACTIVITÉS ET DOCUMENTS

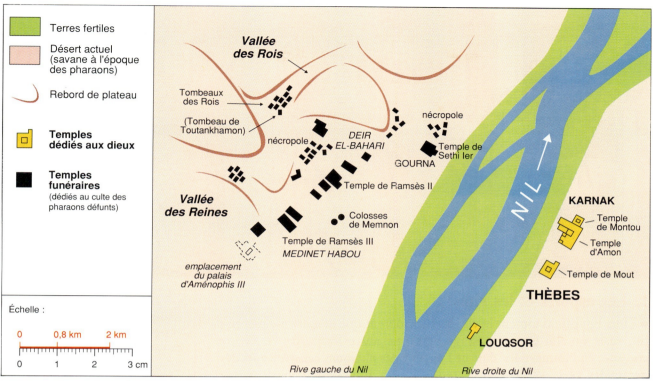

2 **Plan du site de Thèbes.** Au Nouvel Empire, la capitale s'étendait sur la rive droite du Nil. De grands temples étaient dédiés aux dieux. La rive gauche du Nil était réservée aux tombes et aux temples funéraires des rois.

3 **Le temple funéraire royal de Deir-el-Bahari** (*Nouvel Empire, XVIIIe dynastie*). Ce temple s'appuie au rebord de plateau où furent creusées les tombes des rois du Nouvel Empire. Il était dédié à la reine Hatchepsout qui exerça exceptionnellement le pouvoir.

CHAPITRE 2 : L'ÉGYPTE ANTIQUE

5. Une religion pour survivre

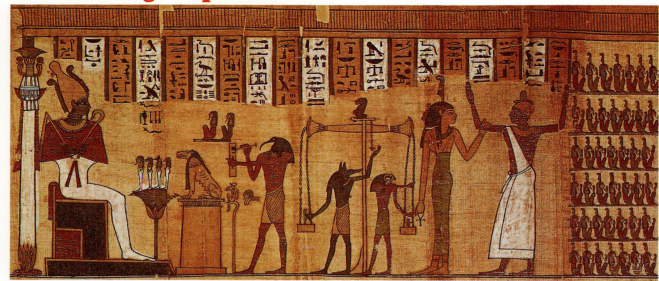

1. Les espoirs et les rites

● Les Égyptiens aiment la vie. Ils considèrent que la mort n'y met pas fin, mais qu'elle est un passage vers une autre forme de vie. **Cette croyance en l'immortalité date de l'époque des pharaons constructeurs des pyramides vers −2 800.** En ce temps-là, les Égyptiens pensaient que seuls les rois pouvaient survivre. Mais, au fil des siècles, l'espoir d'une vie nouvelle s'étend à l'entourage des pharaons, puis aux fonctionnaires et enfin à tous les Égyptiens.

● Pour les Égyptiens, l'homme possède un « Kâ », c'est-à-dire une énergie vitale. Après la mort, le « Kâ » peut continuer à vivre **à condition que le corps ne tombe pas en poussière.** Quand un Égyptien meurt, sa famille remet son corps à **des prêtres spécialisés : les embaumeurs.** Ceux-ci le traitent avec des **onguents***, le dessèchent à l'aide de natron (mélange de produits déshydratants dont le sel), puis l'enveloppent de fines bandelettes de lin. Le corps momifié est placé dans un **sarcophage*** (doc. 5). **Ce mort est alors prêt pour sa nouvelle vie** (doc. 2).

2. Comment survivre dans l'Au-delà ?

● La tombe, indispensable à la survie, est appelée la **« maison d'éternité »**. Plus ou moins luxueuse selon la richesse de la famille, elle est toujours construite avec soin. Les objets qui appartenaient au défunt sont placés à côté de lui et des aliments sont peints sur les murs. Ainsi, **le mort est dans un cadre qui lui est familier** (doc. 3). Les tombes sont groupées à l'extérieur des villes en de vastes **nécropoles***.

● Dans le monde souterrain des morts gardé par Osiris, le « Kâ » doit répondre de ce qu'il a fait pendant sa vie terrestre devant **le tribunal d'éternité** (doc. 1). Anubis pèse le cœur. Si les fautes ne pèsent pas trop lourd (doc. 4), Osiris accueille le mort dans les champs d'Ialou où il pourra mener une nouvelle vie agréable (doc. 3). Sinon, il est dévoré par un monstre. Pour les morts, le temps n'existe plus. Les rois défunts reçoivent un culte dans des temples nommés **« demeures de millions d'années »**...

1 Osiris préside le jugement d'un mort pour son entrée dans l'Au-delà (*papyrus du musée du Louvre*). A droite en robe de lin blanc : le défunt. Son cœur est placé sur le plateau droit de la balance ; sur le plateau gauche, la plume de Maât, déesse de la vérité et de la justice.

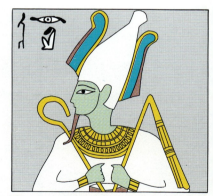

Osiris, dieu des morts.

VOCABULAIRE

* **Onguent** : sorte de pommade faite de substances grasses et de résines dont certaines très parfumées.

* **Sarcophage** : cercueil de pierre ou de bois souvent orné de dessins et d'inscriptions destinés à faciliter l'entrée du défunt dans l'Au-delà.

* **Nécropole** : mot d'origine grecque signifiant « ville des morts ».

2 **Rituel de l'ouverture de la bouche** (*Nouvel Empire, XIXe dynastie, British Museum*). Ce rite permet au souffle de la vie de revenir dans la momie.

3 Un mort dans les champs d'Ialou

Ce texte est inscrit sur les murs d'une tombe de Thèbes. Le défunt est représenté dans son jardin par une peinture.

« Formule à réciter. Ô l'intendant responsable des champs, le scribe Amenemhat. Puisses-tu marcher au bord de ce bassin *[dans le jardin]* comme tu le souhaites. Que ton cœur se réjouisse dans cette tombe. Puisses-tu te rafraîchir sous les arbres et que ton cœur soit étanché par l'eau de la citerne que tu as construite. Pour toujours et à jamais. »

◆ *En quoi consiste le bonheur après la mort ?*

4 Le Livre des morts

Ce recueil réunit un ensemble de formules destinées à accompagner le défunt dans son sarcophage pour le protéger.

« Formule pour adorer Osiris qui règne à l'Occident *[l'entrée du monde souterrain des morts]*. Salut à toi grand dieu. [...] Je n'ai pas commis l'iniquité contre les hommes *[dit le défunt]*. Je n'ai pas appauvri un pauvre de ses biens. Je n'ai pas affamé. Je n'ai pas tué, ni ordonné de tuer. [...] Je n'ai pas amoindri les offrandes alimentaires dans les temples. Je n'ai pas faussé le peson de la balance. Je n'ai pas ôté le lait de la bouche des petits enfants. [...] Je n'ai pas retenu l'eau au moment de l'inondation. [...] Je suis pur ! Je suis pur. »

P. BARGUET, *Le Livre des morts des anciens Égyptiens*, Cerf, 1972.

◆ *Que faut-il faire pour obtenir le bonheur après la mort ?*

5 **Sarcophage royal en bois peint** (*Nouvel Empire, musée du Louvre*).

Chapitre 3

LES HÉBREUX

*« Le Seigneur dit à Moïse :
Vous avez vu vous-mêmes comme je vous ai emportés sur des ailes de vautour et amenés vers moi. Désormais si vous m'obéissez et respectez mon alliance, je vous tiendrai pour miens parmi tous les peuples. »*

Exode, 19, 4-5, B.J.

PLAN DU CHAPITRE

Activités et documents :
La Bible (+ frise chronologique) 48/49
1. Le peuple de l'Alliance 50/51
2. Les royaumes d'Israël 52/53
3. Une religion monothéiste 54/55

Vue actuelle du mont Sinaï. Sur ces sommets, Dieu a dicté à Moïse les dix commandements.

ACTIVITÉS ET DOCUMENTS

La Bible

Arrivés en Canaan au XIIIe siècle avant J.-C., les Hébreux rencontrent les Phéniciens qui, déjà, ont inventé l'écriture. Ils peuvent donc doubler leur tradition orale par l'écrit. Pour les Hébreux, c'est Dieu lui-même qui a donné à l'homme l'ordre d'écrire. La parole divine, en effet, doit être transmise. Sacrée et irrévocable, elle assure l'homme de la fidélité de Dieu.

La Bible — le Livre — est une suite de textes en apparence très différents les uns des autres. Certains racontent les origines de l'homme, c'est la Genèse, d'autres l'histoire du peuple hébreu, ses relations souvent violentes avec ses voisins. Le Deutéronome et le Lévitique sont des recueils de lois. Les Psaumes sont des prières... Les Hébreux ont également écrit les paroles des prophètes, ou des récits légendaires comme le livre de Job ou l'histoire de Jonas.

Mais tout cela a une grande unité : il s'agit toujours de témoigner de l'Alliance entre Yahvé et le peuple d'Israël. Par la Bible, le témoignage se transmet de génération en génération.

1 La parole du Seigneur s'adresse à Jérémie

« ''Prends un rouleau et écris dessus toutes les paroles que je t'ai adressées touchant Jérusalem, Juda et toutes les nations, depuis le jour où je commençais à te parler jusqu'aujourd'hui. Peut-être qu'en entendant tout le mal que je veux leur faire, ceux de la maison de Juda reviendront de leur voie perverse : alors je pourrai pardonner leurs péchés.''

Jérémie appela Baruch qui, sous sa dictée, écrivit sur un rouleau toutes les paroles que Yahvé avait adressées au prophète. Jérémie dit à Baruch : Tu iras, toi, lire au peuple toutes les paroles de Yahvé, en son temple, le jour du jeûne. »

Jérémie, 36, 2-6 (vers −600), B.J.

2 Le souvenir de la libération

« Le Seigneur frappa l'Égypte en ses premiers nés
Car éternel est son amour
Et de là fit sortir Israël
Car éternel est son amour
Il sépara en deux la mer des Joncs
Car éternel est son amour
Et fit passer Israël en son milieu
Car éternel est son amour
Y culbutant Pharaon et son armée
Car éternel est son amour
Il mena son peuple au désert
Et le sauva de la main des oppresseurs
Car éternel est son amour. »

Psaume, 136 (−Ve siècle), B.J.

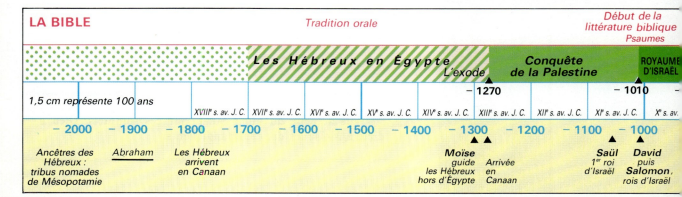

ACTIVITÉS ET DOCUMENTS

5 **Manuscrit retrouvé à Qûmran, près de la mer Morte, dans une jarre de terre cuite.** Il s'agit d'extraits de la Bible, copiés au Ier siècle avant J.-C. par les membres d'une communauté juive, les Esséniens.

3 Le récit de l'événement

« Moïse étendit sa main sur la mer. Yahvé refoula la mer toute la nuit par un fort vent d'est, et il la mit à sec. Les eaux se fendirent et les enfants d'Israël s'engagèrent dans le lit asséché de la mer, avec une muraille d'eau à leur droite et à leur gauche. Les Égyptiens les poursuivirent : tous les chevaux de Pharaon, ses chars et ses cavaliers s'engagèrent à leur suite dans le lit de la mer. A la veille du matin, Yahvé regarda vers l'armée des Égyptiens et y jeta la confusion. Il enraya les roues de leurs chars qui n'avançaient plus qu'à grand-peine. Les Égyptiens s'écrièrent : Fuyons, car Yahvé combat pour les Israélites. »

Exode, 14, 21-25 (−IVe siècle), B.J.

4 La sagesse envoyée par Dieu

« C'est elle qui délivra d'une nation d'oppresseurs le peuple saint. Elle entra dans l'âme d'un fidèle du Seigneur et, par des prodiges et des signes, tint tête à des rois redoutables. Aux saints elle donna le salaire de leurs peines ; elle les conduisit par un chemin merveilleux, elle leur tint lieu d'abri pendant le jour, de lumière des étoiles pendant la nuit. Elle leur fit franchir la mer Rouge et les conduisit à travers l'onde immense, tandis qu'elle engloutissait leurs ennemis dans les flots. Aussi les justes célébrèrent-ils, Seigneur, ton saint nom et, d'un cœur unanime, chantèrent ton bras protecteur. »

Livre de la Sagesse, 10, 15-20 (−Ier siècle), B.J.

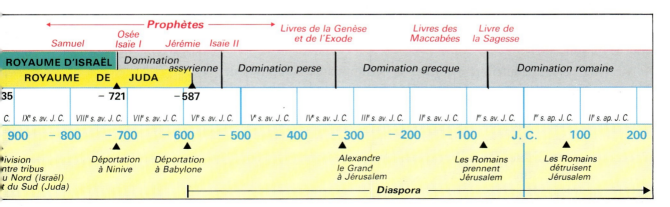

CHAPITRE 3 : LES HÉBREUX

1. Le peuple de l'Alliance

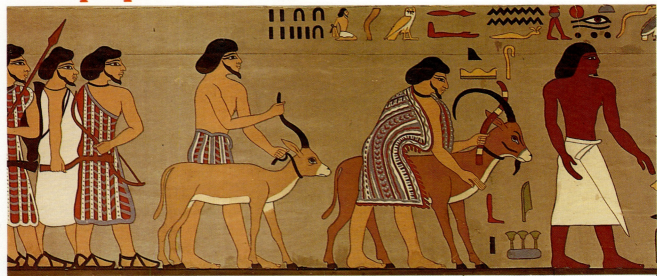

1. Les Hébreux, un peuple de nomades

● Chef de **clan*** parmi les peuples de Mésopotamie, **Abram décide de quitter son pays vers —1900.** Selon la Bible, c'est **Yahvé**, son Dieu, qui lui en a donné l'ordre en lui promettant que son peuple deviendra nombreux comme les sables de la mer. C'est pourquoi Abram change son nom en Abraham, ce qui signifie **« père d'une multitude »**. Tout le clan s'ébranle avec femmes, enfants, bagages, troupeaux (doc. 3). **Guidé par Abraham, il arrive en Canaan.** Le petit-fils d'Abraham, Jacob, surnommé Israël (ce qui signifie « fort devant Dieu »), donne son nom au clan. Les autres peuples utilisent le mot « Hébreux » qui signifie « ceux qui viennent d'au-delà ».

● Une famine pousse les Hébreux à partir en Égypte où ils mènent d'abord une vie heureuse (doc. 1). L'un d'eux, Joseph, devient même ministre de Pharaon (doc. 4). Mais il semble que, vers —1300, la situation se dégrade. L'Égypte devient pour eux un pays de **servitude***. Moïse, un Hébreu élevé par la fille de Pharaon, prend leur tête et les décide à regagner le pays de Canaan.

2. L'Exode : une génération dans le désert

● D'après la Bible, le départ d'Égypte est dramatique. Pourchassés par les Égyptiens, les Hébreux réussissent à franchir la mer des Roseaux. **Pendant 40 ans ils errent dans le désert,** trouvant avec peine de quoi vivre (doc. 5).

● Ce long périple contribue à former la communauté composée de **12 tribus. Moïse leur donne les Tables de la Loi* reçues de leur Dieu sur le mont Sinaï.** En l'absence de Moïse, les Hébreux sont tentés d'adorer un veau d'or. Mais ils comprennent qu'ils sont le peuple que Dieu avait choisi, le peuple de l'Alliance, et qu'ils doivent renoncer aux **idoles***. Ils placent alors les Tables de la Loi dans l'**Arche d'Alliance*** (doc. 2). Dès lors, de génération en génération, ils raconteront l'**Exode** comme un événement fondateur.

---

1 **Une tribu nomade** *(fresque de la tombe de Beni Hassan, XIXᵉ siècle avant J.-C., musée d'Art et d'Histoire de Vienne).*

● *A quoi voyez-vous que ces nomades sont en marche vers l'Egypte ?*

VOCABULAIRE

* **Clan** : groupe familial ayant un ancêtre commun ; chez les Hébreux, le chef d'un clan est appelé un patriarche.

* **Servitude** : situation d'esclavage.

* **Tables de la Loi** : tablettes de pierre sur lesquelles les paroles de Yahvé à Moïse ont été gravées.

* **Idole** : image ou statue représentant un dieu et qui est adorée comme si elle était le dieu lui-même.

* **Arche d'Alliance** : coffret de bois précieux (de 125 × 75 × 75 cm) dans lequel les Tables de la Loi ont été placées ; jusqu'à la construction du Temple à Jérusalem, il accompagne les Hébreux dans leurs déplacements.

2 **Bas-relief représentant l'Arche d'Alliance** (Capharnaüm, Galilée).
♦ *Pourquoi l'Arche est-elle montée sur des roues ?*

3 Les migrations des Hébreux.

♦ *Calculez la longueur du trajet parcouru par Abraham et son clan. Ce chemin était-il le plus court pour aller en Canaan ? Pourquoi les Hébreux l'ont-ils suivi ?*

♦ *La mer des Roseaux n'apparaît pas sur cette carte. A votre avis, à quoi correspond ce que les Hébreux ont appelé ainsi ?*

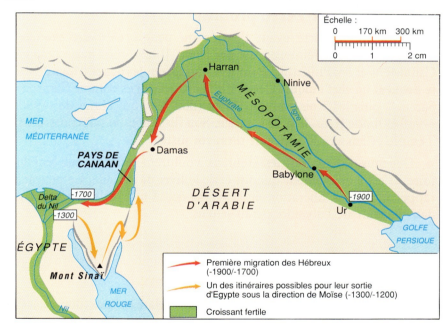

4 **Joseph, ministre de Pharaon**

Un des fils de Jacob, Joseph, vendu par ses frères, est captif en Égypte. Par son talent à expliquer les songes il gagne la confiance de Pharaon.

« Pharaon dit à Joseph : Après que Dieu t'a fait connaître tout cela, il n'y a personne d'intelligent et de sage comme toi. C'est toi qui seras mon maître du palais et tout mon peuple se conformera à tes ordres, je ne te dépasserai que par le trône. Et Pharaon ôta son anneau de sa main et le mit à la main de Joseph et lui passa au cou le collier d'or. »

Genèse, 41, 37-43, B.J.

♦ *Que pensez-vous de la vie de Joseph en Égypte ?*

5 **La vie des Hébreux au désert**

Après la sortie d'Égypte, la vie dans le désert est difficile. Un soir, la communauté d'Israël campe en un lieu où l'eau manque.

« Le peuple alors querella Moïse : ''Donne-nous de l'eau, lui dirent-ils, que nous buvions !'' Moïse leur répondit : ''Pourquoi me faites-vous querelle ? Pourquoi mettez-vous Yahvé à l'épreuve ?'' Le peuple torturé par la soif en ce lieu, dit : ''Pourquoi nous as-tu fait sortir d'Égypte ? Est-ce pour nous faire mourir de soif, nous, nos enfants, et nos bêtes ?'' »

Exode, 17, 1-3, B.J.

♦ *Expliquez les regrets des Hébreux.*

2. Les royaumes d'Israël

[I] Vue actuelle des ruines du **Temple de Jérusalem** détruit par les Romains au Iᵉʳ siècle après J.-C.

1. Le peuple en Terre promise

● Moïse meurt juste avant l'entrée du peuple **en Terre promise***. L'installation des Hébreux n'est pas facile. Il faut guerroyer contre les Cananéens et les Philistins. **Pour être plus fortes, les douze tribus d'Israël se donnent un chef unique.** Ce sont d'abord les Juges comme Samson et Samuel, puis les Rois comme David (doc. [2]), qui règne de —990 à —960 et fonde **Jérusalem,** sa capitale. Son fils Salomon fait construire le Temple et laissera le souvenir d'un roi juste.

● Devenus sédentaires, les Hébreux voulurent réfléchir sur leur histoire. C'est à ce moment que fut écrit le **livre de l'Exode.** Le peuple se rappelait ainsi sa libération de la servitude, et affirmait que son Dieu dans l'avenir ne l'abandonnerait jamais.

2. Division et dispersion des Hébreux

● **A la mort de Salomon en —932 le royaume éclate en deux** (doc. [3]). Au sud, le royaume de Juda garde Jérusalem pour capitale et reste fidèle à la **dynastie*** de David. Au nord, le royaume d'Israël rompt avec cette dynastie et installe sa capitale à Samarie.

● Affaiblis par la division, les Hébreux ne peuvent résister à leurs puissants voisins. En —721, Israël est ravagé par les Assyriens. Ses habitants sont **déportés à Ninive** (doc. [4]). Deux siècles plus tard, les Babyloniens s'emparent de Juda. **L'exil à Babylone (—587)** est ressenti plus douloureusement que la déportation à Ninive : cette fois les Hébreux ont perdu leur terre et leur roi. Pour affirmer leur foi, ils écrivent une histoire de la création du monde, **la Genèse.** Dans ce récit **ils affirment que leur Dieu est le dieu de toute l'humanité.**

● Un royaume de Juda est reconstitué en —538. Mais les Judéens (ou Juifs) tombent sous la domination des conquérants grecs puis romains, contre lesquels ils se révoltent parfois (doc. [1]). **Beaucoup de Juifs vivent aussi dans la dispersion, ou *diaspora*,** tout autour de la Méditerranée, notamment à Rome ou à Alexandrie, en Égypte.

VOCABULAIRE

* **Terre promise** : pays promis par Dieu à Abraham ; c'est le pays de Canaan.

* **Dynastie** : succession des rois d'une même famille.

* **Diaspora** : mot grec signifiant « dispersion », qui désigne les communautés juives dispersées à travers le monde.

2 David et Goliath

Pour s'installer en Terre promise, les Hébreux doivent affronter les Philistins. Le géant Goliath les défie d'envoyer un homme se battre contre lui. Un jeune berger David ose l'affronter.

« David prit son bâton en main ; il se choisit dans le torrent cinq pierres bien lisses et les mit dans son sac de berger puis, la fronde à la main, il marcha vers le Philistin. Le Philistin s'approcha de plus en plus près de David, précédé du porte-bouclier. Le Philistin tourna les yeux vers David et, lorsqu'il le vit, il le méprisa car il était jeune. Le Philistin dit à David : ''Suis-je un chien pour que tu viennes contre moi avec des bâtons ?'' Et le Philistin maudit David par ses dieux. Mais David répondit au Philistin : ''Tu marches contre moi avec épée, lance et javelot, mais moi je marche contre toi au nom de Yahvé, le Dieu des troupes d'Israël que tu as défiées... Je te tuerai et toute la terre saura qu'il y a un Dieu en Israël.''

David triompha du Philistin avec la fronde et la pierre ; il n'y avait pas d'épée entre les mains de David. »

Samuel, 17, 40-50, B.J.

◆ *Comment le texte interprète-t-il la victoire de David ?*

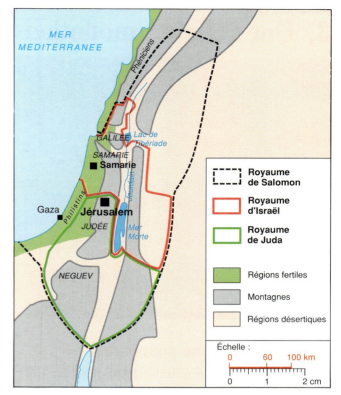

3 La division du royaume de Salomon (− 932).

◆ *Pourquoi la division en deux royaumes affaiblit-elle les Hébreux ?*
◆ *Comparez la taille des deux royaumes d'Israël et de Juda à celle du royaume de Salomon.*

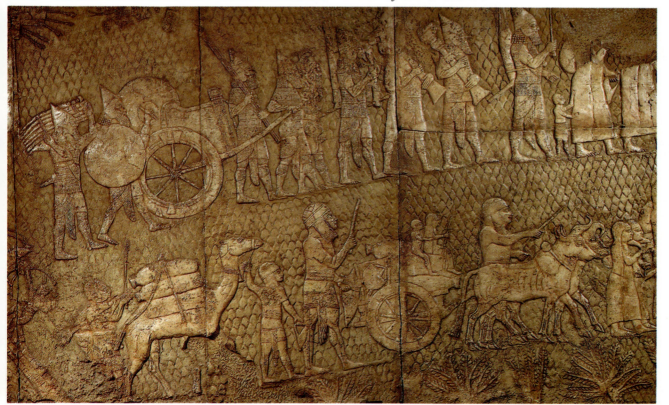

4 Bas-relief du palais de Sennacherib, roi d'Assyrie, à Ninive *(British Museum)*.

◆ *Qu'emportent les Assyriens dans leur pays ?*

3. Une religion monothéiste

1. Un dieu unique pour Israël

● **Seuls de tous les peuples de l'Antiquité, les Hébreux adorent un dieu unique.** Ils considèrent tous les autres dieux comme des idoles. Au début du second millénaire avant J.-C., le dieu des Hébreux avait interdit les sacrifices humains : au dernier moment, il avait remplacé sur l'autel le fils d'Abraham par un bélier (doc. 3). Les rites comportent donc depuis cette époque des sacrifices d'animaux.

● Mais, plus que les sacrifices, ce que Dieu aime par-dessus tout, c'est un cœur pur (doc. 2). **L'obéissance à la Loi est la réponse des Hébreux à l'alliance conclue au désert.** Des règlements stricts concernent la vie quotidienne et la vie en société. Surtout il faut consacrer à Dieu une journée par semaine : le **Sabbat***. Ce jour-là prière et lecture de la Loi remplacent tout travail.

● Des fêtes rythment l'année (doc. 5). **La Pâque commémore la sortie d'Égypte.** Le culte est célébré dans le Temple de Jérusalem par les prêtres membres de la tribu de Lévi. L'Arche d'Alliance est gardée dans le **Saint des Saints*** où ne pénètre que le Grand Prêtre. Hors de Jérusalem les Juifs se réunissent pour prier dans les synagogues (doc. 1), simples salles de réunion.

1 Fresque dans une catacombe juive de Rome *(Villa Torlonia)*. L'Arche d'Alliance est placée entre deux chandeliers à sept branches.

◆ *Pourquoi des Juifs ont-ils peint cette fresque à Rome ?*

2. Un seul dieu pour toute l'humanité

● Le Dieu des Hébreux demande à son peuple une grande fidélité. Les **prophètes*** ne cessent de le leur rappeler. Isaïe, au VIIIe siècle avant J.-C., ou plus tard Jérémie et Osée, dénoncent les infidélités du peuple et de ses chefs. Ils affirment aussi de plus en plus clairement que **le Dieu des Hébreux, maître de la terre, appelle au salut tous les hommes** (doc. 4). Il exclut tous les autres dieux, **lui seul est le vrai Dieu.**

● Dans l'exil, les guerres, l'occupation étrangère, les prophètes **consolent*** Israël en lui promettant un Messie qui le sauvera. Lors de la domination romaine, les Juifs attendent ce Messie. Beaucoup pensent qu'il viendra reconstruire le royaume détruit.

VOCABULAIRE

* **Sabbat** : 7e jour de la semaine, consacré à Dieu ; le Sabbat correspond au samedi.

* **Saint des Saints** : partie la plus sacrée du Temple de Jérusalem.

* **Prophète** : personne qui parle au nom de Dieu.

* **Consoler** : apporter à ceux qui sont malheureux le réconfort qui vient de Dieu.

2 Les Commandements de Dieu

Sur le mont Sinaï, Yahvé dicte à Moïse les commandements auxquels les Hébreux devront obéir pour rester fidèles à l'Alliance.

« Alors Dieu prononça toutes ces paroles : c'est moi Yahvé ton Dieu qui t'ai fait sortir du pays d'Égypte, de la maison de servitude. Tu n'auras pas d'autres dieux que moi.

Tu ne te feras aucune image sculptée. Tu ne te prosterneras pas devant ces images ni ne les serviras.

Tu ne prononceras pas le nom de Yahvé, ton Dieu, à faux.

Souviens-toi du jour du Sabbat pour le sanctifier. Pendant six jours tu travailleras et tu feras tout ton ouvrage, mais le septième jour est un sabbat pour Yahvé, ton Dieu, tu n'y feras aucun ouvrage, toi, ni ton fils ni ta fille, ni ton serviteur, ni ta servante, ni tes bêtes, ni l'étranger qui réside chez toi. Car en six jours, Yahvé a fait le ciel, la terre, la mer et tout ce qu'ils contiennent, mais il a chômé le septième jour.

Tu ne tueras pas.

Tu ne voleras pas.

Tu ne porteras pas de témoignage mensonger contre ton prochain.

Tu ne convoiteras pas la maison de ton prochain. Tu ne convoiteras pas la femme de ton prochain, ni son serviteur, ni sa servante, ni son bœuf, ni son âne : rien de ce qui est à lui. »

Exode, 20, 2-17, B.J.

◆ *Quelle est l'originalité de la religion des Hébreux ?*

3 Le sacrifice d'Isaac

Dieu demande à Abraham de lui sacrifier son fils.

« Abraham se leva tôt, sella son âne et prit avec lui deux de ses serviteurs et son fils Isaac. Il fendit le bois de l'holocauste et se mit en route pour l'endroit que Dieu lui avait dit. Le troisième jour, Abraham, levant les yeux, vit l'endroit de loin. Il dit à ses serviteurs : ''Demeurez ici avec l'âne. Moi et l'enfant nous irons jusque là-bas.''

Abraham prit le bois de l'holocauste et le chargea sur son fils Isaac, lui-même prit en mains le feu et le couteau, et ils s'en allèrent tous deux ensemble. Isaac s'adressa à son père et dit : ''Mon père !'' Il répondit : ''Oui mon fils ! — Eh bien, reprit-il, voilà le feu et le bois, mais où est l'agneau pour l'holocauste ?'' Abraham répondit : ''C'est Dieu qui pourvoira à l'agneau pour l'holocauste, mon fils.''

Quand ils furent arrivés, Abraham éleva l'autel, disposa le bois, puis il lia son fils Isaac sur l'autel. Il étendit la main et saisit le couteau pour immoler son fils. Mais l'Ange de Yahvé l'appela du ciel et dit : ''N'étends pas la main contre l'enfant.'' Abraham leva les yeux et vit un bélier, qui s'était pris par les cornes dans un buisson. Il alla prendre le bélier et l'offrit à la place de son fils. »

Genèse, 22, 3-13, B.J.

◆ *Quelle est l'attitude d'Abraham à l'égard de son dieu ?*
◆ *Quelle est l'attitude du dieu des Hébreux à l'égard des sacrifices humains ?*

4 Le salut pour tous les hommes

L'Alliance entre Yahvé et son peuple doit s'étendre à toute l'humanité.

« Il adviendra dans l'avenir que le mont du Temple de Yahvé sera établi au sommet des montagnes et s'élèvera plus haut que les collines. Toutes les nations y afflueront [...] et diront : ''Venez, montons à la montagne de Yahvé, allons au Temple du dieu de Jacob, pour qu'il nous enseigne ses voies, et que nous suivions ses sentiers.'' »

Premier Isaïe, 1, 2-3 (−VIIIe siècle), B.J.

« Et les fils d'étrangers qui se sont attachés à Yahvé pour le servir, qui observent le Sabbat et se tiennent fermement à mon alliance, je les conduirai à ma montagne sainte, car ma maison s'appellera maison de prière pour tous les peuples. »

Troisième Isaïe, 56, 6 (−Ve siècle), B.J.

5 Le calendrier religieux des Hébreux

Les fêtes religieuses des Hébreux rappellent le passé et reconnaissent le rôle de Yahvé dans la vie du peuple.

La Pâque (mars-avril)	Commémore la sortie d'Égypte
La Pentecôte (mai-juin)	Rappelle la remise des Tables de la Loi à Moïse sur le mont Sinaï
Yom-Kippour (septembre-octobre)	Journée de jeûne pour expier les péchés
La fête des tentes (octobre)	Rappelle le souvenir des marches du peuple au désert

Chapitre 4

LA GRÈCE CLASSIQUE

« Pour toi, mets-toi ces avis en l'esprit : écoute donc la justice, oublie la violence à jamais. Telle est la loi que Zeus a prescrite aux hommes : que les poissons, les fauves, les oiseaux ailés se dévorent, puisqu'il n'est point parmi eux de justice. Mais aux hommes Zeus a fait don de la justice qui est, de beaucoup, le premier des biens. »

HESIODE, *Les Travaux et les Jours*,
Editions Les Belles Lettres, 1977.

PLAN DU CHAPITRE

Carte de localisation et frise chronologique : La Grèce classique	58/59
1. Un peuple de marins	60/61
2. Les dieux et les héros	62/63
Activités et documents : Homère	64/65
3. Le sanctuaire de Delphes	66/67
Activités et documents : Les Jeux	68/69
4. La naissance des cités	70/71
5. Athènes, l'aube de la démocratie	72/73
6. Des guerres médiques à l'impérialisme athénien	74/75
Activités et documents : L'Acropole d'Athènes	76/77
7. A Athènes, au fil des jours	78/79
8. Sparte et Athènes	80/81
9. Philippe et Alexandre	82/83
Activités et documents : La civilisation hellénistique	84/85
L'héritage des Grecs	86/87
Carte de localisation : Les civilisations du monde antique à l'époque hellénistique	88/89

L'acropole de Lindos, dans l'île de Rhodes.

LA GRÈCE CLASSIQUE

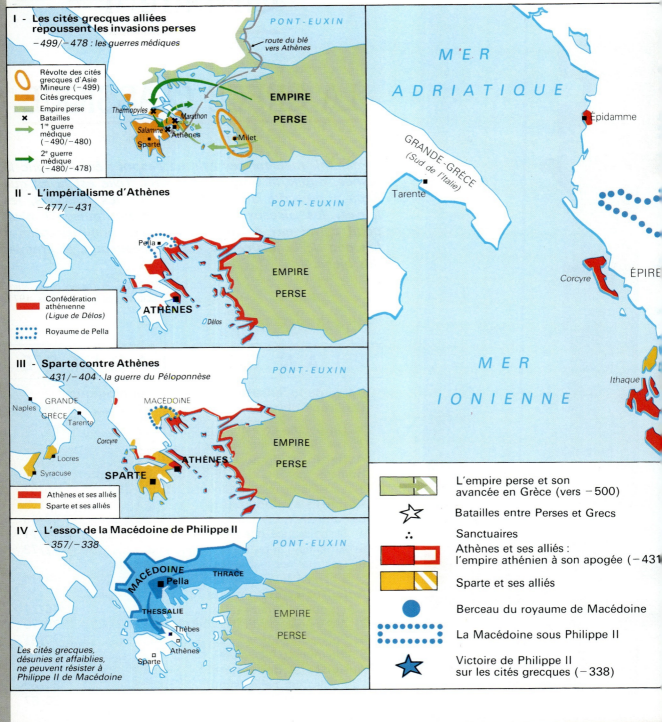

I - Les cités grecques alliées repoussent les invasions perses
−499/−478 : les guerres médiques

- Révolte des cités grecques d'Asie Mineure (−499)
- Cités grecques
- Empire perse
- × Batailles
- 1ʳᵉ guerre médique (−490/−480)
- 2ᵉ guerre médique (−480/−478)

II - L'impérialisme d'Athènes
−477/−431

- Confédération athénienne (Ligue de Délos)
- Royaume de Pella

III - Sparte contre Athènes
−431/−404 : la guerre du Péloponnèse

- Athènes et ses alliés
- Sparte et ses alliés

IV - L'essor de la Macédoine de Philippe II
−357/−338

Les cités grecques, désunies et affaiblies, ne peuvent résister à Philippe II de Macédoine

Légende :
- L'empire perse et son avancée en Grèce (vers −500)
- Batailles entre Perses et Grecs
- Sanctuaires
- Athènes et ses alliés : l'empire athénien à son apogée (−431)
- Sparte et ses alliés
- Berceau du royaume de Macédoine
- La Macédoine sous Philippe II
- Victoire de Philippe II sur les cités grecques (−338)

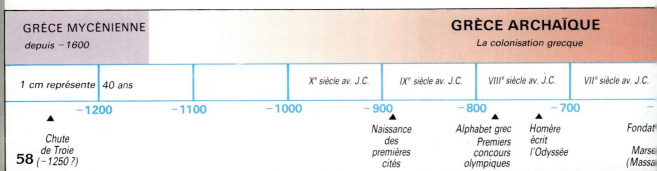

GRÈCE MYCÉNIENNE depuis −1600				GRÈCE ARCHAÏQUE La colonisation grecque			
1 cm représente 40 ans			Xᵉ siècle av. J.C.	IXᵉ siècle av. J.C.	VIIIᵉ siècle av. J.C.	VIIᵉ siècle av. J.C.	
−1200	−1100	−1000		−900	−800	−700	
Chute de Troie (−1250 ?)				Naissance des premières cités	Alphabet grec / Premiers concours olympiques	Homère écrit l'Odyssée	Fondation de Marseille (Massalia)

CHAPITRE 4 : LA GRÈCE CLASSIQUE

1. Un peuple de marins

1. La mer, partout...

● **La Grèce est un pays méditerranéen au relief accidenté.** Montagnes et hautes collines isolent les plaines les unes des autres. Le relief et l'absence de grands fleuves rendent les communications terrestres difficiles, **mais la mer n'est jamais bien loin.** Elle permet de joindre entre elles les régions par bateau (doc. 1). Des îles nombreuses et rapprochées servent de relais à la navigation.

● Dans les campagnes, l'eau est rare. Les pluies, violentes mais de courte durée, n'apportent pas assez d'eau. Les sources protégées par les dieux sont donc rares et précieuses. **Le manque d'eau et la pauvreté du sol obligent les Grecs à aller chercher du blé dans d'autres régions.**

● Tous les ans, d'avril à fin octobre, les petits navires de commerce à voile carrée sillonnent les routes maritimes. Ils transportent l'huile d'olive, le vin ou le blé et font la prospérité des Grecs (doc. 4).

2. Naviguer, une périlleuse aventure

● De génération en génération les Grecs font le récit de la manière dont ils ont surmonté les dangers et sont devenus un peuple de marins. Des **aèdes***, « poètes divins », se déplacent à travers la Grèce pour chanter les exploits des **héros***. **Homère,** le plus célèbre d'entre eux, raconte comment, durant dix ans après la prise de la ville de Troie, Ulysse affronte les dangers de la mer avant de retrouver Ithaque, son « île sans prairies, qui n'est qu'une île à chèvres » (doc. 2).

● **La mer est le domaine du dieu Poséidon** (doc. 3), l'Ébranleur du sol. C'est lui qui poursuit Ulysse de sa haine et retarde son retour. Mais c'est lui aussi qui a donné aux Grecs ces merveilleuses routes maritimes qui les mettent en contact avec les autres peuples.

● Ce contact se fait parfois dans la violence : la bataille navale de Salamine en −480 sauve la liberté des Grecs du péril perse (doc. 5). Mais il se fait aussi, souvent, de façon pacifique par des échanges de produits, d'idées, de techniques.

---

1 Dionysos à bord d'un navire *(coupe athénienne du VIe siècle avant J.-C., musée de l'Antiquité, Munich).*

◆ *Comment le navire de Dionysos avance-t-il ?*

VOCABULAIRE

* **Aède** : poète qui va de cité en cité pour chanter les exploits des héros en s'accompagnant sur la cithare.

* **Héros** : personnage qui a accompli des actions d'éclat pendant sa vie et est parfois considéré en Grèce comme un demi-dieu.

* **Épopée** : long poème qui célèbre les exploits des héros et que récitaient les aèdes.

2 Ulysse au péril de la mer

Après la guerre de Troie, Ulysse tente de regagner Ithaque.

« L'Ébranleur du sol tout à coup découvrit Ulysse voguant sur son radeau. Il se dit : "Il me reste à lui jeter encore sa charge de malheur !" Et, prenant son trident et rassemblant les nues, il démontait la mer et des vents déchaînait les rafales ; sous la brume il noyait le rivage et les flots. Ulysse alors gémit : "Malheureux que je suis ! quel est ce dernier coup ?" A peine avait-il dit qu'en volute un grand flot le frappait : choc terrible ! Le radeau capota, Ulysse tomba hors du plancher ; la barre échappa de ses mains, et la fureur des vents, cassant le mât en deux, emporta voile et vergue au loin en pleine mer. Lui-même il demeura longtemps enseveli ; enfin il émergea de la vague. Tout meurtri, il ne pensa qu'à son radeau : d'un élan dans les flots il alla le reprendre, puis s'assit au milieu pour éviter la mort et laissa les grands flots l'entraîner çà et là, au gré de leur courant. »

HOMERE, *Odyssée, Chant V,* trad. J.-V. Bérard, © Editions Gallimard, 1965.

♦ *A qui le poème attribue-t-il les dangers de la navigation ?*

3 Statue en bronze de Poséidon
datant du Ve siècle avant J.-C. et haute de plus de 2 mètres *(musée national d'Athènes).*

♦ *Que tenait Poséidon dans la main droite ?*

4 Fouilles archéologiques sous-marines sur le site d'un navire de commerce grec chargé d'amphores, en Méditerranée.

♦ *Que pouvaient contenir ces amphores ?*

5 La bataille de Salamine

Un messager raconte le désastre subi par la flotte perse, et la victoire des Grecs.

« Quand le jour, avec ses poulains blancs, couvrit de sa clarté la terre entière, une clameur s'éleva du côté des Grecs : "Allez, fils des Hellènes, délivrez la patrie, délivrez vos enfants, vos femmes, les autels de vos dieux, les tombes des aïeux, c'est aujourd'hui la suprême bataille." Notre rumeur en langue perse leur répond. Aussitôt, nef à nef, les proues d'airain se heurtent. Un vaisseau grec donne le signal de l'attaque, en brisant l'avant d'un vaisseau phénicien. Chacun lance son navire contre un autre. D'abord la flotte perse résiste, mais ses vaisseaux amassés en foule dans la passe ne peuvent bientôt plus s'entraider. Ils s'entrechoquent, ils lancent leurs becs de bronze, ils rompent des rangs de rames. Les vaisseaux grecs, non sans adresse, nous entourent, nous percent, retournent nos carènes. On ne voit plus la mer sous l'amas des débris et des tués. »

ESCHYLE, *Les Perses,* Garnier-Flammarion, 1964.

♦ *Recherchez la date et les circonstances de la bataille de Salamine.* ♦ *Le messager est-il grec ou perse ?*

2. Les dieux et les héros

1. Les divinités assises *(frise du Trésor de Siphnos à Delphes).* De gauche à droite : Arès, Aphrodite, Artémis, Apollon et Zeus.

♦ A quoi reconnaissez-vous Arès ?

1. Des dieux nombreux et proches des hommes

● **Les Grecs reconnaissent une multitude de dieux** (doc. 1 et 2). Les douze principaux « habitent » le mont Olympe (doc. 2). Ils sont immortels et possèdent des pouvoirs exceptionnels. Leur vie ressemble à celle des hommes : ils organisent des banquets pour se réjouir le cœur mais se jalousent et se disputent violemment. **Zeus** lui-même, **le maître de l'Olympe**, a parfois du mal à rétablir l'entente !

● Les dieux accueillent parmi eux les héros, tel **Héraklès** qui réussit à délivrer les Grecs de maints dangers (doc. 3 et 4). Les **mythes*** racontent ces exploits et comment dieux et héros interviennent dans la vie des hommes. Héphaïstos le boiteux leur a enseigné à travailler le fer, Déméter leur a donné le blé. **Chaque cité est protégée par une divinité :** Artémis veille sur Éphèse, Héra sur Samos, Athéna sur Athènes...

● Les interventions des dieux ne sont pas toujours aussi heureuses. **Prométhée** avait déchaîné la colère de Zeus en donnant le secret du feu aux hommes. Il en fut cruellement puni : le roi des dieux l'enchaîna sur le Caucase où un aigle rongeait son foie toujours renaissant.

2. La religion, fondement de la communauté

● Pour prier les dieux, les Grecs accomplissent des rites collectifs. Chaque matin le père de famille fait des **libations*** : il répand quelques gouttes de lait, de miel ou de vin sur le sol en récitant des prières.

● Dans la cité les prêtres sacrifient chevreaux, bœufs ou porcelets. La chair des animaux est en partie brûlée sur un **autel*** de plein air afin que la fumée monte régaler les dieux. Le reste est consommé par les hommes. **Ainsi, dieux et mortels se partagent la victime.**

● Des fêtes nombreuses en l'honneur des dieux réunissent les habitants des cités. Offrandes, sacrifices, jeux, cortèges se succèdent parfois pendant plusieurs jours. A Athènes, par exemple, les grandes Dionysies constituent six jours de fête à l'entrée du printemps. Elles célèbrent **Dionysos, le dieu du vin,** qui a le pouvoir d'éveiller la joie « en mêlant à la flûte l'éclat du rire et en dissipant les chagrins ».

VOCABULAIRE

* **Mythes** : récits fabuleux qui expliquent ce que les hommes ont du mal à comprendre ; par exemple, le mythe de Prométhée explique l'origine du feu.

* **Libation** : offrande aux dieux d'un peu de liquide (huile, vin ou lait) versé sur le sol ou sur un autel, afin de les honorer et de leur demander aide et protection.

* **Autel** : petite construction en pierre, le plus souvent située en plein air devant un temple ; c'est sur un autel que, lors d'un sacrifice, la partie de la victime offerte aux dieux est brûlée.

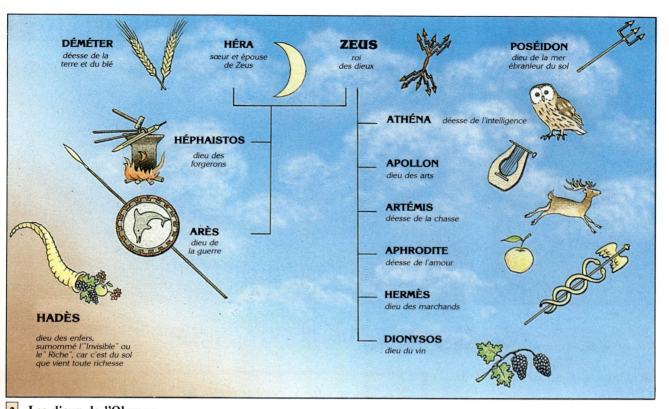

2 Les dieux de l'Olympe.

3 Les douze travaux d'Héraklès

Pris de folie, Héraklès, fils de Zeus et d'une femme mortelle, a tué ses enfants. Les dieux lui ordonnent d'accomplir de dangereuses missions pour qu'il se purifie de ces meurtres :

— Tuer le lion de Némée et se revêtir de sa peau
— Couper toutes les têtes de l'hydre de Lerne
— Capturer le sanglier d'Erymanthe
— Attraper la biche de Cérynie (la poursuite dure un an)
— Abattre les oiseaux carnivores du lac Stymphale
— Nettoyer les écuries du roi Augias (il détourne deux fleuves pour entraîner tout le fumier)
— S'emparer du taureau de Crète
— Calmer les juments de Diomède qui se nourrissent, dans leur fureur, de chair humaine
— Obtenir de la reine des Amazones la ceinture que lui a donnée Arès, le dieu de la guerre
— S'emparer des bœufs de Géryon (il les ramène dans la coupe que le soleil utilise la nuit pour regagner son palais, à l'Orient)
— Ramener des Enfers le chien Cerbère
— Aller chercher les pommes d'or du jardin des Hespérides, fruits merveilleux d'Héra.

♦ *Pourquoi Héraklès est-il l'un des héros les plus populaires de l'Antiquité ?*

4 Héraklès combattant l'hydre de Lerne *(vase à figures noires du IVᵉ siècle avant J.-C., musée du Louvre).*
♦ *Qu'est-ce qu'une hydre ?*

ACTIVITÉS ET DOCUMENTS

Homère

Les Grecs nous ont laissé deux poèmes merveilleux. L'Iliade raconte la fin de la guerre de Troie. L'Odyssée est le récit du retour d'Ulysse dans son royaume d'Ithaque. Les anciens attribuaient ces poèmes à un aède aveugle né en Asie mineure au VIIIe siècle avant J.-C. : Homère. On s'est demandé s'il n'y avait pas deux auteurs, un pour l'Iliade, l'autre pour l'Odyssée. A la vérité, cela n'a pas d'importance. Le poète lui-même dit que les auteurs, ce sont les dieux.

Ces poèmes ont d'abord été récités par les aèdes qui les savaient par cœur et les chantaient de cité en cité. Puis, au VIe siècle avant J.-C., le tyran d'Athènes Pisistrate les fit écrire. Depuis lors, les enfants ont appris à lire en suivant les aventures des héros de la guerre de Troie.

L'ILIADE : LA COLÈRE D'ACHILLE

■ Depuis 9 ans, l'armée des Grecs assiège Troie. Le Troyen Pâris a enlevé Hélène, la femme de Ménélas, roi de Sparte. Les Grecs ont organisé une expédition pour la reprendre.

■ A la suite d'une dispute avec Agamemnon, le chef des Grecs, Achille, le plus fort des héros grecs, refuse de combattre : il se retire sous sa tente. Ce n'est que lorsque son ami Patrocle est tué par Hector, le meilleur des Troyens, qu'il décide de reprendre le combat. Il le fait avec une violence démesurée et attire sur lui les reproches du dieu-fleuve. Dieux et déesses interviennent constamment pour aider les Grecs ou les Troyens.

■ Finalement, Hector sera tué par Achille en combat singulier et la ville de Troie sera pillée par les Grecs.

■ Au XIXe siècle, un Allemand nommé Schliemann a retrouvé en Asie mineure, les ruines de cette ville détruite par un incendie. Le poème d'Homère que l'on croyait imaginé, est donc fondé sur une histoire vraie.

1 Achille reprend le combat contre les Troyens

Achille renonce à sa colère contre Agamemnon. Il reprend le combat pour venger Patrocle, tué par Hector. Il tient à sa merci un Troyen qui le supplie de le laisser en vie.

« ''Insensé, ne va pas m'offrir une rançon. Quand Patrocle vivait et n'avait pas encore atteint le jour fatal, mon âme préférait épargner les Troyens, et j'en ai capturé beaucoup que j'ai vendus. Mais aucun désormais n'évitera la mort parmi tous ceux qu'un dieu sous les murs d'Ilion poussera vers mes bras. Meurs à ton tour, ami ! pourquoi te lamenter ?''

Il dit et, dégainant son épée, il frappe. L'homme, face en avant, s'affaisse. Achille par le pied le saisit et le lance au fleuve qui l'emporte. Puis, triomphant, il dit ces mots ailés : ''Va reposer là-bas au milieu des poissons ! Ce fleuve au cours splendide, aux tourbillons d'argent, ne vous sauvera pas, bien que depuis longtemps vous lui sacrifiiez des taureaux innombrables et que dans ses remous vous jetiez tout vivants de robustes chevaux. Malgré cela vous périrez de male mort aussi longtemps que tous, vous n'aurez pas payé le trépas de Patrocle et la mort des Argiens que vous avez tués lorsque j'étais loin d'eux, près de mes sveltes nefs.''

Mais le fleuve en son cœur sent monter la colère : ''Grande est ta force, Achille, et grands sont tes méfaits. Si Zeus t'accorde enfin d'exterminer tous les Troyens, du moins écarte-les loin de moi dans la plaine. Mes belles eaux déjà sont pleines de cadavres. Je ne sais plus par quels chemins porter mes flots jusqu'à la mer divine, tant je suis dans mon lit par ces morts encombré ! Et tu ne cesses, toi, d'abattre et de tuer ! L'horreur me prend. Chef de guerriers, arrête !''

En réponse, lui dit Achille aux pieds rapides : ''Non, je ne puis cesser de massacrer les arrogants Troyens avant de les avoir refoulés dans leur ville et de savoir, en attaquant de front Hector, qui de nous deux enfin doit l'emporter sur l'autre.'' Ayant ainsi parlé, sur les Troyens il fonce. »

HOMÈRE, *Iliade, Chant XXI*, trad. R. Flacelière, © Editions Gallimard, 1965.

ACTIVITÉS ET DOCUMENTS

L'ODYSSÉE : LE RETOUR D'ULYSSE

Après la prise de Troie, les Grecs rentrent chez eux. Mais le retour d'Ulysse est retardé par la haine de Poséidon : le dieu de la mer lui reproche d'avoir aveuglé son fils, le cyclope Polyphème. Pour se venger, Poséidon multiplie les tempêtes et les dangers sur la route d'Ulysse. A peine a-t-il échappé aux Sirènes que les vents le poussent jusqu'au bout du monde connu, près des colonnes d'Héraklès qui ferment la mer Méditerranée. La nymphe Calypso le garde prisonnier.

Mais Ulysse veut retrouver son île d'Ithaque et sa femme Pénélope qui, depuis vingt ans, espère son retour : tous les jours, elle tisse une toile qu'elle défait la nuit, car elle a promis de se remarier dès que la toile serait finie ! Il veut aussi retrouver son fils Télémaque qu'il a quitté tout petit à son départ pour la guerre de Troie. Il parvient finalement à s'échapper de chez Calypso.

Reconduit à Ithaque par les Phéaciens, Ulysse reprend le pouvoir et retrouve les siens.

Curieusement, c'est dans l'*Odyssée*, et non pas dans l'*Iliade*, que Homère raconte la chute de Troie. Ulysse est arrivé chez les Phéaciens. Nul ne sait qui il est. Le roi Alkinoos, pour honorer son hôte, fait venir l'aède Démodocos qui chante les exploits des Grecs à Troie. Son émotion et ses larmes obligent Ulysse à se faire reconnaître.

2 Le cheval de Troie *(Mykonos, 655 avant J.-C.)*.

- *Quels détails montrent qu'il s'agit d'un faux cheval ?*
- *Quels détails montrent que ce cheval est un piège ?*
- *Décrivez l'armement des guerriers.*

3 Le cheval de Troie

Ulysse vient d'être recueilli par le roi des Phéaciens, Alkinoos. Au cours d'un banquet, un aède chante l'histoire du cheval de bois qui a permis aux Grecs de prendre la ville de Troie.

« Il avait pris la scène au point où ceux d'Argos, ayant incendié leurs tentes, s'éloignaient sur les bancs de leur flotte ; mais déjà, aux côtés du glorieux Ulysse, les chefs étaient à Troie, cachés dans le cheval que les Troyens avaient tiré sur l'Acropole. Leur perte était fatale, du jour que leur muraille avait emprisonné ce grand cheval de bois, où tous les chefs d'Argos apportaient aux Troyens le meurtre et le trépas. Et l'aède chanta la ville ravagée, et, jaillis du cheval, les Achéens quittant le creux de l'embuscade et chacun d'eux pillant son coin de ville haute. Mais tandis que chantait le glorieux aède, Ulysse faiblissait : les larmes inondaient les joues sous les paupières. A toute l'assistance, il put cacher ses larmes. Le seul Alkinoos s'en douta, puis les vit, — ils siégeaient côte à côte, — et l'entendit enfin lourdement sangloter. »

HOMÈRE, *Odyssée, Chant VIII*, trad. J.-V. Bérard, © Editions Gallimard, 1965.

3. Le sanctuaire de Delphes

1. Le sanctuaire d'Apollon

● A l'origine le site de Delphes (doc. 2) était occupé par Gê, la déesse Terre, et par son fils le serpent Python. Apollon, dieu de la musique et de la poésie tua le serpent et chassa Gê.

● Depuis **Apollon est le maître de l'oracle***. Il parle par l'intermédiaire d'une femme, **la Pythie.** Assise dans le temple près de la statue du dieu, elle répond aux questions des consultants. Peut-on entreprendre un voyage ? se marier ? Les rois demandent s'ils doivent faire la guerre. **Les réponses sont parfois difficiles à interpréter.** La Pythie avait dit à Crésus, roi de Lydie que, s'il attaquait les Perses, un grand empire serait détruit. Hélas pour lui, l'empire détruit fut le sien !

● **De grandes fêtes se déroulent dans les sanctuaires*.** Au théâtre, des concours de poésie, de chant, opposent des concurrents venus de toute la Grèce. Au stade, les courses à pied enthousiasment les spectateurs. En contrebas, au milieu des oliviers sacrés, la jeunesse s'entraîne au **gymnase***, tout près d'un sanctuaire consacré à Athéna.

2. Un lieu sacré pour tous les Grecs

● Le sanctuaire d'Apollon est **un lieu de rencontre pour tous les Grecs.** Des messagers vont annoncer les fêtes dans les cités. Pendant qu'elles se déroulent, **une trêve sacrée** fait cesser toutes les guerres fratricides.

● Dans l'enceinte du temple, **les cités rivalisent de splendeur par leurs offrandes au dieu.** C'est aussi pour elles un moyen de montrer leur puissance : le Trésor des Athéniens (doc. 1) rappelle ainsi aux visiteurs la victoire de Marathon sur les Perses (—490).

● **Le rôle politique de l'oracle est très grand.** Une réponse de la Pythie provoqua la fondation de la colonie de Cyrène (doc. 3). De même, au début du Ve siècle avant J.-C., la Pythie avait dit qu'Athènes serait mieux protégée du danger par un rempart de bois que par une muraille de pierre (doc. 4). Thémistocle fit construire 200 navires (en bois) et remporta la victoire de Salamine.

---

1 Le Trésor des Athéniens dans le sanctuaire d'Apollon.

◆ *A quoi ce petit temple est-il destiné ?*
◆ *Retrouvez ce temple sur la photographie du site de Delphes (doc. 2).*

VOCABULAIRE

* **Oracle** : réponse d'un dieu à une demande ; les Grecs peuvent consulter l'oracle d'Apollon à Delphes, ou l'oracle de Zeus à Olympie.

* **Sanctuaire** : espace sacré où se déroule le culte public dédié à une divinité ; Delphes et Olympie sont des sanctuaires.

* **Gymnase** : espace en plein air entouré d'un portique et réservé aux exercices physiques ; à partir du IIIe siècle avant J.-C., les Grecs y enseignent aussi la grammaire et la littérature.

2 Vue aérienne du sanctuaire d'Apollon à Delphes.

3 La fondation de Cyrène

Battos se rend à Delphes pour consulter l'oracle à propos de sa voix, car il est bègue. Mais...

« ''Battos, lui dit la Pythie, Apollon t'envoie dans la Libye riche en troupeaux fonder une cité''. [...] Battos et ses compagnons se rendirent donc en Libye. Les Libyens les conduisirent près d'une source consacrée à Apollon et leur dirent : ''Voici un lieu favorable, ici le ciel a des trous !'' Les Grecs y fondèrent la colonie de Cyrène. Plus tard un autre oracle de la Pythie déclara : ''Qui viendra trop tard dans la Libye charmante, je dis qu'un jour il s'en repentira.'' Les colons affluèrent à Cyrène. »

HÉRODOTE, *Enquête* dans *Œuvres Complètes*, trad. A. Barguet, © Editions Gallimard, 1964.

♦ *Que nous apprend Hérodote sur les causes et les méthodes de la fondation d'une colonie ?*

4 La défense d'Athènes contre les Perses

Les Athéniens consultent l'oracle de Delphes pour savoir comment ils pourront résister aux armées de Xerxès. La Pythie leur répond.

« Quand l'ennemi tiendra tout ce qu'enferment les frontières de la cité, alors à Athéna, Zeus à la voix immense accorde une muraille de bois pour te protéger, toi et tes enfants, défense unique, inexpugnable. Et toi, n'attends pas les cavaliers, ni les hordes qui viendront du continent, tourne le dos, retire-toi. Il viendra encore le jour où tu feras face. Par toi, ô divine Salamine, des femmes verront périr leurs enfants à l'heure où Déméter sème, ou bien à l'heure où elle récolte. »

HÉRODOTE, *Enquête* dans *Œuvres Complètes*, trad. A. Barguet, © Editions Gallimard, 1964.

♦ *Comment interpréter cet oracle (voir p. 61) ?*

ACTIVITÉS ET DOCUMENTS

Les Jeux

Les Jeux sont en réalité des concours et de grandes fêtes pour tous les Grecs. Ils se déroulent à l'occasion de fêtes religieuses, en l'honneur de Zeus et d'Apollon principalement, mais aussi de Dionysos. Les courses de chevaux ou de chars montés ont lieu au stade, de même que les concours gymniques. Les concours artistiques où s'affrontent les poètes et les joueurs de cithare ont lieu au théâtre.

Le vainqueur d'une épreuve est couronné de laurier et sa gloire rejaillit sur toute sa cité. Pendant la durée des Jeux, une trêve sacrée est proclamée dans toute la Grèce.

1 La course à pied

Après les funérailles de Patrocle, tué devant les murailles de Troie, Achille, son ami, organise des jeux funèbres en son honneur.

« Achille dépose les prix de la course à pied. Tout d'abord un cratère en argent pour celui dont les agiles pieds seront les plus rapides. Au second, comme prix, il offre un bœuf énorme ; pour le dernier enfin, un demi talent d'or. ''Qu'ils s'avancent, allons ! ceux qui tentent l'épreuve''. Il dit et le rapide Ajax tout aussitôt se lève. Et bientôt font de même Ulysse aux mille tours et le fils de Nestor, le héros Antiloque, de tous les jeunes gens le meilleur à la course. Ils se mettent en ligne. Achille leur indique le but. Quand la borne est franchie, ils pressent leur allure. Vite Ajax est en tête. Derrière lui, tout près, court le divin Ulysse, ses pieds s'en vont tomber sur les traces de l'autre avant que la poussière ait pu les recouvrir. Sur la tête d'Ajax répandant son haleine, Ulysse court à toute vitesse, et tous les Achéens, de leurs cris secondant son désir de victoire, encouragent sa hâte.

Comme ils sont sur le point d'achever le parcours, Ulysse prie en son cœur Athéna : ''Écoute moi, déesse, et viens en ta bonté prêter aide à mes jambes.'' Athéna n'est pas sourde à sa voix : elle allège son corps, des pieds jusqu'aux épaules. Alors qu'ils sont tout près de bondir sur le prix, Ajax en courant glisse — Athéna le fait choir — et c'est juste à l'endroit où les bœufs mugissants, abattus par Achille en l'honneur de Patrocle, ont répandu leur bouse. La bouse emplit le nez et la bouche d'Ajax tandis qu'Ulysse enlève le cratère car il arrive en tête. »

HOMÈRE, *Iliade*, Chant XXIII, trad. R. Flacelière, © Éditions Gallimard, 1965.

2 **Les spectateurs assis sur une tribune encouragent les coureurs lors des jeux funèbres de Patrocle** *(vase athénien du VIᵉ siècle avant J.-C., musée national d'Athènes).*

COMMENTAIRE

■ Les jeux funèbres sont sans doute à l'origine des concours organisés plus tard dans le monde grec. Ils jouent un rôle très important :
— après l'émotion provoquée par les funérailles de Patrocle, ils constituent une détente et permettent de rire ;
— ils ont aussi un rôle économique. Achille apporte les prix (bassins, trépieds de bronze, chevaux...) et les dépose au milieu des guerriers-spectateurs. Chaque concurrent viendra prendre son prix : le vainqueur d'abord, jusqu'au dernier. C'est de cette manière qu'était partagé le butin pris aux ennemis.

◆ *Recherchez de quand datent les jeux olympiques modernes.*
◆ *Les jeux olympiques modernes sont-ils de même nature que ceux de l'Antiquité ?*

ACTIVITÉS ET DOCUMENTS

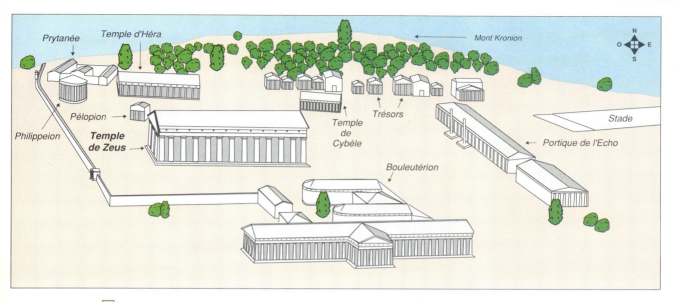

3 **Olympie.** Les jeux olympiques sont célébrés en l'honneur de Zeus et d'Héra. Ils se déroulent à Olympie tous les quatre ans. Les concours gymniques comportent un ensemble de 5 épreuves, le **pentathlon** : course à pied, saut en longueur, lancer du disque, lancer du javelot, lutte. Les premiers jeux olympiques ont eu lieu en − 776. Les épreuves constituent un entraînement complet pour les guerriers grecs.

4 Ce vase en argile datant de − 530 contenait de l'huile dont les athlètes s'enduisaient le corps avant les épreuves. Il représente un jeune homme qui noue une bandelette (symbole de victoire) ou bien la dénoue pour l'offrir aux dieux *(musée de l'Agora à Athènes)*.

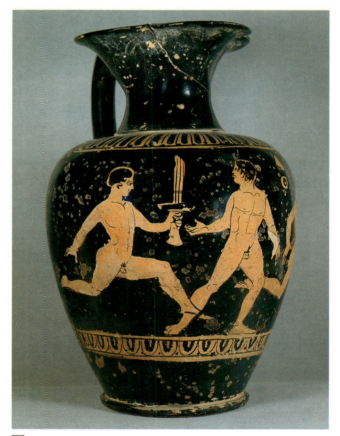

5 Course au flambeau représentée sur un vase athénien du IVe siècle avant J.-C. *(musée du Louvre)*. A l'origine, les jeux olympiques ne comportaient qu'une seule épreuve de course à pied. Les autres épreuves ne sont apparues qu'ensuite.

4. La naissance des cités

1. La loi, fondement de la cité

● Au Ier millénaire avant J.-C., les Grecs se sont organisés en de **nombreux petits États indépendants,** composés d'une ville et de la campagne environnante : **les cités.** Nous ne savons pas pourquoi ni comment. Les Athéniens racontaient que le héros Thésée les avait délivrés de la domination crétoise. En effet, le **Minotaure*** leur imposait sa loi ; Thésée l'avait tué et Athènes était devenue indépendante (doc. 1).

● **Une cité est une communauté qui se gouverne librement.** Elle a ses propres lois, placées sous la sauvegarde des dieux (doc. 3). Les lois ont pour but de faire régner la concorde entre tous les habitants. Qui fait la loi ? D'abord ce sont les plus puissants, ceux qui possèdent la terre : les **aristocrates*.** Puis peu à peu les autres habitants ont voulu que **les lois soient écrites et connues de tous.**

● Entre le VIIIe et le VIe siècle avant J.-C., dans de nombreuses cités les **tyrans*** arrachent le pouvoir aux aristocrates en s'appuyant sur le peuple des villes et des campagnes (doc. 2). A la chute du tyran, le peuple (*démos* en grec) parvient parfois à prendre le pouvoir. Dès lors **la loi est faite par les citoyens : c'est la démocratie.**

2. La Méditerranée devient une mer grecque

● Les cités sont petites. Beaucoup d'habitants ne trouvent pas de terre à cultiver ou de travail pour vivre. Vers la fin du VIIIe siècle avant J.-C., certains décident d'émigrer. Sous la direction d'un chef, **un groupe part, fonde une colonie,** cité indépendante de la **métropole*** qu'il quitte. **La colonie garde des liens avec sa métropole.** Par exemple, elle a souvent les mêmes dieux, mais **elle se gouverne librement.**

● Les colonies ne sont pas toujours fondées sans violence. Il faut parfois se battre contre des populations déjà installées. Mais **grâce à ces nombreuses colonies, la civilisation grecque se répand de l'Espagne à la mer Noire** (doc. 4). Le commerce se développe, favorisé par l'invention de la monnaie d'argent. Des objets d'art grecs seront retrouvés, loin de la Méditerranée.

---

1 **Thésée tuant le Minotaure** *(vase athénien du VIe siècle avant J.-C., musée du Louvre).*

◆ *Pourquoi la mort du Minotaure explique-t-elle l'indépendance d'Athènes ?*

VOCABULAIRE

* **Minotaure** : créature légendaire mi-homme, mi-taureau qui vivait en Crète dans le palais du Labyrinthe ; il se nourrissait en dévorant 7 jeunes gens et 7 jeunes filles que les Athéniens devaient livrer chaque année.

* **Aristocrates** : ceux qui se disent eux-mêmes « les meilleurs » ; ils sont propriétaires fonciers, c'est-à-dire qu'ils possèdent la terre.

* **Tyran** : chef d'une cité qui exerce un pouvoir personnel ne reposant pas sur la loi ; beaucoup de tyrans firent une bonne politique.

* **Métropole** : du grec *meter* : « mère » et *polis* : « ville » ; désigne la cité d'où sont partis les fondateurs d'une colonie ; par exemple, Sparte est la métropole de Tarente.

2 Pisistrate, tyran d'Athènes

Au VIe siècle avant J.-C., Pisistrate s'empare du pouvoir à Athènes par la ruse : après s'être blessé lui-même, il dit qu'il a été victime d'un attentat ; il obtient des gardes pour le protéger et les utilise pour prendre le pouvoir. Deux siècles plus tard, le philosophe Aristote parle de la manière dont il a gouverné.

« Pisistrate était humain, doux et indulgent [...]. Il avançait de l'argent aux pauvres pour leurs travaux, si bien qu'ils gagnaient leur vie en cultivant la terre. Il agissait ainsi afin qu'au lieu de passer leur temps à la ville ils restent dispersés à la campagne, et que, [...] tout entiers à leurs affaires personnelles, ils n'aient ni le loisir ni le désir de s'occuper de celles de l'Etat. En même temps ses revenus augmentaient car il prélevait un dixième des produits. [...] Un jour, voyant quelqu'un qui travaillait un endroit plein de pierres, il s'étonna et demanda ce que produisait le champ. ''Rien que des souffrances, dit le paysan, et c'est sur ces souffrances qu'il faut que Pisistrate prélève sa dîme !'' Pisistrate, amusé de sa franchise et de son amour du travail, l'exempta de tout impôt. »

ARISTOTE, *La Constitution d'Athènes*, Editions Les Belles Lettres, 1967.

◆ *Pourquoi les citoyens acceptent-ils d'être gouvernés par un tyran ?*

3 Athéna et Héra au-dessus d'un décret de −405 entre Athènes et Samos *(musée de l'Acropole à Athènes).*

◆ *Pourquoi ce texte est-il gravé ?*
◆ *Pourquoi ce texte est-il surmonté de ces deux déesses ?*

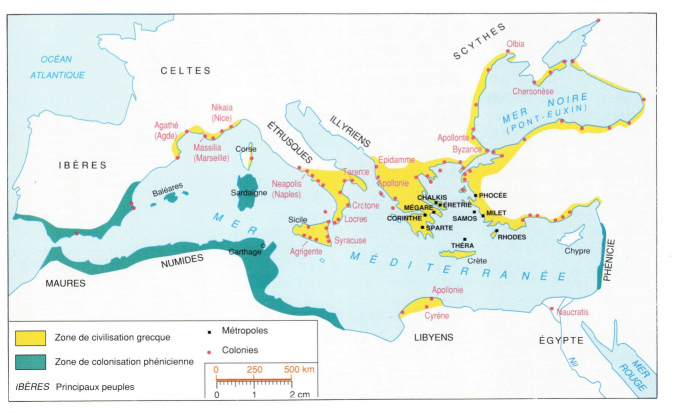

4 Les colonies des cités grecques. ◆ *Quel est le point commun entre ces colonies ?*

5. Athènes, l'aube de la démocratie

1. La démocratie, une invention étonnante

● Dans les empires ou les royaumes voisins, les habitants obéissent à des lois imposées. **A Athènes au contraire, c'est le peuple qui gouverne** (doc. 4). Trois ou quatre fois par mois les citoyens se réunissent sur la **Pnyx*** (doc. 2) en une assemblée : l'Ecclésia. **Tout citoyen a le droit d'y prendre la parole et de proposer une loi** (doc. 3). Le vote se fait en général à main levée. L'Ecclésia décide ainsi du rejet ou de l'acceptation d'une loi, de la paix ou de la guerre. Elle élit les stratèges, **magistrats*** qui dirigent l'armée et interviennent dans la politique intérieure et extérieure. Ils sont rééligibles.

● Les autres magistrats sont tirés au sort, bon moyen pour connaître la volonté des dieux. **Tous les citoyens, riches ou pauvres, instruits ou non, sont capables de participer au gouvernement de la cité** (doc. 4). Le travail de l'Ecclésia est préparé par un conseil, la Boulè, composé de 500 membres tirés au sort pour un an. Cinquante d'entre eux, les prytanes, siègent en permanence un dixième de l'année.

2. Comment protéger la démocratie ?

● Les Athéniens ont une grande confiance en l'homme, mais ils sont prudents. **Les magistrats sont surveillés par l'Ecclésia qui peut à tout moment les révoquer.** Au début de chaque séance, la **malédiction*** des dieux est appelée sur ceux qui feraient des propositions nuisibles à la cité (doc. 1). Une fois par an, un vote secret chasse pour dix ans les ambitieux qui semblent menacer la démocratie : **c'est l'ostracisme.** Enfin, ceux qui sont accusés d'avoir désobéi aux lois sont jugés par le tribunal de l'Héliée formé de citoyens tirés au sort : les héliastes.

● **Pour être citoyen il faut être né de père et de mère athéniens.** Mais la femme athénienne ne peut être considérée comme citoyenne puisqu'elle ne participe ni aux assemblées ni aux tribunaux. Les métèques (« ceux qui vivent avec », étrangers libres installés à Athènes) ne font pas partie du *démos**,* ni les esclaves, si bien que le nombre des citoyens ne dépasse pas 40 000 sur environ 300 000 habitants.

---

1 Le Parthénon. A Athènes, la statue d'Athéna, déesse protectrice de la cité, « habite » ce temple qui domine la ville.

◆ *Quel rôle les dieux jouent-ils dans la démocratie athénienne ?*

VOCABULAIRE

* **Pnyx** : colline d'Athènes sur laquelle, au Ve siècle avant J.-C., se réunit l'Ecclesia.

* **Magistrat** : personne à laquelle est confiée une fonction publique importante.

* **Malédiction** : parole par laquelle on appelle sur quelqu'un la colère d'un dieu.

* **Démos** : ensemble des citoyens.

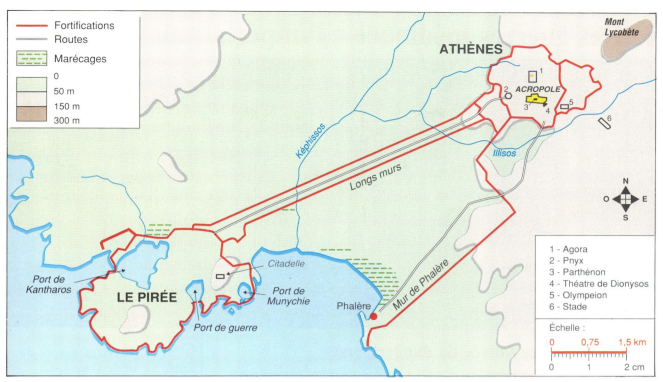

2 **Athènes et le port du Pirée.** La ville d'Athènes est la plus importante de l'Attique. Le port de Phalère est devenu trop petit et trop difficile à défendre. Au début du Ve siècle avant J.-C., le stratège Thémistocle fait construire le nouveau port du Pirée. Un peu plus tard, un autre stratège, Périclès, fait protéger la route reliant Le Pirée à Athènes par des remparts : les longs murs.

3 L'éloge de la démocratie

Dans une tragédie du poète Euripide jouée à Athènes en −422, le héros Thésée, personnage de la pièce, oppose le gouvernement par le *démos* à la tyrannie.

« Notre ville n'est pas au pouvoir d'un seul homme. Elle est libre, son peuple la gouverne. Rien pour l'État n'est plus dangereux qu'un tyran. D'abord avec lui les lois ne sont pas les mêmes pour tous. Quand, au contraire, les lois sont publiées, le pauvre devant la justice vaut autant que le riche. Le faible peut répondre au puissant qui l'attaque, et, s'il a raison, l'emporter sur lui. La liberté existe où le héraut demande : ''Quelqu'un présente-t-il à l'assemblée quelque projet pour le bien de l'État ?'' Qui désire parler se met en évidence. Qui n'a rien à dire se tait. Une cité peut-elle être servie plus équitablement ?

De plus, lorsque le peuple se gouverne il est heureux de voir grandir les jeunes gens, un roi s'en inquiète au contraire, les prenant pour des adversaires. »

EURIPIDE, *Les Suppliantes,* trad. M. Delcourt-Curvers, © Editions Gallimard, 1962.

♦ *Quels sont, d'après ce texte, les avantages de la démocratie ?*

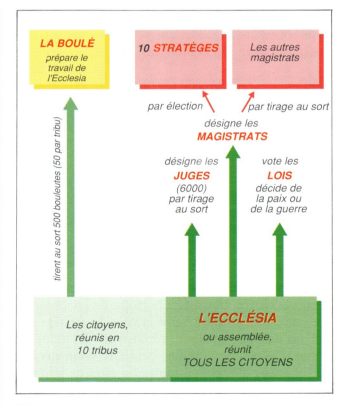

4 L'organisation de la démocratie athénienne.

♦ *A Athènes, qui est à l'origine de la loi ?*

6. Des guerres médiques à l'impérialisme athénien

1. La démocratie sauvée du danger perse

● En —499, les cités grecques d'Asie Mineure se révoltent **contre la domination du roi des Perses, Darius** (doc. 1). Elles demandent l'aide des Grecs d'Europe. Mais la grande solidarité qui avait permis jadis la victoire sur Troie n'existe plus. Seules Erétrie et Athènes envoient des navires : **les Perses peuvent facilement reconquérir toutes les cités révoltées d'Asie.** Encouragé par ce succès, Darius décide de soumettre aussi les cités grecques d'Europe (doc. 2).

● En —490, les Perses débarquent à **Marathon,** mais les **hoplites*** athéniens les repoussent. Dix ans plus tard, Xerxès, fils de Darius, revient en Grèce par la Macédoine (doc. 2 et 3). Son armée pénètre en Attique, malgré l'héroïque défense des Spartiates de Léonidas aux **Thermopyles.** Les remparts de pierre ne protègent pas l'Acropole d'Athènes qui est incendiée. Mais à **Salamine** la flotte perse est détruite. **En —479 la victoire de Platées achève de libérer la Grèce du danger perse.**

1 **Les guerriers perses de Suse, IVᵉ siècle avant J.-C.**

♦ *Décrivez l'armement et le costume de ces guerriers.*

2. L'empire athénien

● Dans ces guerres, les Athéniens ont joué un rôle de premier plan. Ils entendent bien le garder. En —478 ils concluent avec les cités de la mer Égée **une alliance défensive, la ligue* de Délos,** pour protéger la liberté des Grecs. Chaque cité doit fournir navires et marins, ou payer un tribut. Le trésor commun est placé dans l'île de Délos.

● **Athènes établit peu à peu sa domination sur ses alliés.** Elle développe le port du Pirée, transporte le trésor de Délos sur l'Acropole et en utilise une partie pour embellir la ville. **Le stratège Périclès** donne du travail aux ouvriers en faisant reconstruire les monuments détruits par les Perses. Un salaire quotidien peut être versé aux héliastes. La monnaie à la chouette s'impose à toutes les cités de la ligue (doc. 4).

● Cette politique **impérialiste*** suscite des difficultés. Alliées devenues sujettes, des cités se révoltent, telle Thasos qui accepte mal l'installation d'Athéniens en Thrace. En Grèce continentale les autres cités, surtout Sparte, s'inquiètent de la puissance des Athéniens.

VOCABULAIRE

* **Hoplite** : guerrier grec dont les armes sont : une lance, une courte épée, une cuirasse, un bouclier et un casque.

* **Ligue** : alliance de plusieurs puissances sous la domination de l'une d'elles.

* **Impérialiste** : qui cherche à dominer ; l'impérialisme est la domination d'un Etat sur un autre.

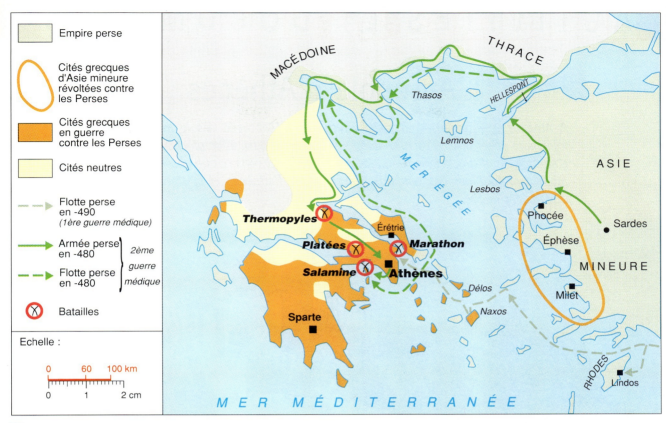

2 Les guerres médiques.

3 L'armée de Xerxès envahit la Grèce

La scène se déroule à Suse en −480, devant le palais des rois perses. Le chœur des vieillards, ceux qui ne font pas partie de l'expédition contre les Grecs, suit l'armée de Xerxès par la pensée.

« L'armée royale, dévastatrice de villes, a déjà passé sur la terre voisine qui nous fait face ; elle a franchi le détroit d'Hellé sur des radeaux liés par des cordes de lin, en jetant au cou de la mer le joug d'une passerelle clouée par mille chevilles. Le chef impétueux de la populeuse Asie lance sur la terre entière un gigantesque troupeau d'hommes par deux routes, celle de terre et celle de mer, confiant dans ses solides et durs capitaines. C'est le roi, issu de la race enfantée par la pluie d'or, c'est un homme égal aux dieux. Dans ses yeux étincelle le regard bleu sombre du dragon sanglant. Il meut des milliers de bras et de vaisseaux, et, poussant son char syrien, il mène contre un peuple illustré par la lance [les hoplites grecs], l'Arès qui triomphe par ses flèches [les archers perses]. »

ESCHYLE, *Les Perses* (−472), Garnier-Flammarion, 1964.

◆ Ce texte correspond-il à ce que vous lisez sur la carte 2 ?

4 Monnaies athéniennes du Ve siècle avant J.-C.
— En haut : drachme frappée en −490 ; la chouette, symbole de l'intelligence, est l'animal d'Athéna.
— En bas : décadrachme (= 10 drachmes) frappée pour rappeler la victoire de Marathon sur les Perses ; la chouette triomphante a les ailes déployées.

ACTIVITÉS ET DOCUMENTS

L'Acropole d'Athènes

A Athènes, l'Acropole — ou « ville haute » — fut occupée dès le milieu du IIIe millénaire avant J.-C. C'est une forteresse naturelle dont le sommet est à 156 m d'altitude. Au Ve siècle avant J.-C., les Athéniens y ont construit un ensemble monumental, protégé par des remparts. Au centre, le Parthénon et la statue d'Athéna dominaient la cité.

1 Vue actuelle de l'Acropole d'Athènes.
◆ *Retrouvez sur la maquette ci-dessous les monuments visibles en ruine sur cette photographie.*

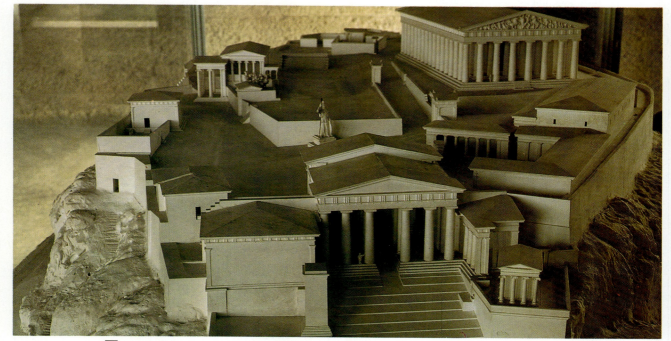

2 Maquette de l'Acropole d'Athènes *(musée de l'Agora à Athènes).*
◆ *A quel ordre appartiennent les colonnes que vous voyez (voir doc. 5) ?*

ACTIVITÉS ET DOCUMENTS

3 **L'Erechthéion.** Dans ce temple, les Athéniens célébraient Erechthée, un des fondateurs légendaires de leur cité. C'est à cet endroit qu'a eu lieu la lutte entre Poséidon et Athéna pour la possession de l'Attique. Athéna l'avait emporté en offrant à la cité l'olivier, symbole de paix et de prospérité.

♦ A quel ordre appartiennent les colonnes de l'Erechthéion ?
♦ Décrivez les colonnes du petit bâtiment ajouté à l'angle du temple.

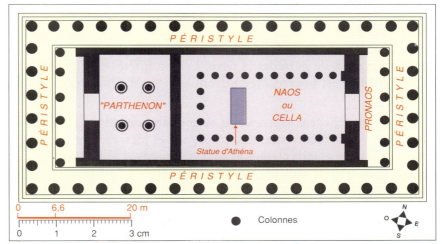

4 **Plan du Parthénon.** Ce temple a été bâti sur l'ordre de Périclès au milieu du Ve siècle avant J.-C. Le mot Parthénon signifie « chambre de la vierge ». C'est là « qu'habite » Athéna, protectrice d'Athènes.

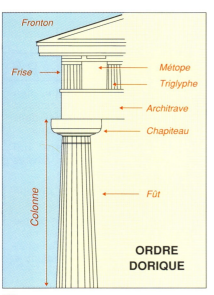
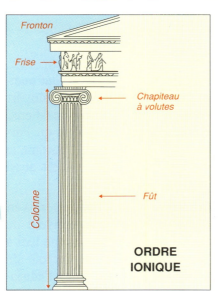
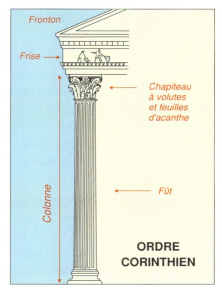

5 Les trois styles de colonnes des temples grecs.

77

7. A Athènes, au fil des jours

1 L'atelier d'un fondeur en −480 *(vase à figures rouges, musée de Berlin)*. A gauche, un artisan attise le feu ; à droite, un autre artisan assemble les pièces d'une statue.

1. Travail et vie quotidienne à Athènes

● Paysans ou citadins, les Athéniens mènent une vie simple. Les citoyens fréquentent l'**agora*** et passent beaucoup de temps à s'occuper des affaires de la cité. Mais jusqu'au milieu du Ve siècle avant J.-C., ils ne sont pas payés pour cela et il leur faut travailler ! A la campagne ils ont seuls le droit de posséder la terre. Les propriétés sont petites et le sol de l'Attique est pauvre. Ils cultivent la vigne, l'olivier (doc. 3), les céréales...

● **En ville, les citoyens sont artisans ou commerçants** (doc. 1). Mais ils rencontrent la concurrence des métèques et des esclaves. Certains métèques ont de grands ateliers et sont très riches. Les esclaves sont en général bien traités, sauf ceux des mines d'argent du Laurion dont le travail est très dur. Les commerçants exportent l'huile, le vin, les armes, les vases. Ils importent blé, métaux et bois et sont souvent **armateurs***. Les femmes (doc. 2) s'occupent de la maison, organisent le travail ménager, veillent à l'éducation des jeunes enfants.

2. Les fêtes : une affaire d'État

● Cette vie simple n'est pourtant pas monotone. **Les fêtes sont nombreuses.** En privé les hommes organisent des banquets. Mais la plupart des fêtes concernent la cité : l'État les organise en l'honneur des dieux. Les plus importantes sont dédiées à **Athéna Poliade***. La frise du Parthénon fait revivre la procession splendide de la jeunesse portant le *péplos** à la déesse. Jeux, danses, concours se succèdent. C'est aussi l'occasion de manger la viande des animaux sacrifiés.

● **Il y a souvent des représentations théâtrales** (doc. 4). Tous les frais en sont payés par un citoyen riche ; les citoyens pauvres reçoivent de l'État deux **oboles*** pour payer leur place. Chaque séance donne lieu à un concours. L'auteur qui obtient le premier prix est auréolé de gloire ! **Le théâtre, fête religieuse et politique à la fois, contribue à l'éducation des citoyens.** Mais les métèques, les femmes, les étrangers, et même les esclaves y viennent aussi.

VOCABULAIRE

* **Agora** : place publique, lieu habituel des fêtes, des activités commerciales et politiques dans les cités de la Grèce antique.

* **Armateur** : commerçant qui exploite un ou plusieurs navires de commerce.

* **Poliade** : se dit d'une divinité qui protège la cité.

* **Peplos** : tunique de laine portée par les hommes et les femmes ; lors des festivités des Panathénées, les Athéniens offraient à Athéna un *peplos* brodé.

* **Obole** : petite pièce en argent ; la drachme vaut 6 oboles.

2 **Femmes cherchant de l'eau à la fontaine** *(vase à figures noires, VIᵉ siècle avant J.-C., British Museum).*

◆ Décrivez les cinq fontaines.

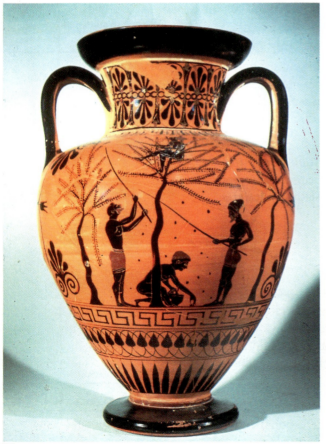

3 **Le gaulage des olives** *(vase à figures noires, British Museum).* « L'olivier nourricier de nos enfants, l'arbre que personne, ni jeune, ni vieux ne peut brutalement détruire ou saccager » écrit Sophocle. C'est l'arbre d'Athéna que l'on doit respecter même pendant les guerres.

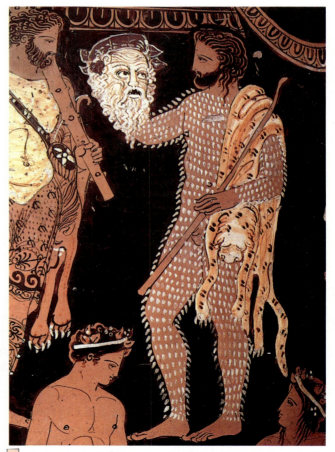

4 **Acteurs de théâtre au IVᵉ siècle avant J.-C.** *(vase à figures rouges, musée national de Naples).* L'acteur de droite tient son masque à la main. Le masque théâtral amplifie la voix et sert à montrer au public le sentiment qu'exprime le personnage : tristesse, colère, joie...

CHAPITRE 4 : LA GRÈCE CLASSIQUE

8. Sparte et Athènes

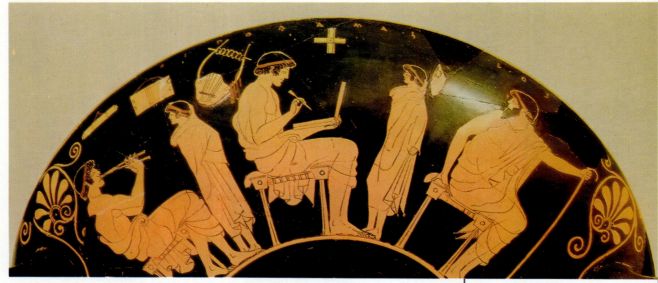

1. Éduquer les futurs citoyens

- Les Athéniens désirent former des citoyens (doc. 1). Les garçons apprennent à lire, à écrire, à compter. Ils pratiquent beaucoup le sport, font de la musique et **savent par cœur de longs passages des poèmes d'Homère**. Le **pédagogue***, un esclave, emmène l'enfant chez le grammatiste payé par les parents.

- **Sparte au contraire est une cité de guerriers** (doc. 3). Elle a jadis vaincu les habitants de Messénie et tient sous sa domination les périèques, hommes libres des alentours, et les hilotes, esclaves méprisés qui n'ont aucun droit. **Sparte craint une révolte et éduque ses enfants à devenir des soldats.** Courage physique, endurance, sens de l'obéissance sont développés chez les filles comme chez les garçons.

- Les futurs citoyens de Sparte sont accoutumés à être toujours unis pour le bien public autour de leur chef. Ainsi **la vie communautaire** renforce-t-elle l'efficacité d'une éducation austère dans laquelle les arts et la littérature tiennent bien peu de place (doc. 4).

2. La guerre du Péloponnèse

- **Sparte et Athènes s'opposent violemment.** De −431 à −404 ce ne sont que combats sur terre et sur mer. La plupart des autres cités prennent parti pour un camp ou pour l'autre. **La guerre s'achève par la défaite d'Athènes** qui doit abattre ses longs murs, renoncer à sa flotte et à sa volonté de puissance. Mais, pendant plus d'un demi-siècle encore, les cités s'affrontent.

- **Cette guerre met en évidence les difficultés de la démocratie.** Malgré leur éducation, les Athéniens se montrent souvent irresponsables à l'Ecclésia et votent dans leur intérêt plus que dans celui de la cité. Beaucoup d'ailleurs s'abstiennent d'y venir ! Des **démagogues*** trompent le peuple. Aristophane fait rire les Athéniens en dénonçant ces défauts (doc. 2). Mais cela ne pourra sauver la démocratie, ni l'indépendance des cités affaiblies par les guerres (doc. 5).

---

1 **L'éducation d'un jeune Athénien** *(coupe du V*ᵉ *siècle avant J.-C., musée de Berlin).*

◆ Quels sont les personnages peints sur cette coupe ?
◆ Décrivez ce qu'ils font.

VOCABULAIRE

* **Pédagogue** : du grec *paidos* : « l'enfant » et *agôgos* : « conducteur » ; esclave chargé de conduire l'enfant à l'école.

* **Démagogue** : homme politique qui flatte son auditoire, le *démos*, afin d'obtenir le pouvoir.

2 Un démagogue

Un charcutier explique à un ami comment il a tenté d'imposer son pouvoir contre un tanneur à la Boulè.

« Messieurs les conseillers, ai-je dit, je veux être le premier à vous annoncer une bonne nouvelle : depuis la déclaration de la guerre, les anchois n'ont jamais été à si bon marché. Aussitôt on me couronne pour la bonne nouvelle. Mais voilà que le tanneur déclare : messieurs, j'émets l'avis, pour fêter l'heureux événement qu'on vient de vous annoncer, de sacrifier cent bœufs à Athéna. Immédiatement le conseil applaudit. Alors moi j'émets le vœu qu'on promette pour le lendemain un millier de chèvres à Artémis si les sardines sont à une obole le cent. L'autre, assommé par ma contre-proposition, supplie les conseillers de patienter : un envoyé de Sparte va venir parler de paix. Ce fut un tollé général : parler de paix maintenant ? imbécile, alors que nous avons les anchois pour rien ? Nous n'avons pas besoin de paix. Continuons la guerre. »

ARISTOPHANE, *Les Cavaliers* (−424), Garnier-Flammarion, 1966.

◆ *D'après ce texte, précisez ce qu'est un démagogue.*

3 **Guerrier spartiate** *(statue de − 500, Hartford, Etats-Unis).* On retrouve toute la dureté de l'éducation spartiate dans la silhouette inquiétante de ce guerrier de bronze.

4 L'éducation spartiate

A Sparte, c'est la cité qui éduque les enfants.

« Toute leur instruction consistait à savoir obéir, supporter les travaux et vaincre. Parvenus à l'âge de douze ans, ils ne portaient plus de tunique, et on ne leur donnait par an qu'un simple manteau. Ils étaient toujours sales, et ne se baignaient jamais, excepté certains jours de l'année où cette douceur leur était permise. Chaque bande couchait dans la même salle, sur des paillasses [...] On lui donnait un chef âgé de vingt ans, qui la commandait dans les combats ; pendant la paix il s'en servait comme d'esclaves pour faire le souper. »

PLUTARQUE, *Vies des hommes illustres de la Grèce,* Paris, 1861.

5 **Un cavalier athénien tue un adversaire corinthien** *(− 394, musée du Céramique à Athènes).*

9. Philippe et Alexandre

1. La Macédoine, un royaume prospère et puissant

• **La Macédoine est gouvernée par un roi,** aussi les autres Grecs en considèrent-ils les habitants comme des **barbares ***. Mais le bois des forêts de Macédoine est exporté dans les cités du Sud pour la construction des navires. Des mines d'or et d'argent sont activement exploitées. La puissance de la Macédoine n'est donc pas étonnante.

• Le roi de Macédoine, Philippe, désire étendre sa puissance sur toute la Grèce. Son armée organisée en **phalanges*** est redoutable. Malgré les avertissements de l'Athénien Démosthène (doc. 3), les Grecs des cités sont peu conscients de la menace. En —338 Athènes est vaincue à la bataille de Chéronée. Philippe organise, à Corinthe, une ligue qu'il dirige. L'indépendance des cités n'existe plus. Mais Philippe est assassiné en —336. **Son fils Alexandre, à 20 ans, devient roi.**

1 **Alexandre le Grand et Darius à la bataille de Gaugamèles** *(mosaïque découverte à Pompéi dans la maison du faune, musée archéologique de Naples).*

♦ *Pourquoi cette scène de combat donne-t-elle une impression de confusion ?*

2. L'épopée d'Alexandre le Grand

• **Fasciné par les exploits d'Achille, Alexandre décide une guerre de revanche contre l'empire perse de Darius** (doc. 2). Il part en —334 avec une armée de 40 000 hommes. Il franchit l'Hellespont, passe en Égypte, puis en Mésopotamie. Toujours plus loin vers l'est, **il s'empare de Babylone, de Persépolis, et enfin franchit l'Indus en —326.**

• Ni montagne, ni désert, ni même la formidable armée de Darius n'ont pu l'arrêter (doc. 1 et 4). Huit ans de campagnes, d'immenses fatigues... Quand Alexandre veut poursuivre vers le Gange, l'armée, harassée, refuse : les soldats veulent rentrer en Grèce. Sur le chemin du retour, il meurt épuisé à 33 ans, à Babylone, en —323.

• Alexandre a voulu la rencontre des peuples. **Il respecte les coutumes et les croyances des vaincus.** Il fait apprendre l'iranien à ses soldats grecs et le grec aux Iraniens qu'il a enrôlés. Il favorise les mariages entre Grecs et barbares. Des savants étudient les crues du Nil ou le phénomène de la mousson. De nombreuses villes sont fondées où des Grecs doivent s'installer. **Ainsi naît une nouvelle civilisation dite hellénistique*.**

VOCABULAIRE

* **Barbare** : à l'origine, « celui qui parle une langue que l'on ne comprend pas » ; les Grecs employaient ce mot pour désigner ceux qui ne partageaient pas leur culture.

* **Phalange** : formation militaire dans laquelle les hoplites sont disposés en rangs serrés, hérissés de lances, et protégés par leurs boucliers.

* **Civilisation hellénistique** : nom de la période qui, dans le monde grec, suit la mort d'Alexandre et dure jusqu'à la conquête par Rome.

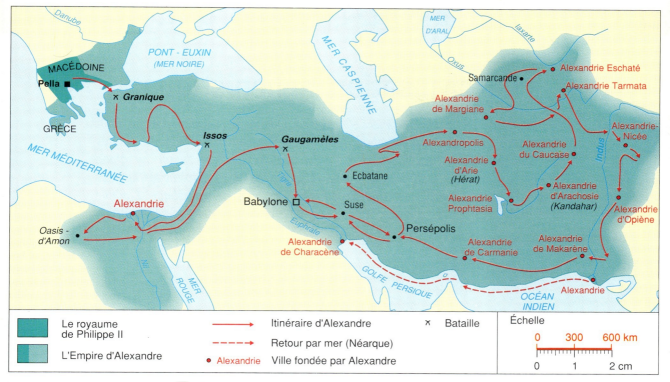

2 Les conquêtes d'Alexandre le Grand.
- ◆ Calculez la longueur du trajet parcouru par les armées d'Alexandre.
- ◆ Pourquoi tant de villes portent-elles le même nom (lequel) ?

3 Les cités menacées

Démosthène, orateur athénien, cherche à faire prendre conscience du danger macédonien à ses concitoyens.

Aujourd'hui un roi, et un roi étranger, grandit toujours, et les Grecs ne songent pas à l'arrêter. Et pourtant jamais leur indépendance n'a connu un tel péril. Ce nouveau venu joint à une ambition sans bornes une puissance militaire inconnue des siècles passés. Autrefois la guerre ne durait que pendant la belle saison, à l'automne on retournait chez soi. Philippe, lui, en hiver, en été, arrive, repart, brouillant ses marches, déconcertant ses adversaires, faisant donner tour à tour sa lourde phalange, ses troupes légères, ses archers, ses machines, et la plus puissante de ses armes, le mulet chargé d'or. A s'obstiner dans ses vieilles coutumes, et à marcher sans regarder ce qui l'entoure, Athènes court au précipice. Athéniens, tandis que nous sommes encore saufs, tandis que nous possédons une ville très puissante, des ressources multiples, un renom éclatant, défendons-nous par nous-mêmes : préparons des navires, de l'argent, des soldats.

D'après DÉMOSTHÈNE, *Troisième Philippique* (− 341).

◆ *D'où vient la puissance du roi de Macédoine ?*

4 La bataille de Gaugamèles

Au printemps −331, l'armée d'Alexandre rencontre celle de Darius à Gaugamèles. La bataille s'engage.

« La cavalerie court à l'ennemi et la phalange se déploie dans la plaine comme les vagues d'une mer agitée. Les premiers rangs n'avaient pu encore en venir aux mains que déjà les barbares étaient en fuite. Alexandre poussait les fuyards jusqu'au centre de leur bataille où il avait aperçu de loin Darius, par-dessus les premiers bataillons. Placé au milieu de son escadron royal, ce prince s'y faisait distinguer par sa taille avantageuse. Il était sur un char très élevé, défendu par l'élite de la cavalerie. Quand ils virent de près Alexandre qui, d'un air terrible, renversait les fuyards sur ceux qui tenaient encore ferme, ils furent si effrayés que la plupart se débandèrent. Darius se vit dans ce moment menacé des plus affreux dangers. Il ne pouvait faire tourner le char pour se retirer, car les roues étaient retenues par le grand nombre des morts, et les chevaux, embarrassés, se cabraient et n'obéissaient plus au frein. »

PLUTARQUE, *Vies des hommes illustres de la Grèce*, Paris, 1861.

◆ *Comparez ce récit à la mosaïque de Pompéi (doc. 1) ?*

ACTIVITÉS ET DOCUMENTS

La civilisation hellénistique

Sur les bords de la Méditerranée et jusqu'en Orient, s'épanouit après la mort d'Alexandre une brillante civilisation. L'esprit entreprenant des Grecs, le progrès des connaissances scientifiques et géographiques provoquent l'essor du grand commerce. Des villes nouvelles se créent, dans lesquelles se côtoient les langues et les religions. La Bible est traduite en grec. Le goût du pathétique a donné naissance à des œuvres d'art monumentales, en architecture comme en sculpture.

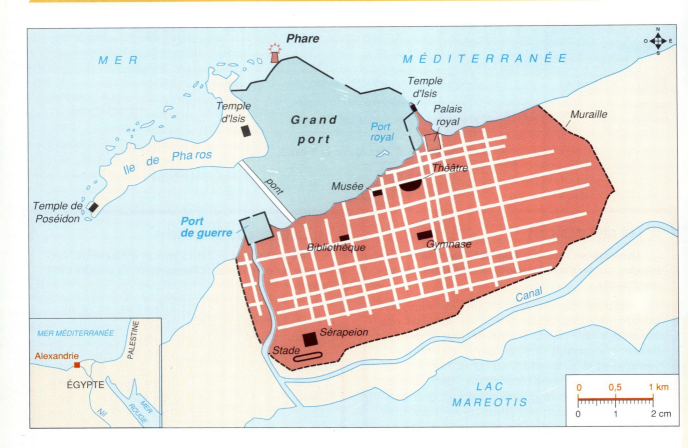

1 Plan d'Alexandrie d'Égypte. Centre d'une intense activité économique, la ville compte peut-être un million d'habitants, venus de partout. Une tour en haut de laquelle brûle de l'huile a été construite dans l'île de Pharos : de nuit elle signale le port, plaque tournante du commerce en Méditerranée. Un canal assure la liaison avec le Nil. Sur ce plan, remarquez :
— le musée : centre de recherche et d'enseignement supérieur ; il possède un jardin botanique et zoologique, un observatoire, une bibliothèque qui contient les copies de toutes les œuvres écrites en grec à cette époque ;
— le gymnase : il introduit les coutumes grecques en Égypte ;
— les temples d'Isis où les Grecs apprennent à honorer une déesse égyptienne.

« Que de monde ! Où et quand faut-il traverser cette cohue ? Vraiment Ptolémée, tu as fait beaucoup de belles choses depuis que ton père est au rang des dieux ! »

THÉOCRITE, poète grec du IIIe siècle avant J.-C.

ACTIVITÉS ET DOCUMENTS

2 **Laocoon.** Copie romaine en marbre d'une statue grecque du IIe siècle avant J.-C. *(hauteur 2,42 m, musée du Vatican).*

3 Une société « coloniale »

Après la mort d'Alexandre en −323, ses officiers se partagent le pouvoir. En Palestine règne Antiochus Epiphane.

« En ces jours-là des vauriens surgirent d'Israël, disant : ''Allons, faisons alliance avec les nations qui nous entourent.'' Plusieurs parmi le peuple s'empressèrent de se rendre auprès du roi qui leur donna l'autorisation d'observer les pratiques des nations. Ils bâtirent donc un gymnase à Jérusalem et firent défection à l'alliance sainte... Le roi ordonna que dans tout son royaume tous ses peuples n'en forment qu'un et renoncent chacun à ses coutumes ; toutes les nations se conformèrent aux prescriptions du roi. Beaucoup d'Israélites acquiescèrent volontiers à son culte, sacrifiant aux idoles et profanant le sabbat. »

1er Livre des Maccabées 1, 11, 14-15, 41-43, B.J.

◆ *Tous les habitants d'Israël ont-ils réagi de la même façon face à la domination grecque ?*

4 La vengeance des dieux

Laocoon s'était opposé à l'entrée du cheval de bois des Grecs dans la ville de Troie. Les dieux envoient deux énormes serpents pour le tuer. Virgile, poète latin du Ier siècle avant J.-C. raconte.

« A ce moment un prodige terrible se présente à nos regards. Voici que deux serpents s'allongent pesamment sur la mer et s'avancent vers le rivage. A les voir le sang se retire de nos veines ; nous nous enfuyons. Mais eux, sachant où aller, se dirigent sur Laocoon. Et d'abord ils entourent et enlacent les corps de ses deux jeunes enfants. Puis, comme le père se porte à leur secours, ils le saisissent et le ligotent de leurs énormes nœuds. Lui, il s'efforce avec ses mains d'écarter leurs replis, et pousse vers le ciel d'horribles clameurs. »

VIRGILE, *Enéide, Livre II*,
Editions Les Belles Lettres, 1926.

◆ *Comparez le poème de Virgile à la sculpture (doc. 2).*

ACTIVITÉS ET DOCUMENTS

L'héritage des Grecs

Les Grecs sont à l'origine de bien des découvertes. Nous leur devons la démocratie, et aussi une méthode de réflexion, les bases des mathématiques, le goût du théâtre... Médecins et pharmaciens continuent à prêter le serment d'Hippocrate.

PHILOSOPHIE

Socrate, philosophe athénien (− 470/− 399).

1 Le dialogue socratique

Socrate amène son interlocuteur à comprendre par lui-même qu'il se contredit. Ici il s'adresse à son fils qui vient de s'irriter contre sa mère.

« Sais-tu bien qu'il y a des gens qu'on appelle ingrats ?
— Assurément.
— As-tu remarqué ce qu'ils font pour mériter ce nom ?
— Oui. On appelle ingrats ceux qui, ayant reçu des bienfaits, n'en témoignent pas de reconnaissance.
— Crois-tu que ta mère te veuille du mal ?
— Non certes, je ne le crois pas.
— Et alors cette mère si bien disposée pour toi qui, lorsque tu es malade, prend tous les soins possibles pour te ramener à la santé, et pour que tu ne manques de rien de ce qui t'est nécessaire, qui en outre prie les dieux de te combler de biens... cette mère-là tu la trouves insupportable ? Cependant, tu veux plaire à ton voisin pour qu'il t'allume ton feu au besoin, pour qu'il t'aide et vienne te secourir s'il t'arrive quelque malheur ?
— Oui, bien sûr.
— Si tu te trouves avec un compagnon, tu crois qu'il faut se donner de la peine pour gagner sa bienveillance ?
— Oui
— Ainsi, tu es prêt à rendre des soins à ces gens-là, et ta mère qui t'aime plus qu'aucun autre ne le fait, tu ne crois pas lui devoir des égards ? »

D'après XÉNOPHON, *Mémorables, Livre II.*

MÉDECINE

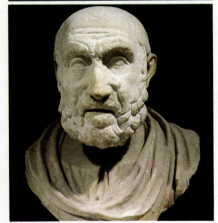

Hippocrate, médecin né à Cos (− 460/− 377).

2 Le serment d'Hippocrate

« Je jure par Apollon médecin, par Esculape, par tous les dieux et toutes les déesses, le serment suivant :

Je dirigerai le régime des malades à leur avantage, suivant mes forces et mon jugement, et je m'abstiendrai de tout mal et de toute injustice.

Je ne remettrai à personne du poison si on m'en demande, ni ne prendrai l'initiative d'une telle suggestion.

Quoi que je voie ou entende dans la société pendant l'exercice ou même hors de l'exercice de ma profession, je tairai ce qui ne doit jamais être divulgué, le regardant comme un secret. »

Extrait du serment attribué à Hippocrate, dans A.S. LYONS et R.J. PETRUCELLI, *Histoire illustrée de la médecine,* Presses de la Renaissance, 1979.

ACTIVITÉS ET DOCUMENTS

CONNAISSANCE DE L'UNIVERS

■ Les Grecs peuvent être considérés comme les inventeurs de la démarche scientifique. Bien que leurs dieux interviennent beaucoup dans les affaires des hommes, ils ont su séparer leur étude du monde de toutes les questions religieuses. Ils furent les premiers à chercher des explications à ce qu'ils voyaient sans faire appel aux dieux.

■ Au Vᵉ siècle avant J.-C., **Démocrite** imagine que le monde est composé de petits blocs de matière indivisible, flottant dans un vide infini : les **atomes.**

■ Au IIIᵉ siècle avant J.-C., **Eratosthène,** bibliothécaire au musée d'Alexandrie, arrive, en observant le mouvement du soleil, à la conclusion que **la Terre est courbe. Hipparque** détermine par calcul la position d'un millier d'étoiles. **Archimède** découvre le principe du levier et met au point de nombreuses théories de physique et de mécanique.

Pythagore de Samos, mathématicien, VIᵉ siècle avant J.-C. On lui doit la table de multiplication.

LITTERATURE

Homère, aède qui aurait vécu en Asie mineure au IXᵉ ou VIIIᵉ siècle avant J.-C. (voir pp. 64/65).

4 Le rôle du poète dans la cité

Eschyle et Euripide se disputent aux Enfers. Mais tous deux sont d'accord sur l'importance de la littérature et du théâtre.

« Eschyle : en quoi faut-il admirer un poète ?
— Euripide : pour son intelligence et ses conseils parce que nous rendons meilleurs les hommes dans les cités.
— Eschyle : vois combien se sont montrés utiles les poètes qui avaient l'âme noble. Orphée nous enseigna les mystères et à nous abstenir des meurtres. Hésiode, les travaux des champs. Et le divin Homère, d'où lui viennent honneur et gloire, sinon d'avoir enseigné des choses utiles ? Le poète a le devoir de cacher le mal au lieu de le donner en spectacle. Les poètes sont les éducateurs de la jeunesse, tout comme le maître d'école est celui des enfants. »

ARISTOPHANE, *Les Grenouilles,* Garnier-Flammarion, 1966.

5 Hérodote, la critique historique

La curiosité, mais aussi le désir de comprendre et d'expliquer, la certitude que les hommes ne vivent pas seulement dans le présent et qu'ils ont un passé, tout cela a donné naissance à l'histoire.

« Sur Héraklès les Grecs racontent toutes sortes de sottises, sans nul esprit critique. Quand le héros vint en Égypte, racontent-ils, les Égyptiens le couronnèrent comme une victime et l'emmenèrent en grande pompe pour l'immoler à Zeus. Par ce récit les Grecs manifestent à mes yeux leur complète ignorance des Égyptiens. Comment un peuple à qui sa religion ne permet même pas de sacrifier des animaux, sauf des porcs, des bœufs et des veaux, et des oies, pourrait-il sacrifier des êtres humains ? »

HÉRODOTE, *Œuvres Complètes,* trad. A. Barguet, © Editions gallimard, 1965.

HISTOIRE

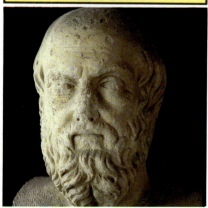

Hérodote d'Halicarnasse, historien (− 484/− 420).

87

LES CIVILISATIONS DU MONDE ANTIQUE

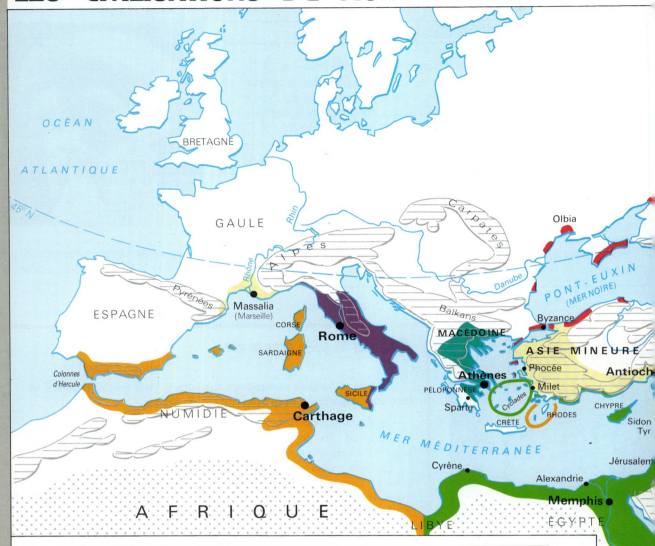

■ Le poète Sophocle fait jouer à Athènes en −440 une tragédie : *Antigone*. Le chœur souligne la grandeur de l'homme, sa capacité à maîtriser le monde.

« Entre toutes les merveilles il n'est rien de plus merveilleux que l'homme.

Il traverse la mer au milieu des orages et se joue de la colère des flots.

Il sillonne sans relâche la terre inépuisable : chaque année il l'entrouvre avec la charrue traînée par des chevaux vigoureux.

Il attire dans ses pièges l'oiseau léger et la bête farouche ; il enveloppe dans ses filets les habitants des eaux ; il dompte les monstres des bois.

Il s'est approprié la parole, la pensée, les lois, qui règlent l'ordre des États.

Habile et industrieux il se livre tantôt au bien, tantôt au mal : lorsqu'il associe à ses travaux les lois de la terre et la justice des dieux, il fait la gloire des cités ; mais il devient indigne d'une patrie quand l'audace l'entraîne au crime. »

SOPHOCLE, *Antigone, Chefs-d'œuvre du théâtre grec*, Nouvel Office d'édition.

À L'ÉPOQUE HELLÉNISTIQUE (IIIᵉ siècle avant J.-C.)

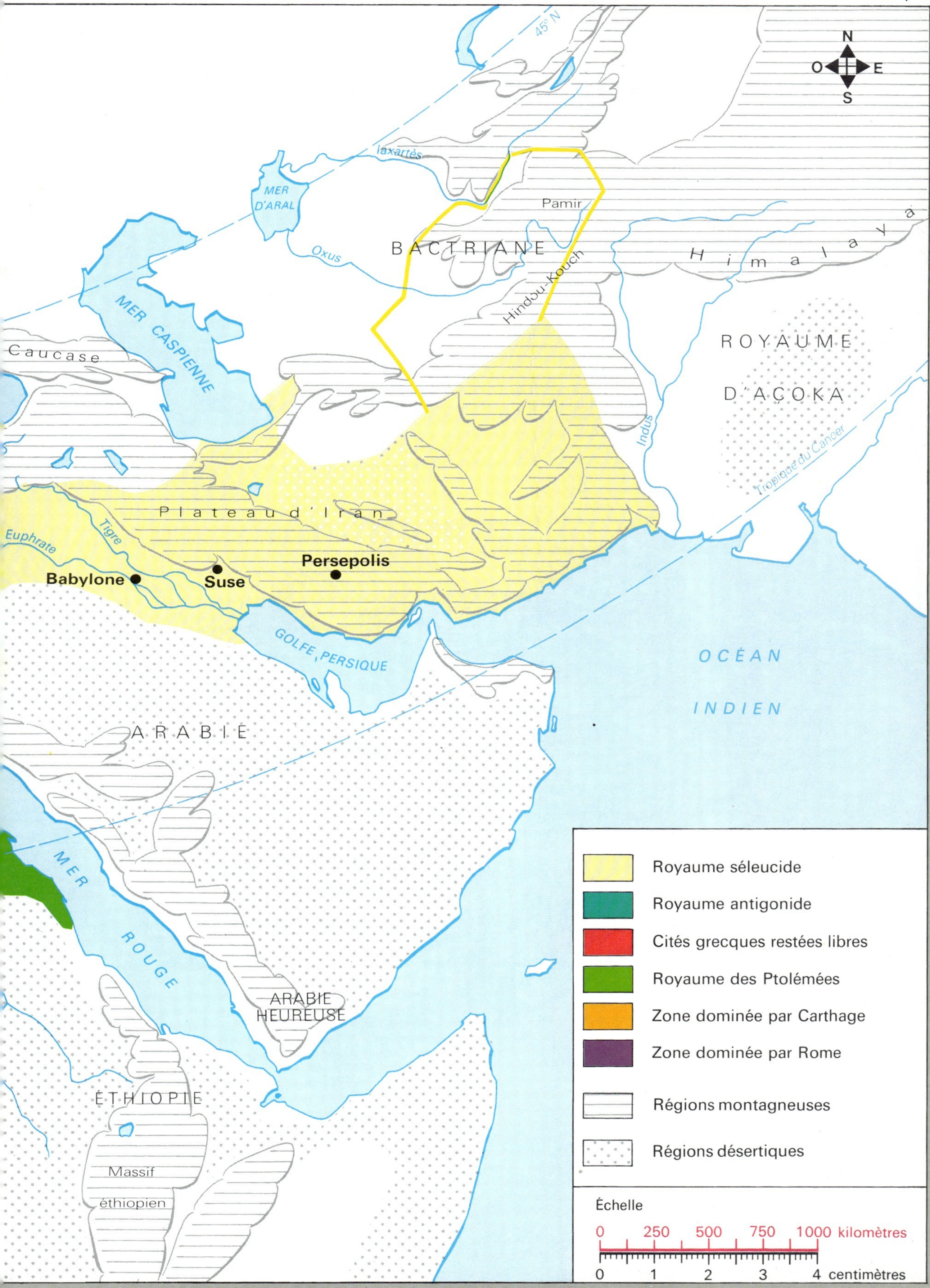

Map labels:
- Mer d'Aral
- Iaxartès
- Oxus
- Pamir
- Bactriane
- Hindou-Kouch
- Himalaya
- Royaume d'Açoka
- Indus
- Tropique du Cancer
- Caucase
- Mer Caspienne
- Plateau d'Iran
- Euphrate
- Tigre
- Babylone
- Suse
- Persépolis
- Golfe Persique
- Océan Indien
- Arabie
- Mer Rouge
- Arabie Heureuse
- Éthiopie
- Massif éthiopien
- 45° N

Légende :
- Royaume séleucide
- Royaume antigonide
- Cités grecques restées libres
- Royaume des Ptolémées
- Zone dominée par Carthage
- Zone dominée par Rome
- Régions montagneuses
- Régions désertiques

Échelle : 0 — 250 — 500 — 750 — 1000 kilomètres
0 — 1 — 2 — 3 — 4 centimètres

Chapitre 5

ROME

« Ce qu'il y a d'extraordinaire dans les événements que je me propose de raconter suffira, je l'espère, par soi-même pour attirer jeunes gens et vieillards à me lire. Comment trouver, en effet, un homme si grossier ou si indifférent qu'il ne désire pas savoir par quels moyens, par quelle habile conduite Rome fit passer sous ses lois l'univers entier... »

POLYBE, *Histoire universelle*, Paris, 1847.

PLAN DU CHAPITRE

Carte de localisation et frise chronologique :
Rome et ses conquêtes	92/93
1. Les origines de Rome	94/95
2. Etre citoyen à Rome	96/97
3. Les premières conquêtes de la République.	98/99
Activités et documents	
L'armée romaine	100/101
4. La crise de la République	102/103
5. La Gaule celtique	104/105
Activités et documents	
Artisans et paysans gaulois	106/107
6. La guerre des Gaules	108/109
7. Jules César et la fin de la République	110/111
8. Auguste et la fondation de l'Empire	112/113
Activités et documents	
La paix romaine	114/115
9. Tous les chemins mènent à Rome	116/117
10. La société romaine	118/119
Activités et documents	
Du pain et des jeux	120/121
11. La Gaule romaine	122/123
12. Les religions des Romains au fil des temps	124/125
Activités et documents	
Timgad, ville de province	126/127
Pompéi, 24 août 79	128/129

Rome au temps de l'empereur Constantin (IVᵉ siècle après J.-C.). A cette époque, la ville compte plus d'un million d'habitants. Cette maquette au 1/250 a été réalisée d'après les découvertes archéologiques. Elle est conservée au musée de la Civilisation romaine à Rome.

ROME ET SES CONQUÊTES

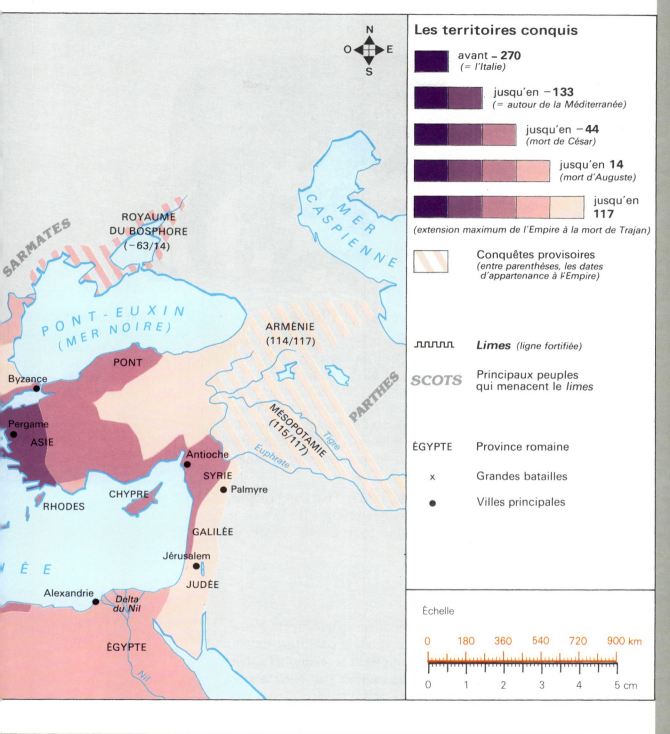
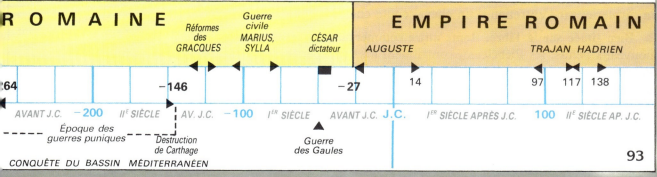

CHAPITRE 5 : ROME

1. Les origines de Rome

1. La naissance de Rome : la légende et l'histoire

● La légende fixe la fondation de Rome en −753. Le chef troyen Enée s'était enfui d'Asie mineure après la prise de Troie vers −1250. Il aborda le Latium où son fils fonda la ville d'Albe. Quatre siècles plus tard, ses descendants **Romulus et Remus** sont abandonnés sur les rives du Tibre par leur oncle. Les deux jumeaux, sauvés par une louve (doc. 1), sont élevés par un berger. **Ils décident de fonder une nouvelle ville à l'endroit même où la louve les avait trouvés.** A la suite d'une dispute, Romulus tue son frère et devient le premier roi de Rome (doc. 4).

● Cette légende est en partie confirmée aujourd'hui par l'archéologie. Des fouilles ont livré des objets de céramique grecque du XVe siècle avant J.-C. On a trouvé sur le site de Rome des traces de cabanes de bergers datant du VIIIe siècle avant J.-C.

1 La louve allaitant Romulus et Remus (Ve siècle avant J.-C., musée du Capitole, Rome). Cette œuvre de bronze étrusque est la plus ancienne statue connue de la louve romaine. Les enfants ont été rajoutés au XVIe siècle.

◆ Pourquoi la louve est-elle l'emblème de Rome ?

2. De la royauté à la République

● Vers −550, **les Étrusques,** peuple voisin (doc. 3), occupent Rome. La ville est gouvernée par les rois étrusques qui font construire un mur d'enceinte, un grand égout et **le premier temple sur la colline du Capitole (doc. 2). Pour le recrutement militaire, les hommes sont répartis selon leur fortune en cinq classes.** Les hommes des trois premières classes vont dans l'infanterie lourde, ceux des deux dernières, dans l'infanterie légère. Chacun doit payer ses armes. Seuls les plus riches servent dans la cavalerie, car l'entretien d'un cheval coûte cher.

● **Bien située sur le Tibre, Rome attire commerçants et artisans.** Ces nouveaux venus, les **Plébéiens*,** contribuent à sa prospérité. Mais les **Patriciens*,** descendants des vieilles familles, acceptent mal la domination étrusque. En −509, ils chassent le roi Tarquin le Superbe.

● Maîtres du pouvoir, les Patriciens ne le partagent pas. **Les Plébéiens se révoltent à plusieurs reprises.** Ils obtiennent en −494 d'être représentés par des **tribuns*.** Ils devront encore lutter pendant deux siècles avant d'obtenir l'égalité politique avec les Patriciens.

VOCABULAIRE

* **Plébéiens** : à l'origine, étrangers libres installés à Rome ; ils sont intégrés par la suite au peuple romain.

* **Patriciens** : ensemble des familles dont les membres seuls pouvaient, jusqu'au IVe siècle avant J.-C., devenir magistrats.

* **Tribuns** : d'abord 2, puis 10 représentants de la plèbe qui la défendent face aux Patriciens.

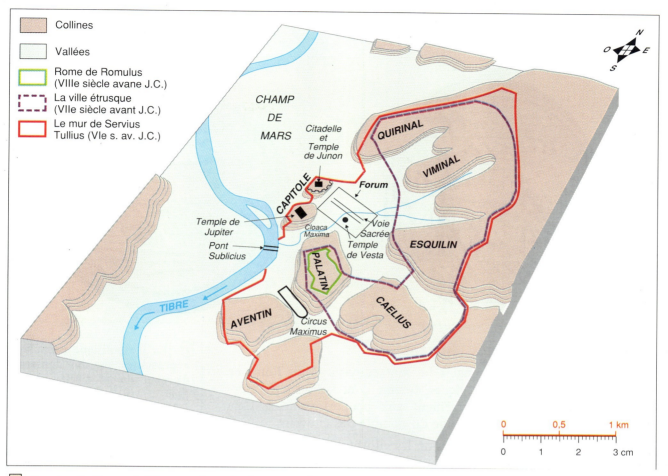

2 **Le site de Rome à l'époque des rois étrusques.** Du VIIIᵉ au VIᵉ siècle avant J.-C., la ville s'étend progressivement autour des sept collines.

3 **Fresque étrusque représentant un prince troyen à cheval** *(Tarquinia, VIᵉ siècle avant J.-C.)*. A cette époque, les Étrusques dominent Rome.

◆ *Pourquoi un Troyen est-il représenté ?*

4 Romulus et Remus fondent Rome

Tite-Live rapporte la dispute entre les jumeaux Romulus et Remus lorsqu'ils décidèrent de fonder une ville à l'endroit où ils avaient été abandonnés.

« C'était aux dieux protecteurs de ce lieu de désigner par des augures celui qui donnerait son nom à la ville nouvelle, la fonderait et en aurait le gouvernement. [...] Ce fut d'abord Remus qui obtint, dit-on, un augure : six vautours. Il venait de le signaler quand le double s'en présenta à Romulus. Chacun d'eux fut proclamé roi par son groupe : les uns faisaient valoir la priorité, les autres le nombre des oiseaux pour en tirer à eux la royauté. On discute, on en vient aux mains ; les colères dégénèrent en luttes meurtrières. C'est alors que, dans la bagarre, Remus tomba, frappé à mort. Selon une tradition plus répandue, Remus, pour se moquer de son frère, aurait franchi d'un saut les murailles nouvelles, et Romulus, irrité, l'aurait tué en ajoutant cette apostrophe : ''Ainsi périsse à l'avenir quiconque franchira mes murailles !'' »

TITE-LIVE, *Histoire romaine*,
Editions Les Belles Lettres, 1966.

2. Être citoyen à Rome

1. La République et ses citoyens

● Ni les esclaves ni les étrangers ne sont citoyens. Mais **Rome ne limite pas l'accès aux droits politiques,** comme l'ont fait les cités grecques, puisqu'elle l'accorde largement aux peuples vaincus. Cela entraîne une augmentation continue du nombre des citoyens.

● Les comices sont les assemblées où les citoyens réunis par classes votent les lois et élisent les magistrats. Les **Comices centuriates** rassemblent les citoyens en centuries d'après leur fortune. D'origine militaire, elles se réunissent au champ de Mars, dieu de la guerre, hors de l'enceinte. Les **Comices tributes** regroupent les citoyens en fonction de leur domicile. Elles se réunissent sur le **forum*** (doc. 1 et 4).

● Aux comices, les plus riches votent les premiers (doc. 1). **Le vote s'arrête quand une majorité est atteinte. Les plus pauvres ne votent donc jamais.**

> **1** La vie politique romaine représentée sur des deniers d'argent du IIe siècle avant J.-C. *(Cabinet des Médailles, B.N., Paris).* A gauche, scène de vote. A droite, la tribune des rostres : située dans le forum, cette tribune permettait aux orateurs de s'adresser aux citoyens ; elle doit son nom aux éperons pris aux navires ennemis et accrochés sur sa façade.

2. Le citoyen et la carrière des honneurs

● **Les magistrats dirigent Rome.** Ils sont élus par les comices généralement pour un an et ne peuvent être réélus deux fois de suite. Leurs pouvoirs peuvent être toutefois prolongés ailleurs qu'à Rome, dans les provinces. **Il y a toujours au moins deux magistrats par fonction,** l'un pouvant surveiller l'autre.

● Les fonctions sont groupées selon **une hiérarchie*** appelée la **Carrière des honneurs** (doc. 2). Il faut la parcourir avant d'être **consul***. En cas de crise grave, les consuls peuvent confier tous les pouvoirs à un **dictateur*** pour une durée de six mois. Les dix tribuns de la plèbe défendent les intérêts des Plébéiens (doc. 3).

● **Le Sénat rassemble d'anciens magistrats qui sont nommés à vie.** Les magistrats en exercice le consultent avant de prendre une décision. Comme les magistrats changent tous les ans, l'avis du Sénat s'impose. **Rome est donc une république** gouvernée par une minorité de gens souvent issue d'un petit nombre de riches familles.

VOCABULAIRE

* **Forum** : place publique, centre de la vie politique, religieuse, judiciaire et commerciale.

* **Hiérarchie** : ordre établi entre des personnes ou des choses considérées comme de valeur inégale.

* **Consuls** : les deux magistrats suprêmes de la République qui commandent les armées et ont un pouvoir sur tous les autres magistrats, sauf les tribuns.

* **Dictateur** : magistrat choisi pour une durée de six mois afin d'exercer seul tous les pouvoirs en cas de menace grave.

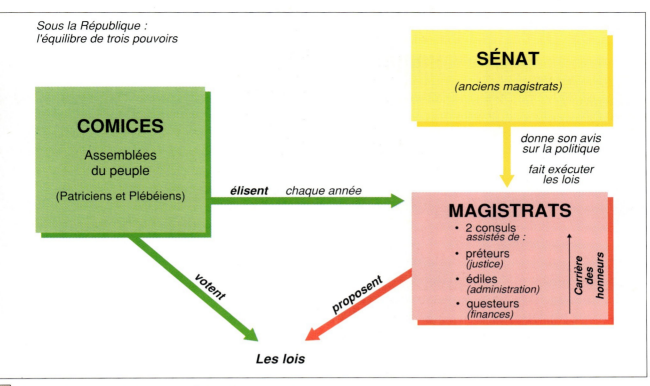

2 L'organisation politique de la République romaine.

♦ Tous les citoyens réunis aux comices ont-ils un pouvoir ?

3 La fable des membres et de l'estomac

Aux Plébéiens révoltés en −494, le Sénat envoie le Patricien Ménénius Agrippa, habile orateur, qui raconte la fable suivante.

« Au temps où le corps humain ne formait pas comme aujourd'hui un tout en parfaite harmonie, mais où chaque membre avait son opinion et son langage, tous s'étaient indignés d'avoir le souci, la peine, la charge d'être les pourvoyeurs de l'estomac, tandis que lui, oisif au milieu d'eux, n'avait qu'à jouir des plaisirs qu'on lui procurait ; tous, d'un commun accord, avaient décidé, les mains de ne plus porter les aliments à la bouche, la bouche de ne plus les recevoir, les dents de ne plus les broyer. Mais, en voulant dans leur colère réduire l'estomac par la famine, du coup, les membres, eux aussi, et le corps entier étaient tombés dans un complet épuisement... Faisant alors un parallèle entre la révolte interne du corps et la révolte des Plébéiens contre le Sénat, il les fit changer de sentiment. On se mit alors à traiter de la réconciliation, et l'on consentit à accorder à la plèbe des magistrats spéciaux et inviolables, chargés de prendre sa défense contre les consuls. »

TITE-LIVE, *Histoire romaine*, Editions Les Belles Lettres, 1966.

♦ Quelle décision réconcilie Plébéiens et Patriciens ?

4 Vue actuelle du forum prise depuis le Capitole. Au premier plan au centre, les ruines de la tribune des rostres.

3. Les premières conquêtes de la République

1. Les Romains maîtres de l'Italie

● La république romaine lutte d'abord contre les attaques de ses voisins comme les Sabins qui convoitent la riche plaine du Latium. Elle s'allie aux **Latins*** contre les Étrusques de la cité de Véies. Après une longue guerre, **l'armée romaine prend et détruit Véies en —395**. Rome étend sa domination vers le nord. Mais des Gaulois, récemment installés dans la plaine du Pô, multiplient les incursions vers le sud. En —387, ils incendient Rome et assiègent le Capitole qui est sauvé par les oies de Junon dont les cris réveillent les défenseurs. Les Romains doivent payer une énorme rançon contre leur départ.

● **La terreur qu'inspirent les Gaulois aide Rome à étendre sa domination sur l'Italie centrale.** Au IIIe siècle avant J.-C., les cités grecques de l'Italie du Sud et de la Sicile acceptent à leur tour la protection romaine. **En —272, Rome achève la soumission de l'Italie du Sud** (doc. 2).

2. Les Romains maîtres de la Méditerranée

● Maîtresse de l'Italie du Sud, **Rome se heurte à l'influence de Carthage** (doc. 1). Cette colonie phénicienne possède des comptoirs commerciaux sur la côte d'Espagne et domine la côte africaine. **Rome et Carthage rivalisent pour le contrôle des îles**, surtout la riche Sicile.

● De —264 à —146, trois guerres, **les guerres puniques*** (doc. 4), **opposent Rome et Carthage.** Les Romains garderont longtemps le souvenir d'Hannibal (doc. 3) qui, parti de Carthagène, franchit les Pyrénées puis les Alpes avec son armée et ses éléphants et écrase l'armée romaine au lac Trasimène puis à Cannes. Le consul Scipion finit par le vaincre sur le sol africain à Zama. **En —146, après un long siège, Carthage est totalement détruite par les Romains.**

● Rome est désormais libre d'étendre sa domination sur l'Espagne et la Gaule du Sud où est fondée la province de Narbonnaise. Puis, elle se tourne vers l'Orient, soumet par les armes les royaumes hellénistiques de Grèce, de Syrie, de Pergame et d'Égypte.

---

1 Navires de guerre romains (*peinture murale, Pompéi*). Rome et Carthage se battent aussi sur mer. Ces deux puissances cherchent à contrôler les routes maritimes en Méditerranée.

◆ *Décrivez ces navires de guerre.*

VOCABULAIRE

* **Latins** : habitants du Latium, région d'Italie centrale.

* **Guerres puniques** : nom donné aux trois guerres entre Rome et Carthage ; « punique » est un mot latin qui désigne ce qui se rapporte à Carthage.

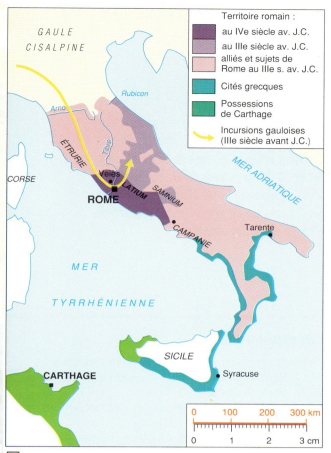

2 **Rome conquiert l'Italie** (IVe-IIIe siècle avant J.-C.)

3 Rome et Carthage, deux ennemis héréditaires

Rome envoie le consul Scipion combattre Carthage sur le sol d'Afrique. Pour sauver la ville, Hannibal, général en chef des Carthaginois, lui demande la paix en -202, avant la bataille de Zama.

« Il eût été à souhaiter que les dieux puissent donner à nos pères assez de modération pour se contenter, vous de dominer l'Italie, nous l'Afrique ; en effet, même à vos yeux, la Sicile et la Sardaigne ne sont pas d'assez dignes prix pour tant de flottes, tant d'armées, tant de chefs remarquables perdus. [...] Notre convoitise des domaines d'autrui nous a obligés à lutter pour le nôtre si bien que non seulement nous avons fait la guerre, nous en Italie, vous en Afrique, mais vous avez vu à vos portes et presque au pied de vos murailles les enseignes et les armes des ennemis ; nous, nous entendons de Carthage le bourdonnement du camp romain. [...] Maintenant on traite de la paix. C'est nous qui en traitons, nous qui avons le plus grand intérêt à le faire. [...] Ce que je fus à Trasimène et à Cannes, c'est toi qui l'es aujourd'hui. »

TITE-LIVE, *Histoire romaine*, Hatier, 1956.

◆ Retrouvez, d'après ce texte et la carte, les grands événements de la lutte entre Rome et Carthage.

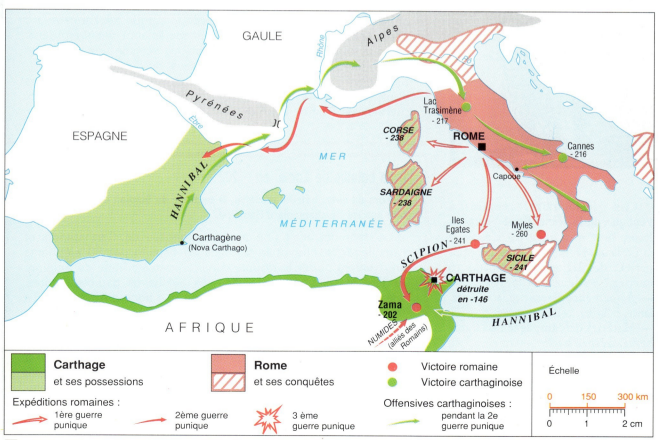

4 **Les guerres puniques.**

ACTIVITÉS ET DOCUMENTS

L'armée romaine

Rome a constitué une armée d'une efficacité redoutable par son organisation. Sous la République, seuls les citoyens aisés ont d'abord le droit de défendre la cité. Ils sont renforcés par des troupes auxiliaires : archers crétois, frondeurs des Baléares, cavaliers numides... A la fin du IIe siècle avant J.-C., la nécessité d'augmenter le nombre des soldats exige l'enrôlement des plus pauvres. Sous l'Empire, les auxiliaires reçoivent la citoyenneté romaine après 25 ans de service. C'est cette armée qui devait conquérir le plus grand empire depuis celui d'Alexandre.

1 **Un légionnaire romain à l'époque de la République** *(statue en bronze du IIe siècle avant J.-C., musée de la Civilisation romaine à Rome).* L'équipement des légionnaires romains en campagne pesait environ 30 kilos :
— **Armement :** casque, cuirasse, épée, lance, bouclier, cotte de mailles.
— **Matériel de campagne :** scie, corbeille, bêche, hache, marmite, 2 ou 3 pieux.
— **Nourriture :** des céréales pour 15 à 20 jours.

♦ Quelles sont les armes offensives, et défensives, du légionnaire ?
♦ A quoi sert le matériel de campagne ?

2 Le calendrier du citoyen-soldat

L'année du citoyen romain est divisée en deux saisons :
— la saison de la guerre, qui va de mars à octobre, l'été, où le citoyen est mobilisé comme soldat ;
— l'autre saison, d'octobre à mars, l'hiver, où normalement le citoyen est revenu dans sa maison.

Mars, mois du dieu de la guerre, ouvre la saison militaire par plusieurs fêtes, danses des prêtres qui sortent les boucliers sacrés, fête de la purification des trompettes et des boucliers, fête de la cavalerie.

En octobre, des fêtes célèbrent le retour de l'armée : les armes sont purifiées et les boucliers sacrés sont remis en place. Le 15 octobre, sur le Champ de Mars, se déroule une course de chars attelés de deux chevaux. Le cheval de droite du char vainqueur est sacrifié à Mars. La tête du cheval est garnie de pains et un match pour sa conquête oppose les habitants de deux quartiers de Rome : celui de la Voie Sacrée et celui de Suburre.

3 La bataille de Zama, en −202

Lors de cette bataille décisive, la tactique de Scipion décide de la victoire sur les Carthaginois d'Hannibal.

« Hannibal avait une armée composée de Carthaginois et d'auxiliaires. Il couvrit le front de sa bataille par 80 éléphants qui devaient porter le trouble dans la première ligne de Scipion. Derrière les éléphants, il plaça les auxiliaires gaulois, ligures, baléares et maures. Derrière eux, il mit une ligne d'Africains, puis ses Carthaginois et des Macédoniens. Contre cet ordre de bataille, Scipion rangea sur trois lignes l'élite des légions. Mais au lieu des colonnes ininterrompues, il ouvrit entre les manipules des intervalles par lesquels les éléphants pouvaient passer sans rompre les rangs. Pour qu'il n'y eût point de vide, il remplit ces intervalles de vélites avec ordre de se retirer devant les éléphants, soit sur les arrières de l'armée, soit sur les flancs. Sa cavalerie, partagée en deux corps, fut rangée sur les ailes. »

D'après FRONTIN, *Stratagèmes*, Editions Les Belles Lettres, 1944.

ACTIVITÉS ET DOCUMENTS

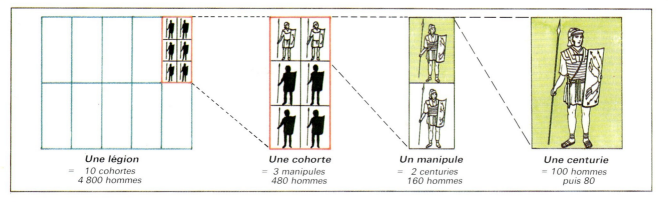

Une légion
= 10 cohortes
4 800 hommes

Une cohorte
= 3 manipules
480 hommes

Un manipule
= 2 centuries
160 hommes

Une centurie
= 100 hommes
puis 80

4 L'organisation d'une légion romaine.

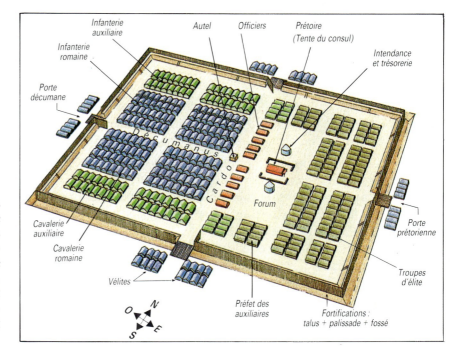

5 **Le camp d'une légion romaine.** Après une journée de marche ou de combat, même pour une seule nuit, les légionnaires construisaient un camp fortifié. Le camp est une cité provisoire organisée à l'image de la ville de Rome. Il est bâti sur un modèle simple et unique ; ainsi, en tout lieu, chaque soldat se retrouve en terrain connu et sait où il doit aller.

6 **La « tortue » de la colonne de Trajan à Rome** *(IIe siècle).* Cette colonne entièrement sculptée nous renseigne sur toutes les méthodes de combat de l'armée romaine.

♦ *Quel est l'intérêt de la formation en « tortue » ?*

CHAPITRE 5 : ROME

4. La crise de la République

1. Les conquêtes bouleversent la société

● Les conquêtes militaires ont des conséquences importantes sur la vie des Romains. **Toutes sortes de richesses arrivent en quantité à Rome** (doc. 2). Spéculateurs, armateurs, commerçants font fortune.

● Une partie des territoires conquis forme l'*ager publicus**, propriété de l'État. Les **nobles*** s'en emparent et le font cultiver par leurs esclaves. **Mais les petits paysans sont ruinés par les conquêtes.** Quand ils n'ont pas été tués à la guerre, ils retrouvent leurs terres en friche et doivent s'endetter pour les remettre en culture. Mais le blé des pays conquis afflue à Rome et provoque l'effondrement des prix.

● Les petits paysans vendent leurs terres pour rembourser leurs dettes et viennent à Rome. Là, ils ne trouvent pas de travail à cause du grand nombre d'esclaves. Ainsi se constitue **une population oisive. Le citoyen pauvre en vient à vendre la voix dont il dispose aux comices :** il devient le **client*** d'une famille riche qui le fait vivre (doc. 3).

2. L'équilibre politique menacé

● Le clientélisme et la **corruption*** menacent les institutions. **Des nobles proposent des réformes pour éviter les troubles.** Tibérius Gracchus, l'aîné des Gracques, veut rendre leurs terres aux paysans. La loi agraire qu'il fait voter en −133 reprend aux riches propriétaires l'*ager publicus* et l'attribue par lots aux citoyens pauvres. Son frère Caïus fonde des colonies à Tarente et à Carthage (doc. 1), et **fait vendre du blé à bas prix aux pauvres de Rome** (doc. 4). Tous deux sont assassinés.

● En Italie, les alliés de Rome veulent l'égalité avec les citoyens romains. A la suite d'une guerre sanglante au début du Iᵉʳ siècle avant J.-C., **Rome décide d'accorder la citoyenneté à tous les hommes libres d'Italie.** Les esclaves se révoltent eux aussi à plusieurs reprises. La répression contre eux est terrible, notamment contre **Spartacus**, chef des révoltés en −73. Aux frontières, la lutte contre les ennemis extérieurs renforce le pouvoir et le prestige des généraux victorieux (doc. 5).

1 Enrôlement dans l'armée *(bas-relief du Iᵉʳ siècle avant J.-C., musée du Louvre).* A gauche, un fonctionnaire assis consulte un registre où sont inscrits les noms des nouveaux soldats. Cette scène représente peut-être la fondation de la colonie de Narbonne.

VOCABULAIRE

* *Ager publicus* : territoires pris par Rome aux peuples vaincus d'Italie, et devenus propriété collective du peuple romain.

* **Nobles** : membres de la noblesse ; à partir du IVᵉ siècle avant J.-C., la noblesse comprend l'ensemble des familles dont un membre a été magistrat.

* **Client** : personne dépendante d'un riche citoyen qui le nourrit, le vêt ou le loge en échange de son vote aux élections.

* **Corruption** : pratique contraire à la loi par laquelle un fonctionnaire se fait payer pour ses services.

2 Les débuts du luxe à Rome

En −189, l'armée d'Asie rentre victorieuse à Rome. Les soldats romains ont rapporté un riche butin et toute la ville est vite conquise par le luxe des peuples vaincus.

« Le luxe nouveau des nations étrangères n'entra à Rome qu'avec l'armée d'Asie : ce fut elle qui introduisit dans la ville les lits ornés de bronze, les tapis précieux, les voiles et tissus de soie, ces guéridons et ces buffets qu'on regardait comme une grande élégance dans l'aveuglement. Ce fut à cette époque qu'on fit paraître dans les festins des chanteuses, des joueuses de harpe et des baladins pour égayer les convives ; que l'on mit plus de recherche et de magnificence dans les apprêts mêmes des festins ; que les cuisiniers qui n'étaient pour nos aïeux que les derniers et les moins utiles des esclaves, commencèrent à devenir très chers et qu'un vil métier passa pour un art. Pourtant toutes ces innovations étaient à peine le germe du luxe à venir. »

TITE-LIVE, *Histoire romaine*, Editions Didot, 1874.

♦ Quels sont les exemples de luxe cités par ce texte ?

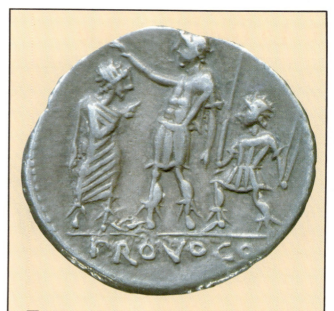

3 Intervention d'un tribun de la plèbe sur un denier d'argent du Ier siècle avant J.-C. (*Cabinet des Médailles, B.N., Paris*). Le citoyen romain a le droit de faire appel (*provoco*) devant le peuple, de toute décision d'un magistrat à son égard. Ce droit fera peu à peu de chaque citoyen pauvre, le client d'un citoyen influent.

4 Distribution de blé au peuple d'après une mosaïque d'Ostie.

5 Marius et le nouveau recrutement de l'armée

En −107, le consul Marius engage des citoyens pauvres comme soldats pour aller combattre le roi numide Jugurtha.

« ''Vous qui êtes en âge de porter les armes, venez au service de la République. [...] Et, la chose est certaine, avec l'aide des dieux, tous les fruits de la guerre sont déjà mûrs : la victoire, le butin, la gloire.''

Après ce discours, Marius, voulant profiter de l'enthousiasme de la plèbe [...], lève des recrues, non suivant l'ancien usage et d'après les classes, mais en acceptant tous les volontaires, prolétaires exclus du service pour la plupart. Les uns disaient qu'il les prenait faute d'autres meilleurs ; d'autres que c'était par ambition, parce qu'il devait sa renommée et son élévation à cette sorte de gens ; et de fait, pour un homme en quête du pouvoir, les meilleurs partisans sont les plus besogneux : car n'ayant rien, ils n'ont rien à ménager, et tout ce qui rapporte est honnête à leurs yeux. »

SALLUSTE, *La Guerre de Jugurtha*, Editions Les Belles Lettres, 1962.

♦ Quelles différences y a-t-il entre l'ancien et le nouveau mode de recrutement de l'armée romaine ?
♦ Pourquoi les plébéiens s'enrôlent-ils en masse dans l'armée ?

5. La Gaule celtique

1. Des peuples indépendants et guerriers

- La Gaule (transalpine) occupe un territoire plus vaste que celui de la France actuelle. Elle est habitée depuis le Vᵉ siècle avant J.-C. par des populations **celtes*** originaires d'Europe centrale.

- **Les Celtes, appelés Gaulois par les Romains, sont des guerriers célèbres pour leur bravoure et la qualité de leurs armes de bronze et de fer.** Ils parlent probablement tous la même langue, croient aux mêmes divinités, des eaux, des arbres, de la fertilité et respectent les **druides***, dépositaires des traditions religieuses et du savoir (doc. 3). Le pouvoir appartient à une aristocratie guerrière, propriétaire des terres.

- Pourtant **les Gaulois ne sont pas unis.** Au IIᵉ siècle avant J.-C., près de 80 peuples se partagent le territoire de la Gaule (doc. 2). Les plus puissants d'entre eux, **les Arvernes et les Éduens,** occupent le centre du pays. Très indépendants, les Gaulois sont des guerriers intrépides et avides de butin. Leurs rivalités les entraînent souvent dans des guerres.

2. Un pays riche et prospère

- Chacun des peuples gaulois vit sur un territoire organisé autour d'une agglomération fortifiée appelée *oppidum**. Siège d'importants ateliers et place de marché, l'*oppidum* sert aussi de refuge.

- La richesse de la Gaule permet de faire vivre **une population de 12 millions d'habitants.** Chasseurs de sangliers et bûcherons (doc. 1), les Gaulois produisent du blé et de l'orge, et élèvent porcs, bœufs et moutons. Dès le IIIᵉ siècle avant J.-C., d'habiles artisans fabriquent des outils variés. C'est à eux que nous devons **la charrue et les tonneaux.**

- Les Gaulois ont aussi leurs propres monnaies (doc. 4) et sont **d'actifs commerçants.** De la Manche à la Méditerranée s'échangent épées, bijoux ou poteries fines contre du vin, de l'étain ou des vases. Les routes commerciales empruntent souvent les vallées fluviales comme celles de la Saône et du Rhône, où les communications sont plus faciles que sur les chemins de terre.

---

1 Sanglier en bronze du Iᵉʳ siècle avant J.-C. *(musée d'Orléans)*. Le sanglier est souvent représenté dans l'art celtique.

♦ *Pourquoi le sanglier est-il un symbole de la Gaule ?*

VOCABULAIRE

* **Celtes** : peuples originaires d'Europe centrale, venus s'installer progressivement en Europe occidentale dès le Iᵉʳ millénaire avant J.-C.

* **Druide** : « l'homme qui sait », en langue celte ; nom des prêtres gaulois.

* **Oppidum** : place forte sur une hauteur.

2 Les peuples de la Gaule au Ier siècle avant J.-C.

◆ Quelles sont les trois grandes parties de la Gaule ?
◆ Cherchez le pays des Arvernes et celui des Éduens. Quelles étaient leurs capitales ?

3 Les druides vus par César

Dans son récit de la guerre des Gaules, Jules César décrit la société gauloise du Ier siècle avant J.-C.

« Les druides font les sacrifices publics et privés, règlent les pratiques de la religion. Les jeunes gens viennent en foule s'instruire auprès d'eux, et on les honore grandement. Ce sont les druides qui tranchent tous les conflits entre États ou entre particuliers et, si quelque crime a été commis, s'il y a discussion sur un héritage, ce sont eux qui jugent, qui fixent les peines. [...] Les druides s'abstiennent habituellement d'aller à la guerre et ne paient pas d'impôt comme les autres. Beaucoup viennent suivre leurs leçons ; ils apprennent par cœur un nombre considérable de vers ; plus d'un reste vingt ans à l'école. En outre, ils étudient les astres et leurs mouvements, les dimensions du monde et transmettent leurs doctrines à la jeunesse. »

JULES CÉSAR, *La Guerre des Gaules*, Editions Les Belles Lettres, 1989.

◆ Quel est le rôle des druides dans la société gauloise ?

4 Monnaies gauloises du Ier siècle avant J.-C. *(Cabinet des Médailles, B.N., Paris)*.

1. Pièce d'or frappée par les Aulerques Eburovices (Evreux) ;
2. Pièce d'or frappée par les Parisii (Paris) ;
3. Pièce de cuivre et d'argent frappée en Armorique.

Les nombreuses monnaies gauloises que l'on a retrouvées montrent la vitalité des échanges économiques. Elles permettent d'apprécier la finesse du travail du métal.

ACTIVITÉS ET DOCUMENTS

Artisans et paysans gaulois

Avec leur goût du travail et de l'expérimentation, les Gaulois ont mis à profit les richesses naturelles de leur terre. Ils ont inventé : le tonneau, le matelas, la charrue-moissonneuse à roues, la technique pour ferrer les chevaux, les chariots tirés par un attelage... Déjà, avant la conquête romaine, ils vendaient les produits de leur artisanat dans tout le monde antique.

1 Torque gaulois en or du Ier siècle avant J.-C. *(musée Saint-Raymond à Toulouse).* Ces colliers étaient portés par les femmes et les guerriers de haut rang.

2 L'artisanat textile

Au Ier siècle avant J.-C., le poète latin Martial envoie à un ami un manteau gaulois.

« Voici pour toi, le produit épais d'une tisseuse des bords de Seine, [...] présent grossier, mais qui n'est pas à dédaigner par le froid de décembre : nous t'envoyons ce manteau étranger... afin qu'un froid pénétrant ne s'insinue pas dans tes membres trempés de sueur [...]. Jamais le lin de Tyr ne te donnera sécurité pareille. »

MARTIAL, *Epigrammes*, dans LERAT, *La Gaule romaine*, A. Colin, 1977.

♦ *Quelles sont les qualités des étoffes gauloises ?*

3 La richesse agricole de la Gaule

Le géographe grec Strabon parle des ressources des campagnes gauloises.

« Le pays produit le blé en abondance, du millet, des glands et toutes sortes de bétail. Rien n'est inculte, si ce n'est dans les marécages ou les bois. [...].

Tel est le nombre des troupeaux de moutons et de porcs qu'une extraordinaire abondance [...] de salaisons est fournie non seulement à Rome, mais à la plus grande partie des régions de l'Italie. »

STRABON, Editions Les Belles Lettres, 1966.

♦ *Quelles sont les productions agricoles de la Gaule ?*

4 Fourreau d'épée en fer du IIIe siècle avant J.-C. *(musée municipal de Châlons-sur-Marne).*

ACTIVITÉS ET DOCUMENTS

5 **Un sabotier au travail** *(musée Saint-Rémi à Reims)*.

♦ *En quelle matière sont fabriqués les sabots ?*
♦ *Décrivez l'atelier de ce sabotier.*

6 **Paysan gaulois** *(musée Calvet en Avignon)*. Les Gaulois ont trouvé des formes originales de vêtements : les braies, par exemple, sont les ancêtres du pantalon.

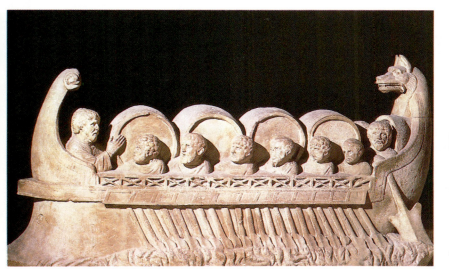

7 **Transport de tonneaux par bateau au IIIᵉ siècle après J.-C.** *(musée de la Civilisation romaine à Rome)*. Excellents artisans du bois, les Gaulois ont inventé le tonneau.

♦ *Quel est l'intérêt du tonneau par rapport à l'amphore ?*
♦ *Comment ce bateau avance-t-il ?*

CHAPITRE 5 : ROME

6. La guerre des Gaules

1. La Gaule est conquise en deux temps

- En −125, la cité grecque de Massalia (Marseille) demande la protection de Rome contre les incursions répétées de ses voisins gaulois. Les Romains interviennent et **fondent la province de Narbonnaise.** Cette conquête permet aux Romains de contrôler la route terrestre qui relie le nord de l'Italie à leur province d'Espagne.

- **En −58 Jules César est nommé proconsul de la Narbonnaise.** Il veut conquérir richesse et gloire afin de s'emparer du pouvoir à Rome. Comme la Gaule est riche en or et en blé, et que les Gaulois sont considérés par les Romains comme leurs plus anciens et leurs plus redoutables ennemis, César attend une occasion pour intervenir contre eux.

- César répond en −58 à l'appel à l'aide des Éduens, peuple gaulois allié aux Romains, attaqués par les Helvètes. Ces derniers, menacés par les Germains, ont quitté leur pays pour ravager le territoire des Éduens. **César entre en Gaule avec ses légions,** écrase les Helvètes et poursuit les Germains (doc. 3).

2. Vercingétorix et la révolte gauloise

- Profitant des divisions entre les peuples de la Gaule, César parvient à les soumettre les uns après les autres. Mais la révolte gronde contre les Romains et, **en −52, la Gaule se soulève.** Selon le récit de César, **Vercingétorix***, jeune noble arverne, prend la tête du soulèvement.

- **Vercingétorix impose la tactique de la terre brûlée** (doc. 4) : villes, villages et récoltes doivent être détruits pour empêcher les Romains de se ravitailler. Vercingétorix parvient à battre César à **Gergovie**, la capitale des Arvernes, et rallie à lui tous les peuples de la Gaule.

- Croyant à la victoire, Vercingétorix se précipite contre les légions en retraite. Il est à son tour battu et commet l'erreur de se laisser enfermer dans l'oppidum d'**Alésia** (doc. 1). César en fait le siège (doc. 2). Voyant ses troupes affamées et épuisées, **Vercingétorix doit se rendre à César en −52. Quelques mois plus tard, la Gaule est entièrement romaine.**

1 Vue aérienne du site supposé d'Alésia à Alise-Sainte-Reine en Côte-d'Or.

VOCABULAIRE

Monnaie d'or des Arvernes, 1er siècle avant J.-C.

* **Vercingétorix** : signifie « le grand chef des braves » en langue celte ; c'est sous ce nom qu'est connu le jeune noble arverne qui tente en −52 d'unir les tribus gauloises contre César ; après la défaite d'Alésia, il est emmené à Rome où il figure lors du triomphe de César ; il meurt étranglé dans sa prison en −46.

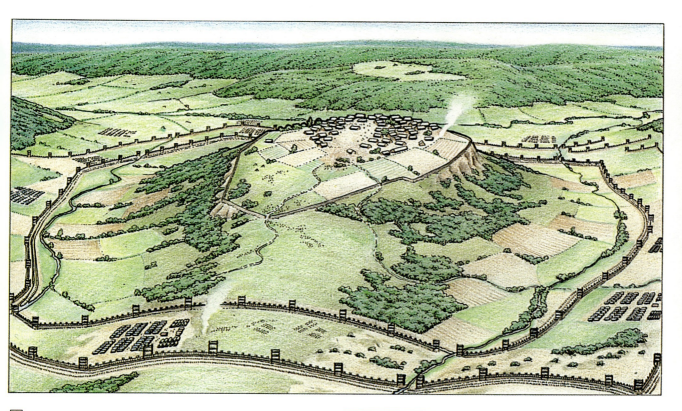

2 Reconstitution du siège d'Alésia en −52.

◆ Où se trouve le camp gaulois ? Le camp romain ?
◆ A quoi servent les fortifications romaines ?

4 La tactique de la terre brûlée

Dans *La Guerre des Gaules*, César rapporte un discours de Vercingétorix aux tribus gauloises rassemblées en conseil de guerre.

« Vercingétorix expose qu'il faut conduire la guerre d'une tout autre manière qu'on a fait jusqu'à présent. Il fallait s'attacher à interdire aux Romains par tous les moyens fourrage et ravitaillement. Le fourrage n'était pas en état d'être coupé ; des détachements ennemis dispersés devraient aller en chercher dans les fermes ; la cavalerie permettrait de les anéantir chaque jour. En outre, le salut devait passer avant les biens matériels. Villages et fermes devaient être incendiés tout autour de l'itinéraire des Romains. En outre, il importait d'incendier les villes que des remparts ou leur situation matérielle ne mettaient pas à l'abri de tout danger, pour qu'elles ne servent pas de refuges aux déserteurs et ne donnent pas à l'ennemi l'occasion de s'approvisionner abondamment et de faire du butin. Ces mesures pouvaient paraître trop dures et cruelles. La proposition est adoptée à l'unanimité et dès le lendemain, vingt villes des Bituriges sont incendiées. On fait de même dans les autres cités. De tous côtés on aperçoit des incendies. »

JULES CÉSAR, *La Guerre des Gaules*, Editions Les Belles Lettres, 1989.

◆ En quoi consiste le plan de Vercingétorix pour vaincre les Romains ?

3 La guerre des Gaules de −58 à −51.

7. Jules César et la fin de la République

1. César à la conquête du pouvoir

● **Jules César,** habile orateur, gagne les faveurs des Romains. Avec **Crassus,** vainqueur des esclaves révoltés conduits par Spartacus, et **Pompée,** qui s'est couvert de gloire en Orient, il fonde en —60 le premier *triumvirat**. A eux trois, grâce à leur popularité, ils jouent un grand rôle politique, en dehors des institutions de la République. En —53, Crassus meurt, laissant face à face César et Pompée.

● La conquête de la Gaule procure à César la gloire militaire qui lui manquait. Le Sénat, inquiet de son ambition, lui donne l'ordre de rentrer à Rome, non comme général victorieux mais comme simple citoyen (doc. 2). César décide de ne pas obéir. **En —49, c'est à la tête de ses légions qu'il franchit le Rubicon** (doc. 3), rivière qui marque la limite entre la Gaule cisalpine et l'Italie.

● Cette rebellion contre le Sénat déclenche **une guerre civile entre les partisans de Pompée, qui soutiennent le Sénat, et ceux de César** (doc. 1). Après cinq années de lutte, **César rentre victorieux à Rome.**

2. César, dictateur

● Pour la célébration de son **triomphe***, César offre au peuple des jeux magnifiques. Au sommet de sa popularité, **il obtient tous les pouvoirs :** consul, dictateur à vie, tribun de la plèbe et **grand pontife***, il prend le titre d'**Imperator** donné à un général victorieux (doc. 4).

● En quelques mois, César rétablit l'ordre public. Dans les provinces, il met fin aux pillages des publicains et **accorde le droit de citoyenneté aux plus fidèles serviteurs de Rome.** A Rome, la construction d'un nouveau forum donne du travail à la plèbe. Il redistribue les terres de l'*ager publicus* et fonde des colonies de **vétérans***.

● Un véritable culte se développe autour de César. Le calendrier est réformé et le mois de sa naissance, juillet, porte son prénom. Le Sénat le déclare divin pour flatter sa popularité. Pourtant, **beaucoup de sénateurs craignent pour la République.** Ils accusent César de vouloir devenir roi et poussent son fils adoptif Brutus à l'assassiner en —44.

---

1 **La violence à Rome** *(bas-relief, musée national des Abruzzes à Aquilée).* A la fin de la République, la politique et la guerre civile sont aussi sanglantes et féroces que les combats de gladiateurs.

VOCABULAIRE

* *Triumvirat* : du latin *tres*, « trois » et *vir*, « homme » ; alliance politique de trois hommes.

* *Triomphe* : la plus haute récompense accordée par le Sénat à un général victorieux ; il traverse Rome debout sur son char, couronné de laurier et vêtu des ornements de Jupiter, tunique et toge brodées d'or.

* *Grand pontife* : chef des prêtres chargé de surveiller l'ensemble du culte privé et public ; il est nommé à vie par les autres prêtres.

* *Vétéran* : ancien soldat qui, après son service militaire (entre 16 et 30 années), reçoit des avantages, surtout des terres.

2 Cicéron défend la République

En −63, Cicéron, le plus célèbre orateur romain, est consul. Pour faire face aux troubles qui menacent la République, il s'adresse aux sénateurs.

« Tout est prévu, tout est ordonné, tout est préparé par mes soins et ma vigilance, et plus encore par la volonté du peuple romain [...]. Autour de nous sont réunis les Romains de tous les ordres et de tous les âges ; le forum est rempli, tous les temples qui entourent le forum, toutes les avenues qui conduisent à cette enceinte. [...] Que dirais-je ici des chevaliers romains ? Ils rivalisent avec vous d'amour pour la République. Réconciliés enfin et réunis à l'ordre sénatorial après bien des années de dissension, cette journée mémorable et cette cause sacrée resserrent les liens de votre union. Puisse cette union, affermie sous mon consulat, durer éternellement ! Alors je vous le dis, la République n'aura plus à redouter aucune dissension intérieure. »

CICERON, *Catilinaires*, Editions Les Belles Lettres, 1926.

♦ Sur quoi doit reposer la défense de la République ?

3 César franchit le Rubicon

En −49, César décide de rentrer à Rome à la tête de ses légions victorieuses des Gaulois.

« César fit secrètement prendre les devants à ses cohortes et, pour n'éveiller aucun soupçon, feignit de s'intéresser à un spectacle public [...]. Peu après le coucher du soleil [...], il se mit en route pour un itinéraire des plus secrets, accompagné d'une faible escorte. Les flambeaux venant à s'éteindre, il s'égara et fut longtemps à errer jusqu'à ce qu'ayant repéré un guide à l'aube, il le suivit à pied par les sentiers les plus étroits, et parvînt ainsi à rejoindre ses cohortes sur le Rubicon, rivière qui formait la limite de sa province. Là-même il s'arrêta et, songeant à l'énormité du risque qu'il allait prendre : ''Il est encore temps de revenir sur nos pas'', dit-il à ceux qui l'entouraient ; ''car une fois franchi ce petit pont, tout le reste se décidera par les armes.'' Il hésitait encore lorsqu'un signe céleste lui advint. [...] Ce que voyant : ''Allons, dit-il, le sort en est jeté.'' »

SUETONE, *Vies des douze Césars*, Editions Les Belles Lettres, 1931.

♦ Pourquoi César n'a-t-il pas le droit de franchir le Rubicon avec son armée ?
♦ Quelles sont les conséquences de cet acte ?

4 Jules César (− 101/− 44).
Membre d'une très ancienne famille patricienne, Jules César affirme descendre du Troyen Enée et de la déesse Venus. Vainqueur de Vercingétorix, il écrit le *Commentaire sur la guerre des Gaules*, livre politique destiné à servir sa popularité. Il gouverne à Rome comme un souverain absolu, mais sans abolir la République. Pourtant, les empereurs romains adopteront son nom : César.

8. Auguste et la fondation de l'Empire

1. Auguste empereur

● Après la mort de Jules César, son fils adoptif **Octave** et deux de ses lieutenants, **Marc Antoine et Lépide, organisent un second** *triumvirat*. Bientôt les rivalités l'emportent. Lépide est écarté et les provinces sont réparties. Marc Antoine se réserve l'Orient, Octave l'Occident. Mais Octave veut rétablir l'unité à son profit. Il attaque Antoine et le bat à Actium en −31. L'Égypte de Cléopâtre, dernier royaume hellénistique, devient une province romaine.

● En −27, Octave annonce son intention de remettre le gouvernement au Sénat et au peuple romain. En réalité, comme César avant lui, il détient tous les pouvoirs civils, militaires et religieux (doc. 3). **L'appellation** *Imperator Caesar Augustus* **(Empereur César Auguste) résume tous les pouvoirs impériaux.** « Empereur » rappelle qu'il est avant tout chef des armées. « César » est son nom puisqu'il a été adopté par le dictateur défunt. Le surnom d'« Auguste » signifie que **son autorité est comparable à celle des dieux** (doc. 1 et 2).

2. L'organisation de l'Empire

● L'empereur vit à Rome dans le palais impérial sur la colline du Palatin. Il confie à des fonctionnaires l'administration des provinces de l'Empire. Ces fonctionnaires appartiennent à l'ordre sénatorial ou à l'ordre équestre et leur carrière dépend de l'empereur.

● Rome est administrée par des **préfets***. Le préfet du prétoire commande la garde impériale. Le préfet de la ville rend la justice. Le préfet de l'annone assure le ravitaillement de la ville et le préfet des vigiles veille à la sécurité.

● Les territoires conquis par Rome en dehors de l'Italie forment des **provinces***. Les provinces sénatoriales sont les plus anciennes et les plus riches. Les provinces impériales sont les provinces-frontières, peu sûres, où des troupes campent encore. L'empereur y est représenté par des gouverneurs militaires. Parfois subsistent des royaumes dépendants comme celui d'Hérode en Judée.

---

1 **La famille d'Auguste** *(Ara pacis, Ier siècle après J.-C., Rome).* L'autel de la Paix fut construit pour célébrer la pacification du monde par Auguste. Tous les membres de la famille impériale sont représentés sur ce bas-relief.

◆ D'après ce document, le pouvoir à Rome est-il toujours détenu par les citoyens ?

VOCABULAIRE

* **Préfet** : fonctionnaire chargé de l'administration d'un service ou d'un territoire.

* **Province** : nom donné aux territoires situés hors d'Italie et gouvernés par des magistrats romains.

2 **L'empereur Auguste égal aux dieux** (Ier siècle, musée d'Art et d'Histoire de Vienne). Assis parmi les dieux, couronné de laurier, Auguste reçoit l'hommage d'un général victorieux.

◆ *Décrivez la scène du bas.*

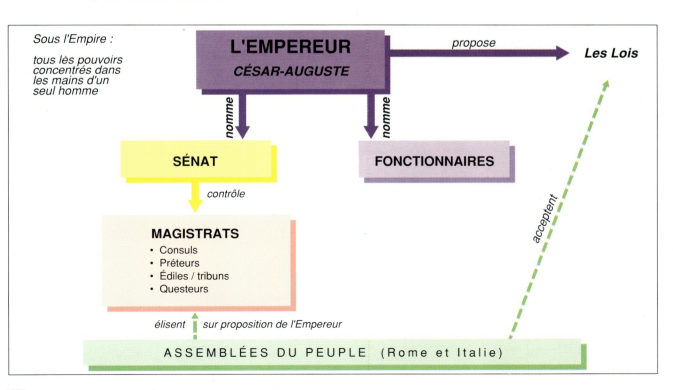

3 **L'organisation politique de l'empire romain.** ◆ *Quels sont les pouvoirs de l'empereur ?*

ACTIVITÉS ET DOCUMENTS

La Paix romaine

Pendant deux siècles, les empereurs ont fait régner la paix dans tout l'Empire. A l'intérieur du limes, les guerres entre les provinces ont cessé. Aux frontières, l'armée romaine protège la prospérité de 80 millions de personnes. La paix, la sécurité, la facilité des communications entraînent le développement d'une brillante culture gréco-latine.

1 **Le *limes* au nord de la Grande-Bretagne.** L'empereur Hadrien fit construire un mur de plus de 100 kilomètres de long pour protéger la province de Bretagne des incursions des Scots.

Dynasties impériales	JULIO-CLAUDIENS	FLAVIENS	
Empereurs : origines	PATRICIENS ROMAINS	BOURGEOIS ITALIENS	
noms	AUGUSTE — TIBÈRE — CALIGULA — CLAUDE — NÉRON	VESPASIEN — TITUS — DOMITIEN	NERVA TRAJA
1 centimètre représente 10 ans	−27 — 14 — 37 41 — 54 — 68	79 81 — 96	98
	−20 −10 J.C. 10 20 30 40 50 60	70 80 90	100
Situation intérieure	Calme dans l'Empire / Crise à Rome	Persécution des chrétiens	Ordre
Situation aux frontières	Occupation de la Bretagne / Annexion de la Maurétanie	Conquête de la Dacie	Extensi

ACTIVITÉS ET DOCUMENTS

2 Les arcs de triomphe

Élevés à la gloire des empereurs, les arcs de triomphe sont nombreux dans l'empire romain.

Il semble qu'à l'origine, les soldats victorieux revenant de la guerre passaient sous ces portes sacrées auxquelles ils accrochaient leurs armes et celles qu'ils avaient prises à l'ennemi. Ils se déchargeaient ainsi de leur violence guerrière pour redevenir de paisibles citoyens.

Sous l'Empire, l'arc de triomphe célèbre les victoires de l'empereur et sa capacité à faire régner la paix à l'intérieur des frontières.

3 L'arc de triomphe de Trajan à Bénévent (Italie).

Traduction de l'inscription :

A César Empereur, fils du divin Nerva
A Nerva Trajan, très bon Auguste
vainqueur des Germains et des Daces
Grand Pontife, Tribun du peuple (18e fois)
Général vainqueur (7e fois)
Consul (6e fois), père de la patrie
Au prince très valeureux
Le Sénat et le Peuple Romain.

QUESTIONS

◆ Retrouvez sur la frise chronologique les périodes qui ont permis de parler de « Paix romaine ».

◆ Pourquoi le siècle des Antonins fut-il appelé le « siècle d'or » ?

◆ Au IIe siècle, un orateur grec parle de la Paix romaine :
« Le monde entier est en fête [...]. Seuls demeurent malheureux ceux qui se trouvent hors de l'Empire, regrettant d'être privés de tant de joie. »

D'après ce poème, et en vous aidant de la chronologie, expliquez pourquoi il faut surveiller les frontières de l'Empire avec vigilance.

◆ Quelles sont les origines géographiques des empereurs romains ?

ANTONINS					SÉVÈRES					Dynasties impériales
PROVINCIAUX D'OCCIDENT					AFRICAINS ET ORIENTAUX					origines
HADRIEN	ANTONIN		MARC-AURÈLE	COMMODE	SEPTIME SÉVÈRE	CARACALLA	ÉLAGABAL	ALEX. SÉVÈRE		Empereurs noms
17	138		161	180	192	211	218	222	235	
120	130	140	150	160	170	180	190	200	210	220	230	240	250	1 centimètre représente 10 ans
paix, prospérité						212 Édit de Caracalla			Période d'anarchie	Situation intérieure
maximale Empire			Incursion barbare (166)		Défense assurée face à la pression barbare				Nouvelles poussées des barbares	Situation aux frontières

CHAPITRE 5 : ROME

9. Tous les chemins mènent à Rome

1. L'administration romaine

● Au Ier et au IIe siècle après J.-C., le pouvoir de l'empereur s'exerce depuis Rome, sur l'ensemble de l'Empire. Les Romains appellent la mer Méditerranée *Mare nostrum* (notre mer). Une administration efficace préserve les provinces des abus des gouverneurs. **A l'abri de frontières fortifiées constituant le** *limes*, **l'Empire connaît une grande prospérité et le commerce se développe.**

● Les voies romaines (doc. 2) s'étirent jusqu'aux confins de l'Empire. Les routes rectilignes, jalonnées de **bornes « milliaires »***, sont dallées près des villes. Elles sont sillonnées par des courriers, des voyageurs et les légions.

● Sur les fleuves et les rivières, les bateaux transportent toutes sortes de marchandises. Le commerce maritime est centré sur la Méditerranée d'où la piraterie a disparu. De grands travaux portuaires multiplient les bassins et les jetées à Ostie, port de Rome, qui reçoit des marchandises de toutes provenances (doc. 1).

1 Un navire de commerce à **Ostie** *(Bibliothèque vaticane).*

♦ *Quels produits ce navire transporte-t-il ?*

♦ *Comment s'opère le chargement ?*

2. Rome, centre du monde

● Le commerce est avant tout destiné à **ravitailler Rome** (doc. 3). Les flottes de l'annone transportent le blé qui nourrit **près d'un million de Romains.** De Gaule arrive le vin, d'Espagne l'huile et les fruits...

● Les plus riches exigent **des produits raffinés que les marchands vont chercher souvent très loin** (doc. 4). L'Europe du Nord fournit de l'ambre, des fourrures et des poissons délicats, l'Afrique des esclaves, de l'ivoire et les bêtes sauvages nécessaires aux jeux de l'**amphithéâtre***. L'Orient expédie des épices, des soieries et des parfums par la Route de la Soie qui relie la Chine aux ports de la Méditerranée.

● Toutes ces richesses qui convergent vers Rome permettent de faire vivre 200 000 personnes : de les nourrir par des **distributions gratuites de blé et d'huile,** de les distraire par les jeux de l'amphithéâtre.

VOCABULAIRE

* **Bornes milliaires** : bornes placées le long des voies romaines portant les distances routières ; le mille romain était long de 1 472 mètres.

* **Amphithéâtre** : littéralement « ce qui entoure le théâtre » ; édifice de forme ovale à l'intérieur duquel des gradins entourent une piste où se déroulent jeux et combats de gladiateurs.

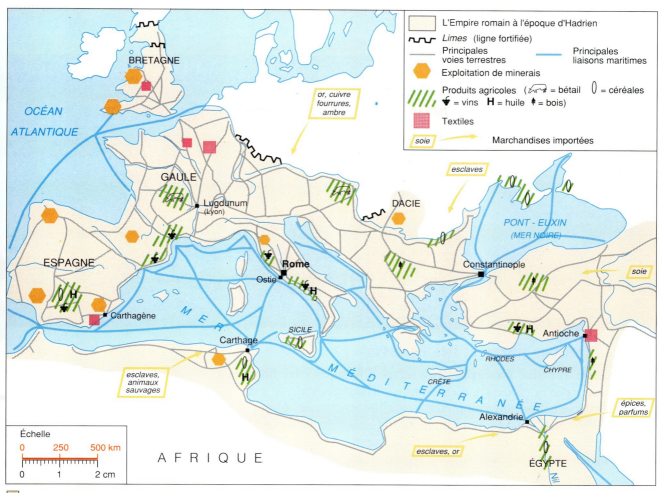

2 Les échanges économiques et les routes commerciales dans le monde romain.

♦ D'après cette carte, l'expression « Tous les chemins mènent à Rome » est-elle juste ?

3 L'annone et le ravitaillement de Rome

Pendant la mauvaise saison, la navigation est interrompue. L'annone, administration chargée du ravitaillement, ne suffit plus à approvisionner Rome. L'empereur Claude cherche une solution.

« Comme au cours d'une carence grave de l'annone, due à de mauvaises récoltes continues, Claude avait été retenu un jour en plein forum par la foule qui le conspuait et lui jetait des croûtons de pain [...] il n'imagina rien d'autre que d'organiser l'arrivée du ravitaillement même en plein hiver. Pour cela il proposa aux commerçants en gros des bénéfices assurés, prenant lui-même à sa charge les pertes qui pourraient leur arriver du fait du mauvais temps. En outre, il assura de nombreux avantages à ceux qui feraient construire des navires destinés au transport des marchandises. »

SUÉTONE, *Vies des douze Césars*, Éditions Les Belles Lettres, 1931.

4 Rome, centre du monde

En 143, Aelius Aristide, Grec d'Asie mineure, décrit la prospérité de Rome.

« De toutes parts, affluent chez vous les produits de toutes les saisons et de tous les pays. [...] A chaque saison de l'année, surtout à l'automne, tant de navires de transport viennent aborder au quai du Tibre que Rome est en quelque sorte comme le marché universel du monde. Les fruits de l'Inde et de l'Arabie sont si nombreux chez vous que l'on peut croire que tous les arbres de ces pays ont été dépouillés. [...] Les tissus de Babylone et les bijoux de la Barbarie la plus lointaine arrivent à Rome en plus grande quantité et avec plus de facilité que s'il s'agissait de transporter à Athènes un produit de Naxos. »

Cité dans G. CHARLES-PICARD et J. ROUGE, *Textes et documents relatifs à la vie économique et sociale dans l'empire romain*, SEDES, 1969.

10. La société romaine

1. Des hommes libres et des esclaves

● **La société romaine reconnaît deux sortes d'hommes : les hommes libres et les esclaves** (doc. 1). Les hommes libres peuvent se marier sans autorisation, faire du commerce, travailler et circuler à leur gré dans tout l'Empire. Il faut être un homme libre pour être citoyen c'est-à-dire voter, être magistrat ou soldat dans la légion, posséder des terres. Mais tous les hommes libres ne sont pas citoyens.

● Les esclaves sont des prisonniers de guerre ou des enfants d'esclaves qu'on achète. **Ils n'ont aucun droit et leurs maîtres les considèrent comme des « outils qui parlent ».** Ils travaillent dans les mines, sur les grands domaines agricoles, dans les services publics ou comme domestiques. A l'époque de la Paix romaine, leur nombre diminue et leur sort s'améliore (doc. 3). De plus en plus souvent, des Romains donnent la liberté à des esclaves par un acte public qui en fait des **affranchis***.

2. La hiérarchie des citoyens

● Dès l'époque républicaine, des magistrats appelés censeurs étaient chargés d'établir les listes des citoyens. Ils inscrivaient sur des registres séparés les noms des **sénateurs** et ceux des citoyens assez riches pour servir comme cavaliers dans l'armée : **les chevaliers. Ces noms figuraient selon un ordre tenant compte de la fortune et du mérite.** C'est pourquoi on parlait d'ordre sénatorial et d'ordre équestre.

● Les membres de l'ordre équestre et de l'ordre sénatorial sont des **notables*** (doc. 4). Leur fortune vient de la **propriété foncière*** (doc. 2). Les chevaliers sont également grands commerçants ou financiers.

● Le petit peuple de Rome est constitué des oisifs, mais aussi d'artisans et de petits commerçants, qui s'organisent en **collèges***.

● **Dans les provinces conquises, les notables locaux se romanisent peu à peu.** Ils parlent latin et adoptent les mœurs et la culture des Romains avec lesquels ils traitent des affaires commerciales. Certains d'entre eux reçoivent la citoyenneté romaine.

---

1 La vente d'un esclave représentée sur une stèle funéraire *(musée Campano à Capoue)*. A gauche le vendeur, à droite l'acheteur. La vente des esclaves a été très rarement représentée par les Romains.

VOCABULAIRE

* **Affranchi** : esclave rendu à la liberté par son maître.

* **Notables** : citoyens les plus riches, appelés aussi honorables, parmi lesquels se recrutent les hauts fonctionnaires.

* **Collège** : association regroupant les artisans d'un même métier. Ces associations professionnelles célèbrent leurs propres fêtes religieuses et pratiquent l'entraide.

2 Le domaine africain d'un grand propriétaire romain au IVe siècle *(musée du Bardo à Tunis)*. ◆ *Retrouvez les activités agricoles sur cette mosaïque.*

3 Comment traiter les esclaves

Au Ier siècle après J.-C., Columelle est l'auteur d'un manuel d'agronomie dans lequel il décrit la façon dont il traite ses esclaves.

« Pour les esclaves, voici les règles de conduite que j'ai toujours fidèlement observées. Je prends un ton plus familier avec les esclaves de la campagne, surtout quand leur conduite est irréprochable, qu'avec ceux de la ville. Comme la douceur d'un maître apporte quelques soulagements à leurs travaux longs et pénibles, je pousse quelquefois la familiarité jusqu'à badiner avec eux, et leur permettre de rire et de plaisanter avec moi. Souvent aussi, surtout quand il s'agit d'une nouvelle entreprise, je les consulte comme s'ils en savaient plus que moi [...]. J'ai toujours cru remarquer qu'ils abordent avec un courage tout particulier les travaux sur lesquels ils ont été consultés, s'imaginant sans doute que je ne les avais entrepris que par leur conseil. »

COLUMELLE, *L'Economie rurale*, Editions Didot, 1874.

◆ *Quel intérêt y a-t-il à bien traiter les esclaves ?*

4 Une critique de la hiérarchie des citoyens

Marius, un « homme nouveau » c'est-à-dire sans ancêtres notables, s'adresse au peuple en – 112.

« Vous m'avez chargé de faire la guerre à Jugurtha. La noblesse s'en est irritée. Réfléchissez bien s'il ne vaudrait pas mieux revenir sur votre décision, choisir dans cette bande d'aristocrates, pour remplir une telle tâche quelque personnage surchargé d'ancêtres, abondamment pourvu de leurs images et pauvre en services rendus à la patrie, afin de lui permettre de démontrer son incapacité.

Citoyens, comparez à ces patriciens superbes l'homme que je suis. Ce qu'ils ont entendu raconter, ce qu'ils ont lu, moi je l'ai vu de mes yeux, je l'ai fait de mes mains. Ce qu'ils ont appris dans les livres, moi je l'ai appris sur le champ de bataille.

Ils méprisent mes origines, moi leur bêtise. »

SALLUSTE, *Guerre de Jugurtha*, Gallimard-Pléiade, 1968.

ACTIVITÉS ET DOCUMENTS

Du pain et des jeux

A la fin de la République et sous l'Empire, les jeux sont devenus un moyen de gouvernement. Plus d'un jour sur deux est férié. Les spectateurs, nourris par des distributions gratuites de blé et d'huile, passent leur temps à applaudir au cirque et à l'amphithéâtre. A Rome et dans les provinces, ce sont les magistrats qui, à leurs frais, organisent les jeux pour cultiver leur popularité.

1 **Les jeux du cirque sur une mosaïque du IIᵉ siècle** *(musée de la Civilisation gallo-romaine à Lyon)*. Des attelages à quatre chevaux tournent autour de deux bassins. Au centre de ces bassins, des boules en forme d'œufs servent à compter le nombre des tours qui restent à faire.

2 La passion du jeu chez les Romains

Au IIᵉ siècle après J.-C., un écrivain constate l'évolution des préoccupations des Romains.

« A présent que nul n'achète plus nos votes, le public a depuis longtemps banni tout souci. Le peuple qui, jadis, octroyait des commandements, des consulats, des légions et bien d'autres choses encore, ne se mêle plus aujourd'hui de rien et n'aspire qu'à deux choses : du pain et les jeux du cirque. »

JUVÉNAL, *Satires*, Editions Les Belles Lettres, 1931.

QUESTIONS

◆ Pourquoi les empereurs romains organisent-ils des spectacles ?

◆ Pourquoi Juvénal (doc. 2) regrette-t-il que le peuple assiste aux jeux ?

◆ Ce que raconte Tacite (doc. 4) n'est-il pas encore d'actualité ?

◆ Quelles différences y a-t-il entre les jeux romains et les jeux grecs (pp. 68/69) ?

ACTIVITÉS ET DOCUMENTS

3 **Les jeux de l'amphithéâtre sur des mosaïques du IIIᵉ siècle** (*Leptis Magna en Libye*). Les gladiateurs se battaient entre eux ou contre des bêtes sauvages.

4 **Une bagarre à Pompéi en 59**

L'historien Tacite raconte un fait divers.

« Pour une raison futile, il se produisit un horrible massacre entre les habitants de Nucérie et ceux de Pompéi ; ce fut à l'occasion d'un spectacle de gladiateur. On commença par échanger des injures puis on se jeta des pierres, enfin on prit les armes ; les citoyens de Pompéi, chez qui le spectacle avait lieu, eurent le dessus [...]. Le prince [Néron] déféra l'affaire au Sénat qui décida d'interdire pour dix ans de pareilles fêtes aux Pompéiens, et les responsables de l'émeute furent condamnés à l'exil. »

D'après TACITE, *Annales*,
© Editions Gallimard, 1990.

5 **Le Colisée à Rome**, construit par les empereurs de la dynastie des Flaviens, contenait 50 000 spectateurs.

CHAPITRE 5 : ROME

11. La Gaule romaine

1. Une nouvelle organisation du territoire

- La Gaule romaine comprend quatre provinces : la **Narbonnaise** et les Trois Gaules, nouvelles provinces issues de la conquête de César : l'**Aquitaine**, la **Lyonnaise** et la **Belgique**. Chaque année, les délégués des **cités gauloises*** se réunissent à **Lugdunum (Lyon), la nouvelle capitale**. Ils prêtent serment à l'empereur et à Rome.

- Chaque cité possède un chef-lieu, tantôt d'origine celtique comme Lutétia (Paris), tantôt une ville nouvelle comme Augustodunum (Autun). Bâties pour la plupart par les Romains, ces villes sont construites en pierre, ont toutes un *forum* au croisement de deux axes principaux et se parent de monuments somptueux : théâtres (doc. 1), temples, thermes... Elles sont approvisionnées en eau par des **aqueducs***. Les communications s'améliorent. Pour faciliter le déplacement des légions et des marchands, **les Romains construisent un réseau de voies pavées.**

2. Les Gallo-Romains

- **Les Gaulois adoptent rapidement le mode de vie des Romains.** Nombreux à parler le latin, ils l'enseignent dans leurs écoles. Les plus fidèles à l'Empire deviennent citoyens romains et les plus méritants d'entre eux peuvent même entrer au Sénat (doc. 2).

- **L'agriculture demeure la principale source de richesse des Gallo-Romains.** Sous l'influence romaine la production s'accroît, des cultures nouvelles se répandent, comme la vigne. **De grands domaines agricoles se développent,** dont beaucoup sont à l'origine des villages actuels. En leur centre se trouve la *villa,* résidence du maître et ferme où travaillent esclaves et paysans libres (doc. 3 et 4).

- Les artisans, déjà réputés, profitent de la « Paix romaine » pour vendre étoffes, bijoux et céramiques dans tout l'Empire.

- Les traditions celtiques ne sont pas pour autant oubliées, surtout dans les campagnes. Les divinités gauloises, **souvent mariées aux dieux romains,** sont toujours honorées.

---

1 Le théâtre d'Orange pouvait accueillir 7 000 spectateurs *(début du Ier siècle).*

♦ *Repérez les gradins, l'orchestre où se tenait le chœur, la scène et le mur de scène.*

♦ *Comparez ce théâtre à celui de Delphes, p. 67 (doc. 2).*

VOCABULAIRE

* **Cité gauloise** : ne pas confondre avec les cités grecques (voir p. 70 et chapitre 4) ; désigne un peuple et son territoire, puis le chef-lieu de ce territoire ; il y avait 20 cités en Narbonnaise et 60 dans les Trois Gaules.

* **Aqueduc** : du latin *aqua,* « eau » et *ducere,* « conduire » ; l'aqueduc est une conduite qui amène l'eau dans les villes.

2 L'intégration des élites gauloises

A partir de 48, par un édit de l'empereur Claude, les Gaulois peuvent devenir sénateurs. Cette décision suscite de vives discussions dans l'entourage de l'empereur.

« Ne suffisait-il pas que (les Gaulois de Cisalpine) aient fait irruption au Sénat, sans qu'on y fasse entrer une foule d'étrangers, comme une bande de prisonniers de guerre ? Quel honneur resterait-il à ce qui survivait de la noblesse ou à quelque habitant pauvre du Latium devenu sénateur ? Ces riches rempliraient tout, eux dont les grands-pères ou les arrière-grands-pères, à la tête de nations ennemies, avaient taillé en pièces nos armées, assiégé le dieu César devant Alésia. Tels étaient les faits récents, mais que serait-ce si on rappelait le souvenir des hommes qui, au pied du Capitole et de la citadelle romaine, avaient été abattus par les mains des mêmes Gaulois ? Qu'ils jouissent, certes, du titre de citoyens, mais que les insignes sénatoriaux, les honneurs des magistratures ne soient pas donnés à n'importe qui ! »

TACITE, *Annales*, © Editions Gallimard, 1990.

♦ De quand datent les événements évoqués ?
♦ Quelles sont les raisons avancées contre l'édit ?

3 Vue aérienne des ruines de la villa gallo-romaine de Montmaurin en Haute-Garonne.

4 Reconstitution de la villa de Montmaurin d'après une maquette. Cette grande exploitation agricole, résidence d'un riche propriétaire terrien, employait 500 personnes et exploitait 1 500 hectares.

♦ Dessinez le plan de cette villa en vous aidant du document 3.

12. Les religions des Romains au fil du temps

1. Dieux des foyers et dieux de l'État

● Une multitude de divinités interviennent dans tous les actes de la vie quotidienne. A la maison, c'est le père de famille qui entretient le feu sur un autel. Il dépose des offrandes et prie pour obtenir la bienveillance des morts et honorer les dieux du foyer.

● Les Romains honorent les dieux des forces de la nature (doc. 2). **Ils adoptent les dieux des peuples vaincus** (doc. 4). C'est pourquoi les dieux romains ont souvent les fonctions des dieux grecs (doc. 3). **Jupiter, qui règne sur tous les dieux, est *Zeus pater*,** « Zeus le vénérable », dieu des sommets, de la foudre et de la jeunesse. Magistrats et prêtres sollicitent la protection des dieux par des sacrifices d'animaux (doc. 1). **Les Vestales,** prêtresses de la déesse Vesta, protectrice de la ville, **entretiennent le feu sacré qui ne doit jamais s'éteindre.**

● **Avant de prendre une décision, il faut consulter les dieux.** Selon un rite datant des Étrusques, les **augures*** observent le vol des oiseaux et les **haruspices*** étudient le foie des animaux sacrifiés.

2. Culte impérial et religions à mystères

● A partir d'Auguste, un culte nouveau s'ajoute à ceux de la religion traditionnelle. Déjà Jules César avait été déclaré divin. **Auguste devenu empereur laisse se développer un culte autour de sa personne.** Désormais, le Sénat décide de la divinisation des empereurs qu'il souhaite honorer après leur mort. Cet honneur s'appelle l'**apothéose*.**

● Ni la religion traditionnelle, ni le culte impérial ne peuvent répondre aux interrogations face à la mort. **Les religions apportées d'Orient par les marchands, les esclaves et les soldats** donnent des réponses (doc. 5). Ces **religions à mystères*** connaissent un grand succès. Le dieu perse **Mithra** est honoré par des sacrifices de taureaux. Les initiés, ceux qui sont dans le secret, gagnent leur salut après la mort en s'appliquant pendant leur vie à faire triompher le bien. Ces cultes orientaux qui promettent le salut ouvrent la voie au christianisme.

---

1 Un sacrifice d'animaux du Ier siècle *(Musée du Louvre)*. Le grand pontife, tête couverte de sa toge, se tient devant un autel.

◆ *Quels sont les animaux sacrifiés ?*

VOCABULAIRE

* **Augures** : prêtres qui observent les signes de la nature pour connaître la volonté des dieux.

* **Haruspices** : prêtres chargés d'interpréter les présages en observant les entrailles des victimes (tradition d'origine étrusque).

* **Apothéose** : divinisation d'un empereur à sa mort, sur décision du Sénat ; l'empereur est déclaré dieu et son culte est assuré par un collège de prêtres.

* **Religion à mystères** : les mystères sont les cérémonies à la suite desquelles les initiés apprenaient les secrets qu'ils ne devaient pas révéler.

2 Le temple de Portunus, dieu des ports, à Rome *(Ier siècle avant J.-C.)*. Ce temple bien conservé est situé près des quais et des entrepôts du Tibre.

◆ *Dans quel style ce temple est-il construit (voir p. 77) ?*

3 Dieux romains et dieux grecs

Nom latin	Nom grec	Nom latin	Nom grec	Nom latin	Nom grec
Jupiter	Zeus	Diane	Artémis	Mercure	Hermès
Junon	Héra	Vénus	Aphrodite	Cérès	Déméter
Minerve	Athéna	Mars	Arès	Vulcain	Héphaïstos
Apollon	Apollon	Neptune	Poséidon		

◆ *Retrouvez la fonction de chacun de ces dieux (voir p. 63).*

4 L'adoption des dieux étrangers

En −204, épouvantés par la présence des armées carthaginoises d'Hannibal en Italie, les Romains font venir d'Orient le culte de la déesse Cybèle.

« La cité avait été brusquement envahie par l'inquiétude religieuse à la suite de la découverte d'un oracle dans les livres Sibyllins, que la fréquence redoublée des pierres tombées du ciel avait obligé à examiner : ''Lorsqu'un ennemi étranger aura fait de la terre italique le théâtre d'une guerre apportée par lui, il sera possible de le chasser d'Italie et de le vaincre, à condition que la Mère Idéenne soit, depuis Pessinonte, à Rome transportée.'' [...] On avisa aux moyens de transporter à Rome la déesse [...] *[La statue arriva par navire à Ostie].* On la conduisit au temple de la Victoire. »

TITE-LIVE, *Histoire romaine*, Editions Didot, 1874.

◆ *Pourquoi les Romains adoptent-ils cette déesse ?*

5 Le culte d'Isis, religion à mystères

Pour les Égyptiens de l'Antiquité, Isis est l'épouse du dieu Osiris et la mère d'Horus. Elle symbolise l'épouse fidèle et la mère dévouée. Au IIe siècle après J.-C., le philosophe romain Apulée, initié au culte d'Isis, croit à l'immortalité de l'âme. Il adresse une prière à la déesse égyptienne.

« Ô sainte, toi qui veilles sans te lasser sur le salut du genre humain, toujours prodigue envers les mortels des soins qui les raniment, tu dispenses à l'infortuné la douce tendresse d'une mère. Il n'est ni jour, ni nuit, ni instant fugitif que tu laisses passer sans le marquer de tes bienfaits, sans protéger les hommes sur mer et sur terre, sans chasser loin d'eux les orages de la vie, sans leur tendre une main secourable. »

APULÉE, *Métamorphoses*, Editions Les Belles Lettres, 1940.

◆ *Quel secours l'auteur attend-il de la déesse Isis ?*

ACTIVITÉS ET DOCUMENTS

Timgad, ville de province

Voici les ruines de Timgad, en Algérie. Colonie de vétérans de l'armée d'Afrique fondée par Trajan en 100, Timgad fut un poste militaire destiné à une garnison qui devait maintenir la paix face aux pillards nomades. Cette ville fut prospère, vivant grâce aux ressources agricoles des hautes plaines du Constantinois.

↑ Timgad est construite comme un camp de légionnaires mais en pierre. Des quartiers de forme irrégulière ont débordé le périmètre primitif aux IIe et IIIe siècles.

Timgad était parsemée de constructions magnifiques : deux portes monumentales dont l'arc de triomphe de Trajan, un forum, des marchés, des temples, des thermes, un théâtre, une bibliothèque... Encore lisible, une inscription tracée sur une dalle du forum rappelle en latin l'idéal des Romains : « Chasser, se baigner, jouer, rire, voilà la vie ! »

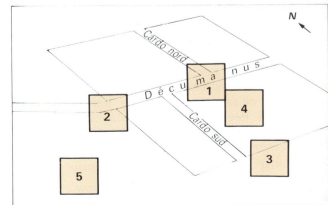

ACTIVITÉS ET DOCUMENTS

■ Le forum (1)

Jadis entourée de portiques et ornée de statues, cette place de 50 m sur 43 m est le centre de la vie citadine. Elle est bordée :
— à l'est, par la basilique civile qui servait de tribunal ;
— à l'ouest, par un temple dédié à Trajan, une tribune d'où l'on parlait aux citoyens et la curie où se réunissait le conseil municipal ;
— au sud, par des boutiques ;
— au nord, par des salles où se réunissaient les groupes religieux et administratifs de la cité.

■ Le marché (2)

Ce marché fut construit au début du IIIe siècle, à l'extérieur de l'enceinte primitive. La cour est entourée de colonnades et ornée en son milieu d'un bassin. Elle est bordée au nord par six logettes qui étaient des boutiques et au sud par sept autres boutiques en hémicycle. Un autre marché existait à l'est du forum.

■ Les thermes (3)

Les grands thermes du Sud, situés à l'extérieur de la ville, à l'extrémité du Cardo sud, comprenaient un gymnase, deux piscines pour les bains froids *(frigidarium)*, deux salles avec baignoires pour les bains chauds *(caldarium)*, de vastes latrines au pavement en mosaïques, des fourneaux et des magasins à combustible. Timgad avait trois autres grands thermes.

■ Le théâtre (4)

Construit au milieu du IIe siècle au sud du forum, le théâtre, fidèle au plan grec, dresse ses trois séries de gradins semi-circulaires autour de l'orchestre que domine la scène. Un portique de 16 colonnes forme la façade ouest du théâtre. 3 500 spectateurs pouvaient, ici, assister à des tragédies, à des comédies ou à des farces.

■ Le capitole (5)

Cet ensemble religieux, situé hors des limites de la ville primitive, date du IIe siècle. C'est une vaste enceinte de 90 m sur 62 m bordée de portiques. Sur une plate-forme s'élève un temple dont la façade comportait six colonnes. Ce temple est dédié à Jupiter très Bon, très Grand ; on en trouve de semblables à Rome et dans toutes les villes d'Italie et des provinces.

ACTIVITÉS ET DOCUMENTS

Pompéi, 24 août 79

Ce jour-là, une éruption du Vésuve ensevelit les villes de Campanie sous une pluie de cendres ou des coulées de lave. Contrairement à Timgad, détruite par l'usure des siècles, Pompéi et Herculanum furent détruites en quelques heures. Depuis 1860, des fouilles systématiques nous livrent des documents extraordinaires sur la vie des Romains au Ier siècle.

1 Pline le Jeune raconte l'éruption du Vésuve

Pline le Jeune est le neveu de Pline l'Ancien, amiral de l'escadre de la Méditerranée. Dans une lettre à son ami l'historien Tacite, en 104, il raconte la mort de son oncle.

« Mon oncle se trouvait à Misène et commandait la flotte en personne. Le 9e jour avant les calendes de septembre, aux environs de la 7e heure, ma mère lui fait savoir qu'apparaît une nuée d'une grandeur et d'un aspect exceptionnels : [...] elle ressemblait à un pin. [...] Je crois qu'elle avait été portée par un récent courant d'air, puis, quand celui-ci était retombé, la nuée, vaincue par son propre poids, s'évanouissait en s'élargissant, blanche parfois, parfois grise et tachée, suivant qu'elle était chargée de terre ou de cendres.

Le phénomène parut à mon oncle important et digne d'être étudié de plus près. Il fait armer une galère et se hâte vers la région que d'autres fuient. [...] Déjà de la cendre tombait sur les navires, [...] déjà aussi des pierres ponces, des cailloux noirs, brûlés, éclatés par le feu, se voyaient, déjà les roches écroulées interdisaient le rivage. »

[Pline aborde à Stabies et s'installe chez un ami.]

« Le Vésuve brillait en plusieurs endroits de flammes très larges et de grandes colonnes de feu dont le vif éclat était avivé par les ténèbres de la nuit. [...] Faut-il rester dans la maison ou aller dehors ? De fait, les maisons chancelaient à la suite de fréquents et importants tremblements de terre. En plein air d'autre part, on craignait la chute des pierres ponces, pourtant légères et poreuses : c'est cela que l'on préféra après comparaison des dangers. On décida de se rendre sur le rivage. Quand le jour revint, c'est là que le corps de mon oncle fut trouvé intact. »

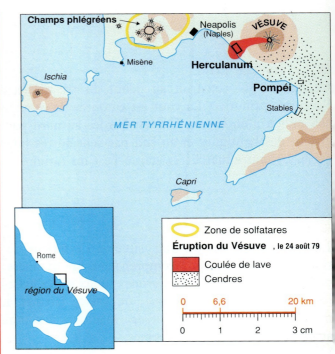

2 Le Vésuve, Pompéi et la baie de Naples.

3 **Inscription rue de l'Abondance à Pompéi :** un candidat se présente à des élections. A Pompéi, les murs parlent ! Petites annonces, déclarations d'amour, états d'âme... ont été retrouvés sous les cendres.

ACTIVITÉS ET DOCUMENTS

4 L'atrium de la maison samnite à Herculanum.

5 Un habitant de Pompéi terrassé alors qu'il fuyait.

QUESTIONS

◆ Recherchez dans ce manuel d'autres documents concernant Pompéi.

◆ Observez les documents de cette double page : sont-ils tous de même nature ? Datez-les.

◆ Pour quelles raisons Pline l'Ancien s'exposa-t-il au danger ?

◆ Repérez le trajet de Pline l'Ancien sur la carte.

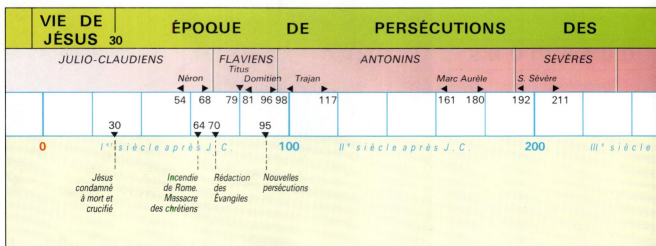

VIE DE JÉSUS 30	ÉPOQUE		DE			PERSÉCUTIONS			DES	
JULIO-CLAUDIENS		FLAVIENS Titus		ANTONINS				SÉVÈRES	
	Néron		Domitien	Trajan			Marc Aurèle	S. Sévère	
	54	68	79	81	96	98	117	161	180	192	211
	30		64	70		95				
0	Iᵉʳ siècle après J.C.					100	IIᵉ siècle après J.C.		200	IIIᵉ siècle
	Jésus condamné à mort et crucifié		Incendie de Rome. Massacre des chrétiens	Rédaction des Évangiles		Nouvelles persécutions				

Chapitre 6

LE CHRISTIANISME

« Il n'y a ni Juif ni Grec, il n'y a ni esclave ni homme libre, il n'y a ni homme ni femme ; car tous vous ne faites qu'un dans le Christ Jésus. Mais si vous appartenez au Christ vous êtes donc la descendance d'Abraham. »

PAUL, *Épître aux Galates* 3, 28-29, B.J.

1 Visage du Christ peint dans les catacombes de Commodilla à Rome au IVᵉ siècle. Les catacombes sont des cimetières souterrains. Les premiers chrétiens s'y retrouvaient et y ont aménagé des chapelles aux murs ornés de peintures religieuses.

PLAN DU CHAPITRE

1. Jésus de Nazareth 132/133
2. L'expansion du christianisme 134/135
3. L'empire romain devient chrétien 136/137

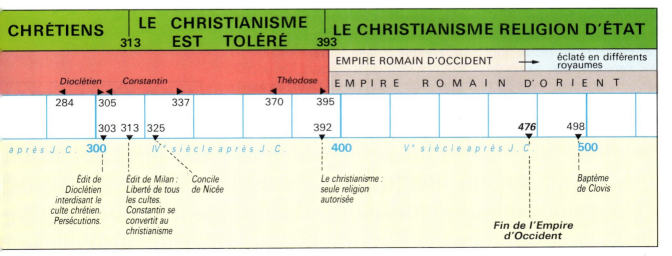

CHAPITRE 6 : LE CHRISTIANISME

1. Jésus de Nazareth

1. Les Juifs au temps de Jésus

- Au temps de Jésus, **la Palestine fait partie de l'empire romain** (doc. 2). La Judée est gouvernée par Ponce Pilate, la Galilée par le roi Hérode. Les Juifs discutent beaucoup de religion et de politique. Certains pensent que **le Messie annoncé par les prophètes** rétablira le royaume d'Israël dans toute sa gloire. D'autres croient plutôt qu'il viendra purifier le peuple de ses **péchés***. On discute aussi de la résurrection des morts.

- Ces débats ne sont pas limités à la Palestine. Beaucoup de Juifs se sont installés dans les grandes villes du monde gréco-romain. Certains sont même devenus citoyens romains mais cela ne les empêche pas de **rester fidèles à leur Dieu et d'attendre le Messie**.

2. La vie de Jésus

- **Jésus de Nazareth** naît pendant le règne d'Auguste dans la ville de Bethléem. Ses parents, Marie et Joseph, sont de la descendance du roi David mais de condition modeste. Ils sont venus là pour participer au **recensement*** organisé dans tout l'empire romain. Comme tous les petits Juifs, Jésus est présenté au Temple, puis il vit à Nazareth avec ses parents. A 30 ans, il se fait **baptiser*** par Jean dit le Baptiste dans les eaux du Jourdain (doc. 3). **Ce geste de purification inaugure sa vie publique. Il rassemble douze Apôtres**, qu'il choisit surtout parmi les humbles, les pêcheurs du lac de Tibériade, comme Simon-Pierre.

- Parcourant les routes de Judée et de Galilée, il dénonce l'hypocrisie de ceux qui pratiquent les rites sans avoir la pureté du cœur. **Sa parole, très écoutée du peuple** (doc. 1), **déplaît souvent aux puissants et aux riches**. Il est accusé de **blasphème*** pour avoir dit qu'il était le Fils de Dieu. Il est également accusé de porter atteinte au pouvoir de César, car on l'appelle « Roi des Juifs ».

- A 33 ans, Jésus est arrêté. **Il est crucifié** comme l'étaient les agitateurs politiques ou les brigands. Ses disciples affirment qu'ils ont trouvé son tombeau vide au matin de la Pâque (doc. 4 et 5). **Ils proclament que Jésus est ressuscité** et qu'ils l'ont rencontré plusieurs fois.

---

1 Le Christ enseignant parmi les Apôtres *(catacombe de Domitilla à Rome, IVe siècle).*

♦ *Quel est l'intérêt de cette scène pour les chrétiens ?*

VOCABULAIRE

* **Péché** : acte par lequel l'homme s'oppose à Dieu.

* **Recensement** : enquête destinée à compter la population d'un État.

* **Baptiser** : plonger une personne dans l'eau pour la laver symboliquement de ses péchés.

* **Blasphème** : insulte faite à Dieu.

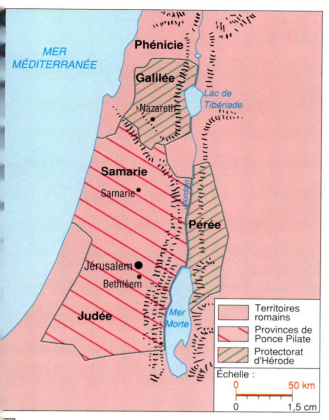

2 La Palestine au temps de Jésus.

◆ Pourquoi parle-t-on de Jésus de Nazareth alors qu'il est né à Bethléem ?

3 Le baptême de Jésus

Au temps de Jésus, certains Juifs attachent une grande importance au baptême. Ils le considèrent comme un rite de pardon. Jésus se fait lui aussi baptiser.

« Jean le Baptiste parut dans le désert, proclamant un baptême de repentir pour la rémission des péchés. Et vers lui s'en allaient tout le pays de Judée et tous les habitants de Jérusalem et ils se faisaient baptiser par lui dans les eaux du Jourdain, en confessant leurs péchés.

Jean annonçait dans sa prédication : ''Voici que vient derrière moi celui qui est plus puissant que moi ; je ne suis pas digne de me courber à ses pieds pour délier la courroie de ses chaussures. Pour moi je vous ai baptisés avec de l'eau, mais lui vous baptisera avec l'Esprit Saint.''

En ce temps-là Jésus fut baptisé par Jean dans le Jourdain. Au moment où il remontait de l'eau, il vit les cieux se déchirer et l'Esprit comme une colombe descendre sur lui ; et des cieux vint une voix : ''Tu es mon fils bien-aimé, tu as toute ma faveur.'' »

Évangile de Marc, 1, 4-11, B.J.

◆ Quels détails montrent que le baptême de Jésus n'a pas le même sens que celui des autres Juifs ?

4 Le tombeau vide

Au matin de la Pâque, les femmes qui avaient assisté à la mort de Jésus se rendent à son tombeau.

« Quand le sabbat fut passé, Marie de Magdala, Marie mère de Jacques et Salomé [...] vont au tombeau comme le soleil se levait. Elles se disaient : ''Qui nous roulera la pierre hors de l'entrée du tombeau ?'' Et ayant regardé elles virent que la pierre avait été roulée de côté : or, elle était fort grande. Etant entrées dans le tombeau, elles virent un jeune homme, vêtu d'une robe blanche. Il leur dit : ''Ne vous effrayez pas. C'est Jésus que vous cherchez : il est ressuscité. Il n'est pas ici.'' »

Évangile de Marc, 16, 1-6, B.J.

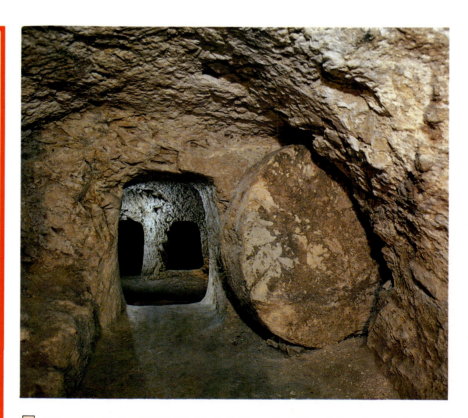

5 Un tombeau semblable à celui où Jésus fut déposé. La pierre était roulée devant l'entrée pour la fermer.

CHAPITRE 6 : LE CHRISTIANISME

2. L'expansion du christianisme

1 Poisson et pains eucharistiques de la catacombe Saint-Callixte à Rome (IIIᵉ siècle). Le poisson était un signe secret de reconnaissance entre les premiers chrétiens. Poisson se dit *ictus* en grec : les lettres de ce mot sont les initiales de « Jésus-Christ Fils de Dieu Sauveur » en grec.

1. Le message de Jésus

● **Jésus se présente comme le Christ, le Messie promis aux Hébreux.** Il ne vient pas détruire la Loi donnée à Moïse sur le Sinaï, mais il affirme qu'elle doit conduire les hommes à la **miséricorde*** de Dieu. **L'amour de Dieu s'adresse à tous les hommes.** Jésus promet la vie éternelle à ceux qui croiront en lui. Décidé à vivre selon sa foi, le disciple de Jésus aime son prochain et même ses ennemis ! Il pardonne à ceux qui l'ont offensé. Il n'attache pas trop d'importance aux biens matériels. Richesse et pouvoir doivent être utilisés au service de tous (doc. 3).

● Jésus parle en **paraboles*** qui souvent déconcertent son auditoire (doc. 4). **Ses miracles rapportés par les quatre Évangélistes** montrent que Dieu veut que les malades soient guéris, que les aveugles voient, que les morts ressuscitent (doc. 2).

2. Le christianisme se répand dans l'Empire

● Après la **Pentecôte***, des communautés chrétiennes se fondent dans tout l'Empire. Paul, un Juif citoyen romain, fait admettre par les Apôtres que les non-Juifs peuvent suivre Jésus sans se convertir d'abord au judaïsme. **Dès lors les communautés, ou Églises, se multiplient** (doc. 1). A Antioche, les disciples de Jésus reçoivent le nom de chrétiens.

● Les Églises, nombreuses dans les ports et les villes commerçantes, sont composées de membres de tous les groupes sociaux. Elles se réunissent sous la direction des Apôtres puis d'un **évêque***. Elles célèbrent l'**Eucharistie***, rappelant ainsi la Cène, dernier repas de Jésus avec ses disciples.

● **Les Églises sont liées les unes aux autres.** Des lettres, ou Épîtres, des Apôtres aux Églises ont été conservées. Avec les Évangiles et le récit de la vie des premiers chrétiens écrit par Luc, elles constituent le **Nouveau Testament, suite pour les chrétiens de la Bible des Hébreux, ou Ancien Testament.** Les évêques se réunissent en concile pour prendre les décisions qui concernent l'**Église universelle**.

VOCABULAIRE

* **Miséricorde** : pardon des péchés.

* **Parabole** : récit imagé qui donne un enseignement à partir d'une histoire simple servant d'exemple.

* **Pentecôte** : fête qui a lieu 50 jours après Pâques ; chez les chrétiens, la Pentecôte rappelle la descente de l'Esprit Saint sur les Apôtres ; à partir de ce jour, les Apôtres commencèrent à prêcher : c'est le début de l'Église.

* **Évêques** : successeurs des Apôtres.

* **Eucharistie** : partage du pain et du vin en mémoire du dernier repas pris par Jésus avec ses Apôtres, la veille de sa mort.

2 **Jonas jeté à la mer** *(église Saints-Pierre-et-Marcelin à Rome).* La Bible raconte la légende de Jonas resté trois jours dans le ventre d'un gros poisson. Il en sort vivant, comme Jésus de son tombeau. Les premiers chrétiens ont souvent représenté l'histoire de Jonas dans les lieux où ils se réunissaient pour prier.

3 **Les tentations de Jésus**

Jésus, avant d'agir en public, se rend au désert pour prier et réfléchir.

« Il jeûna quarante jours et quarante nuits, après quoi, il eut faim. Et Satan, le diable, l'abordant lui dit : "Si tu es fils de Dieu, ordonne que ces pierres se changent en pains." Mais il répliqua : "Il est écrit : l'homme ne vit pas seulement de pain, mais de toute parole qui sort de la bouche de Dieu." [...]

Le diable l'emmène encore sur une très haute montagne, lui montre tous les royaumes du monde et lui dit : "Tout cela je te le donnerai, si tu tombes à mes pieds et m'adores." Alors Jésus lui dit : "Retire-toi Satan ! car il est écrit : c'est le Seigneur ton Dieu que tu adoreras, c'est à lui seul que tu rendras un culte." »

Évangile de Matthieu, 4, 1-10, B.J.

♦ *Expliquez les réponses faites par Jésus à Satan.*

4 **La parabole du semeur**

« Écoutez ! voici que le semeur est sorti pour semer. Comme il semait, une partie du grain est tombée sur le bord du chemin et les oiseaux sont venus tout manger. Une autre est tombée sur le sol pierreux où elle n'avait pas beaucoup de terre, et aussitôt elle a germé et lorsque le soleil s'est levé, elle a été brûlée et, faute de racine, s'est desséchée. Une autre est tombée dans les épines et les épines l'ont étouffée et elle n'a pas donné de fruit. D'autres sont tombées dans la bonne terre et elles ont donné du fruit. [...]

Le semeur, c'est la Parole de Dieu qu'il sème. Ceux qui sont au bord du chemin où la Parole est semée sont ceux qui ne l'ont pas plutôt entendue que Satan arrive et enlève la Parole semée en eux. Ceux qui reçoivent la semence sur les endroits pierreux sont ceux qui, lorsqu'ils entendent la Parole, l'accueillent aussitôt avec joie, mais ils n'ont pas de racine et sont les hommes d'un moment ; survienne une persécution, aussitôt ils succombent. Il y en a d'autres qui reçoivent la semence dans les épines ; ceux-ci ont entendu la parole mais les soucis du monde, la séduction de la richesse et les autres convoitises les envahissent et étouffent la Parole, qui ne peut faire du fruit. »

Évangile de Marc, 4, 1-9, 14-19, B.J.

♦ *Complétez l'explication de cette parabole.*

CHAPITRE 6 : LE CHRISTIANISME

3. L'empire romain devient chrétien

1. Le temps des persécutions

● Au début, les chrétiens sont considérés comme membres d'une **secte*** juive. Ils sont tolérés. En effet la religion juive est autorisée par la loi. Mais peu à peu les chrétiens se séparent des Juifs.

● Comme ils fuient les lieux publics, ne vont pas aux thermes ni au théâtre, l'opinion publique devient très hostile aux chrétiens (doc. 4). De plus **on leur reproche de refuser les dieux romains, de ne pas vouloir faire de sacrifice à l'empereur.** Ainsi ils se mettent à part et **menacent la cohésion de l'Empire.** Partager le culte des mêmes dieux est en effet très important dans l'Antiquité. « Que personne n'ait de dieux à part, ni nouveaux, ni étrangers, s'ils ne sont pas reconnus par l'État », disait déjà Cicéron au Iᵉʳ siècle avant J.-C.

● **Les persécutions contre les chrétiens sont terribles** mais souvent brèves et localisées (doc. 2 et 3). Par contre au IIIᵉ et au début du IVᵉ siècle elles sont générales dans tout l'Empire, à plusieurs reprises. De toute façon, le culte chrétien continue en secret et les **martyrs***, par leur foi et leur courage, suscitent des **conversions***.

2. Le christianisme, religion d'État

● De mieux en mieux organisé, le christianisme s'implante solidement (doc. 1). Les évêques des grandes villes, Antioche, Alexandrie, Constantinople, acquièrent une grande autorité. **L'évêque de Rome, le Pape, est considéré comme le successeur de l'Apôtre Pierre.** Ne pouvant consolider l'unité de l'Empire autour des dieux traditionnels, **l'empereur Constantin accorde la liberté de culte par un édit signé à Milan en 313** (doc. 5).

● **En 392, l'empereur Théodose fait du christianisme la seule religion autorisée** dans l'empire romain et le culte des dieux antiques est interdit. Par là, l'Empire tente de sauver son unité en liant l'Église chrétienne au régime politique.

1 **Ruines de la Damous el Karita à Carthage.** A cet endroit, des chrétiens se réunissaient pour prier.

◆ *Comment expliquer la présence de chrétiens à Carthage ?*

VOCABULAIRE

* **Secte** : ensemble de personnes qui ont la même croyance religieuse.

* **Martyr** : personne qui accepte de mourir plutôt que de renier sa foi.

* **Conversion** : changement d'opinion ou de religion ; ici, devenir chrétien.

136

2 Les persécutions contre les chrétiens

Le 18 juillet 64, un grand incendie éclate à Rome. Il fait de nombreuses victimes et détruit un tiers de la ville. Le bruit court que l'empereur Néron a ordonné qu'on allume l'incendie et qu'il a chanté devant les flammes un poème sur la destruction de Troie. Néron cherche à faire cesser cette rumeur.

« Il supposa des coupables et infligea des tourments raffinés à ceux que leurs abominations faisaient détester et que la foule appelait chrétiens. Ce nom leur vient du Christ, que, sous le principat de Tibère, Ponce Pilate avait livré au supplice. Réprimée sur le moment, cette détestable superstition perçait de nouveau, non pas seulement en Judée, où le mal avait pris naissance, mais encore dans Rome, où afflue tout ce qu'il y a d'affreux ou de honteux dans le monde. On commença donc par se saisir de ceux qui confessaient leur foi, puis, sur leurs révélations, une multitude d'autres, qui furent convaincus moins du crime d'incendie que de haine contre le genre humain. »

D'après TACITE, *Annales*, Gallimard-Pléiade, 1990.

♦ *D'après Tacite, pour quelles raisons les chrétiens sont-ils accusés d'avoir incendié Rome ?*

3 Un chrétien livré aux fauves à Leptis Magna (IIIᵉ siècle, Libye).

4 Le témoignage d'un chrétien

Tertullien, écrivain latin né à Carthage, répond en 197 aux accusations formulées contre les chrétiens.

« On nous accuse d'être des gens inutiles en affaires. Comment pourrions-nous l'être ? Nous qui vivons avec vous, qui avons même nourriture, même vêtement, même genre de vie que vous, qui sommes soumis aux mêmes nécessités de l'existence ?

Nous ne sommes pas des habitants des forêts [...]. Nous nous souvenons que nous devons de la reconnaissance à Dieu, comme au Seigneur et Créateur de toutes choses ; pas un fruit de ses œuvres que nous rejetions. [...] C'est pourquoi fréquentant votre forum, votre marché, vos boutiques, vos magasins, vos hôtelleries, vos foires, et les autres lieux de commerce, nous habitons ce monde avec vous. Avec vous encore nous naviguons, avec vous, nous servons comme soldats, nous travaillons la terre, nous faisons le commerce. [...] Comment pouvons-nous paraître inutiles à vos affaires ? Vraiment je ne le comprends pas. »

TERTULLIEN, *Apologétique*, Éd. Les Belles Lettres, 1961.

♦ *Que pense Tertullien des accusations formulées contre les chrétiens ?*

5 L'empereur Constantin et les chrétiens

En 312, après une campagne militaire victorieuse, Constantin rentre triomphalement à Rome. Il met fin à la persécution contre les chrétiens.

— **Proclamation aux habitants des provinces orientales**

« Que chacun suive l'opinion qu'il préfère [...], que personne ne cherche querelle à un autre à cause de ses opinions. Que [les païens] conservent tant qu'ils le voudront les temples du mensonge. Nous, nous gardons la splendide demeure de la vérité. »

— **L'édit de Milan (313)**

« Nous avons résolu d'accorder aux chrétiens et à tous les autres la liberté de pratiquer la religion qu'ils préfèrent, afin que la divinité qui réside dans le ciel soit propice et favorable aussi bien à nous qu'à tous ceux qui vivent sous notre domination. Il nous a paru que c'était un système très bon et très raisonnable de ne refuser à aucun de nos sujets, qu'il soit chrétien ou qu'il appartienne à un autre culte, le droit de suivre la religion qui lui convient le mieux. »

EUSÈBE, *Vie de Constantin*, IVᵉ siècle.

♦ *D'après Constantin, en quoi consiste la tolérance ?*

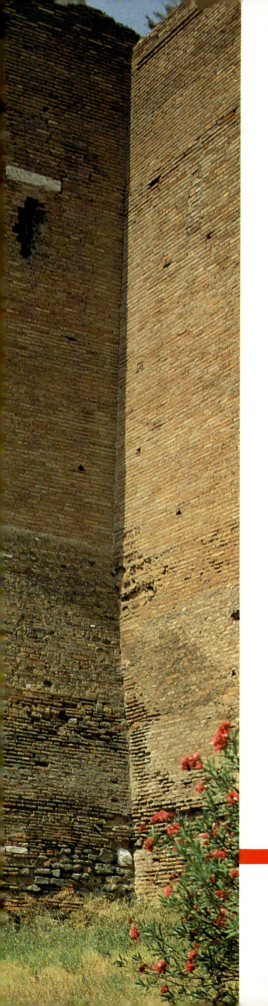

Chapitre 7

L'EMPIRE ROMAIN ET LES BARBARES

« Un silence et une solitude aussi vastes que le bruit et le tumulte des hommes qui se pressaient jadis sur ce sol. [...] On dirait qu'aucune nation n'a osé succéder aux maîtres du monde dans leur terre natale. »

CHATEAUBRIAND, *Lettre à Monsieur de Fontanes (1804)*, Privat, 1945.

PLAN DU CHAPITRE

Carte de localisation
et frise chronologique :

Les migrations barbares et la division de
l'empire romain 140/141

1. Les migrations barbares 142/143

2. L'Empire disloqué 144/145

Le mur d'Aurélien à Rome. Au IIIᵉ siècle, l'empereur Aurélien fit construire cette enceinte de 19 kilomètres pour protéger Rome. Des tours carrées se succèdent tous les 30 mètres.

LES MIGRATIONS BARBARES ET LA DIVISION DE

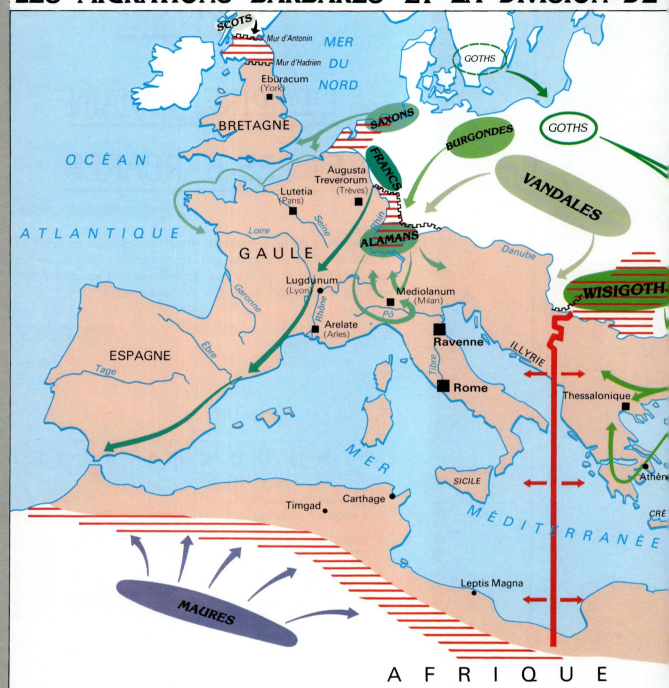

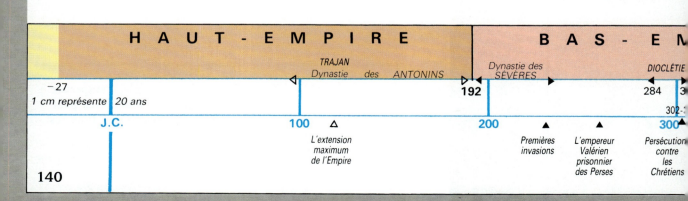

L'EMPIRE ROMAIN

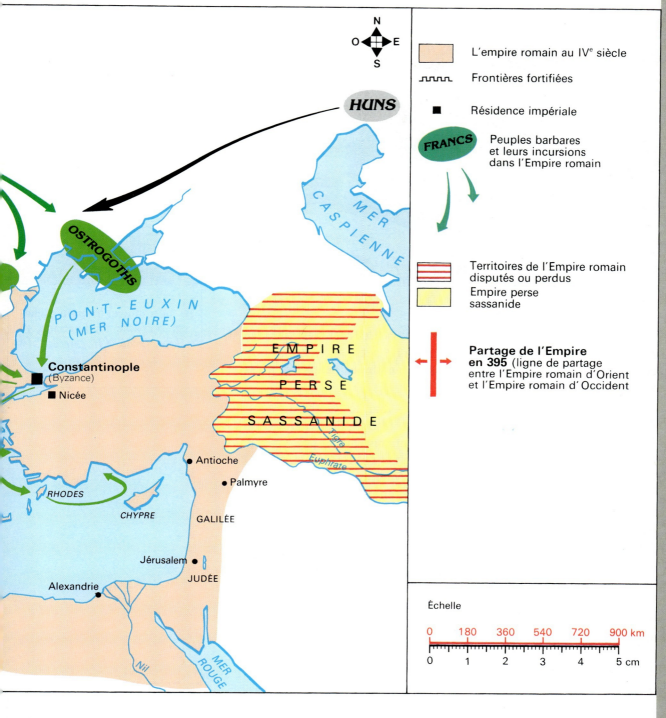

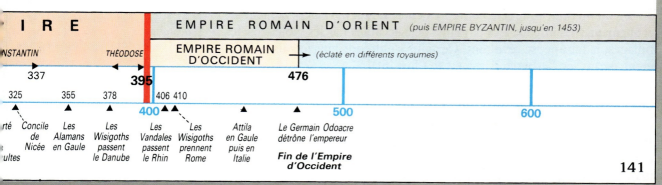

CHAPITRE 7 : L'EMPIRE ROMAIN ET LES BARBARES

1. Les migrations barbares

[1] Un officier romain à cheval terrasse un barbare, Iᵉʳ siècle. *(musée d'Histoire de l'Art à Vienne).*

1. L'Empire harcelé

● Déjà en —102 les Romains avaient chassé des **barbares*** qui étaient arrivés jusqu'en Narbonnaise. A partir du IIIᵉ siècle après J.-C., sous les empereurs de la dynastie des Sévères, **de nombreux peuples se pressent aux frontières de l'Empire.**

● Pour des raisons que nous connaissons mal, les Goths quittent les régions scandinaves. Les Vandales, les Burgondes et les Francs (doc. [1]) fuient devant eux. **Des tribus entières entrent peu à peu dans l'Empire.** Elles espèrent y trouver du butin et des terres à cultiver. Les Saxons pillent les côtes de Bretagne. Les Maures menacent les provinces d'Afrique. En Mésopotamie, les Perses en profitent pour reprendre le pouvoir qu'ils ont perdu depuis Trajan. **L'armée romaine est débordée** (doc. [2] et [3]). **L'Empire craque de toutes parts.** Au IVᵉ siècle après J.-C. les **Huns*** quittent l'Asie centrale. Ils provoquent une nouvelle vague d'invasions.

2. La société romaine se désorganise

● L'arrivée massive des barbares est à l'origine d'une terrible crise. Les empereurs tentent de protéger les villes en les faisant entourer de remparts. Ils essayent d'utiliser certains barbares pour lutter contre les hordes des nouveaux envahisseurs. Ils les enrôlent dans l'armée et obligent les Romains à les loger, eux et leurs familles (doc. [4]).

● Bien entendu, tout cela coûte très cher. **Il faut dévaluer* la monnaie et augmenter les impôts.** Les paysans, déjà accablés par les violences, les pillages, la famine, se révoltent. Certains s'enfuient ; parfois ils se réfugient parmi les barbares eux-mêmes (doc. [5]).

● Les empereurs essayent de lutter contre cette désorganisation de la société. Ils poussent les artisans à se grouper en collèges. Les paysans, obligés d'emprunter pour payer les impôts, ne peuvent pas rembourser. La loi les oblige à rester sur la terre qu'ils cultivent afin d'éviter la famine. **Mais l'empereur peut-il encore faire appliquer la loi ?** Peut-il maintenir son autorité sur tout le territoire de l'Empire ?

VOCABULAIRE

* **Barbares** : *ne pas confondre avec la définition de la p. 82 ;* désigne les peuples qui se pressent aux frontières de l'empire romain.

* **Huns** : *peuple d'Asie centrale qui migre vers l'Occident au IVᵉ siècle, chassant devant lui d'autres peuples.*

* **Dévaluer** : *à cette époque, diminuer le poids de métal précieux dans les pièces de monnaie afin d'en fabriquer davantage.*

2 Mannequin d'un guerrier barbare *(musée de l'Armée à Paris)*.

3 Porte-enseigne de l'armée romaine du Rhin au IIe siècle *(musée de l'Armée à Paris)*.

4 Des barbares gênants

Sidoine Apollinaire, évêque de Clermont en 472, a dû héberger des Burgondes dans son domaine près de Lyon. Il répond à la lettre d'un ami.

« Pourquoi me demandes-tu de composer un poème en l'honneur de Vénus quand je vis au milieu de hordes chevelues, que j'ai à supporter leur langage germanique et à louer, malgré mon humeur noire, les chansons du Burgonde gavé, qui s'enduit les cheveux de beurre rance ?

Veux-tu que je te dise ce qui brise l'inspiration ? Mise en déroute par les [concerts] barbares, ma muse méprise les vers de 6 pieds depuis qu'elle voit mes ''protecteurs'' qui en ont 7. Heureux es-tu, toi qui n'es pas assailli par une foule de géants avant même le lever du jour. »

SIDOINE APOLLINAIRE, *Poèmes*, Editions Les Belles Lettres, 1960.

◆ *Que reproche Sidoine Apollinaire aux Burgondes ?*

5 Des barbares attirants

Un chrétien de Marseille dénonce le gouvernement de Rome et son incapacité à protéger les habitants de l'Empire.

« Les pauvres sont ruinés, les veuves gémissent, les orphelins sont foulés aux pieds : si bien que la plupart d'entre eux, issus de familles connues et éduqués comme des personnes libres, fuient chez les ennemis pour ne pas mourir sous les coups de la persécution publique [...]. Ils ont beau différer de ceux chez lesquels ils se retirent, par la religion comme par la langue et également, si je puis dire, par l'odeur fétide que dégagent les corps et les habits des barbares, ils préfèrent pourtant souffrir chez ces peuples-là cette différence de coutumes que chez les Romains l'injustice déchaînée. »

SALVIEN (milieu du Ve siècle), *Du gouvernement de Dieu*, t II, Editions Les Belles Lettres, 1975.

◆ *Comparez l'attitude de Salvien à celle de Sidoine Apollinaire (doc. 4).*

CHAPITRE 7 : L'EMPIRE ROMAIN ET LES BARBARES

2. L'Empire disloqué

1 Décoration de bouclier représentant un cavalier franc *(musée du Bargello à Florence).*

1. La fin de l'unité politique

- En 212 après J.-C., **l'empereur Caracalla accorde le titre de citoyen à tous les hommes libres de l'Empire.** Mais partout la violence l'emporte sur la loi : l'empereur n'a plus assez d'autorité pour défendre les habitants de l'Empire contre les barbares. Certaines régions décident de s'organiser elles-mêmes : un « empire » des Gaules prend son indépendance. En 235, l'empereur Alexandre Sévère est assassiné par ses soldats : une période d'**anarchie*** commence. **Désormais, c'est celui qui est soutenu par l'armée la plus forte qui devient empereur.**

- A la fin du IIIe siècle après J.-C., des empereurs tentent de redresser la situation de l'Empire. Par exemple, **Dioclétien décide de diviser son pouvoir pour le rendre plus efficace.** Il remplace l'empereur unique par deux empereurs dont lui-même, les Augustes (doc. 2), aidés de deux co-empereurs, les Césars. Chacun gouverne une partie de l'Empire. **Ce système s'appelle la tétrarchie*.**

2. La fin de l'empire d'Occident

- Constantin met fin à la tétrarchie en reprenant le pouvoir pour lui seul au début du IVe siècle. Il fonde une nouvelle capitale à Byzance et l'appelle **Constantinople** (doc. 4). En effet, Rome n'est plus au centre du monde connu ; elle est à l'écart des routes de commerce destinées à ravitailler les villes du *limes*. La nouvelle capitale est au contraire **remarquablement située au contact de l'Orient et de l'Occident.**

- Après la mort de Constantin (337), l'unité de l'Empire ne résiste pas longtemps aux nouvelles poussées des barbares (doc. 1). **En 395, l'empereur Théodose doit partager l'Empire en deux pour pouvoir gouverner.** L'empire romain d'Occident a une vie brève. Dès 410, **les Wisigoths d'Alaric pillent Rome** : c'est un choc énorme (doc. 3). Depuis les Gaulois de Brennus en −387, nul ennemi n'avait pu pénétrer dans la Ville éternelle. Quand en 476 le chef barbare Odoacre dépose le dernier empereur, personne ne réagit. **L'empire romain continue en Orient. En Occident, il s'est définitivement effondré.**

VOCABULAIRE

* **Anarchie** : du grec *an* : « sans » et *arkhein* : « commander » ; désordre qui est la conséquence d'une absence d'autorité.

* **Tétrarchie** : du grec *tetra* : « quatre » et *arkhein* : « commander » ; gouvernement par quatre personnes.

2 **Les deux Augustes Dioclétien et Maximien** (IIIe siècle, musée Pio-Clementino du Vatican).

◆ *L'Empire a deux chefs, mais il n'y a qu'un seul Empire : comment ce bas-relief le montre-t-il ?*

3 L'annonce de la chute de Rome

Saint Jérôme, un savant qui traduisit la Bible en latin, est moine dans un couvent de Bethléem. Il entend dire que les barbares sont à Rome.

« Une rumeur effrayante nous arrive d'Occident : Rome est investie ; les citoyens rachètent leur vie à prix d'or mais, sitôt dépouillés, ils sont encerclés à nouveau. Après avoir perdu leurs biens ils doivent encore perdre la vie. Ma voix s'étrangle et des sanglots m'interrompent tandis que je dicte ces mots. [...] Elle est conquise cette ville qui a conquis l'univers.

Pas une heure ne se passe sans que j'aille accueillir des groupes immenses de frères. [...] Ces malheureux sont dénués de tout et couverts de blessures. Quelle douleur de voir cette puissance ancienne, cette sécurité dans la richesse aboutir à une telle misère, à ce manque d'abri, de nourriture, de vêtements. »

A Hippone, l'évêque saint Augustin prêche la nécessité d'accueillir les Romains qui se réfugient en Afrique.

« Dans les circonstances actuelles, où quantité d'émigrés sont démunis, malades, que votre hospitalité soit inépuisable. Chacun de vous s'apprête à accueillir le Christ. Mais, attention ! le voici couché, mourant de faim, souffrant du froid, dans le dénuement, émigré. »

Traduction F. DURIF.

◆ *Pourquoi la prise de Rome par les barbares concerne-t-elle les habitants d'Hippone, ville d'Afrique du Nord ?*

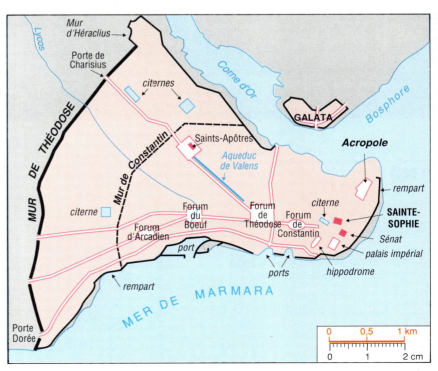

4 **Plan de Constantinople.** La ville fut construite au IVe siècle sur ordre de l'empereur Constantin, à l'emplacement de la colonie grecque de Byzance. Entourée de trois côtés par la mer, le site est facile à défendre. Grâce à sa situation au contact de l'Europe et de l'Asie, Constantinople attire les hommes, les marchandises et les idées. Elle mérita rapidement le surnom de « Nouvelle Rome ».

◆ *A quoi servent les citernes ?*

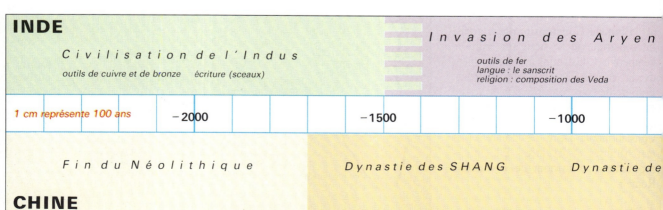

INDE											
Civilisation de l'Indus						Invasion des Aryen					
outils de cuivre et de bronze écriture (sceaux)						outils de fer langue : le sanscrit religion : composition des Veda					
1 cm représente 100 ans	−2000				−1500				−1000		
Fin du Néolithique					Dynastie des SHANG				Dynastie de		
CHINE											

Chapitre 8

INDE ET CHINE ANCIENNES

« Marcher jusqu'au lieu où l'eau prend sa source. Et attendre, assis, que se lèvent les nuages. Parfois, errant, je rencontre un ermite : on parle, on rit, sans souci du retour. »

WANG-WEI (701-761), dans *Vagabondages* n° 48, mai 1983.

[1] Le Bouddha assis sur son trône est entouré des dieux Brahma et Indra *(musée archéologique de Mathurâ en Inde).*

PLAN DU CHAPITRE

1. Histoire de l'Inde ancienne 148/149
2. Croyances et société en Inde ancienne 150/151
3. La Chine ancienne 152/153
4. Idées et croyances en Chine ancienne 154/155

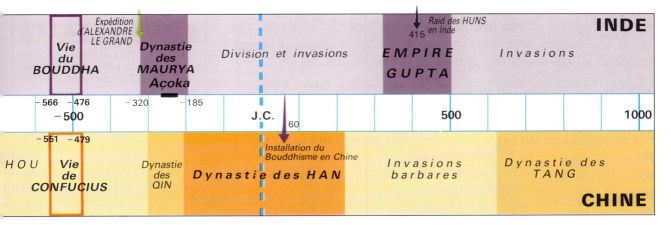

CHAPITRE 8 : INDE ET CHINE ANCIENNES

1. Histoire de l'Inde ancienne

1. La civilisation de l'Indus

- Au IIIe millénaire avant J.-C., la vallée de l'Indus connaît une civilisation prospère. **Des villes apparaissent, construites selon un plan rigoureux en damier.** A Harappa, la citadelle, protégée par un mur d'enceinte, abrite les bâtiments publics. Certaines maisons possèdent un puits accessible de l'intérieur et des égouts, ce qui constitue un grand confort pour les habitants.

- L'économie est riche et bien organisée. **Les populations de l'Indus font du commerce jusqu'en Mésopotamie,** où l'on apprécie notamment leur coton. Des inscriptions sur pierre indiquent que l'écriture était connue (les signes découverts n'ont toujours pas été déchiffrés).

- Cette civilisation s'effondre vers −1700 sous les coups d'envahisseurs venus du Nord-Ouest, les **Aryens***. Supérieurs par leurs techniques militaires, **les Aryens imposent une société hiérarchisée*** qui est demeurée en grande partie inchangée jusqu'à nos jours.

1 **Ce stupa de Sanchi,** en Inde, date du IIe siècle avant J.-C. La coupole symbolise la voûte céleste. Elle est entourée de quatre entrées sculptées tournées vers les quatre points cardinaux.

2. Un règne réparateur : Açoka

- Vers −313, un roi indien, contemporain d'Alexandre le Grand, fonde la dynastie des Maurya. **Le règne de son petit-fils Açoka (−268/−233) a laissé le souvenir d'un âge d'or.** Toute l'Inde, sauf l'extrême Sud, est unifiée (doc. **2**). Bouleversé par les massacres qui avaient accompagné les débuts de son règne, Açoka adopte la sagesse bouddhiste et fait construire de nombreux **stupas*** (doc. **1**).

- Açoka gouverne de son palais de Pataliputra. Sur toutes les routes **ses édits sont gravés dans toutes les langues de l'empire afin qu'ils puissent être connus de tous** (doc. **4**). Il contrôle l'économie, très prospère à cette époque. **Le roi fait payer de lourds impôts, mais assure en échange la subsistance aux pauvres.** Le commerce avec le monde extérieur, notamment hellénistique, est important. Açoka empêche les tribus des montagnes de venir piller les plaines de son empire. Ainsi assure-t-il la paix dans l'Inde (doc. **3**), mais quand il meurt en −233, son empire éclate.

VOCABULAIRE

* **Aryens** : populations venues d'Iran qui envahissent le nord de l'Inde à partir du XVIIIe siècle avant J.-C.

* **Société hiérarchisée** : organisation de la société dans laquelle les groupes sont considérés comme supérieurs ou inférieurs les uns aux autres.

* **Stupa** : monument bouddhique dans lequel les reliques du Bouddha sont conservées.

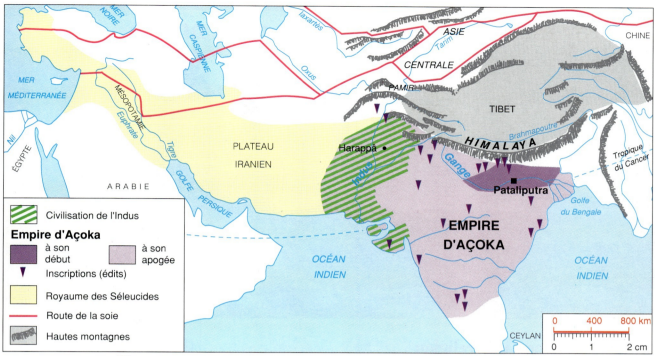

2 L'Inde ancienne, du IIIe millénaire avant J.-C. au IIIe siècle avant J.-C.

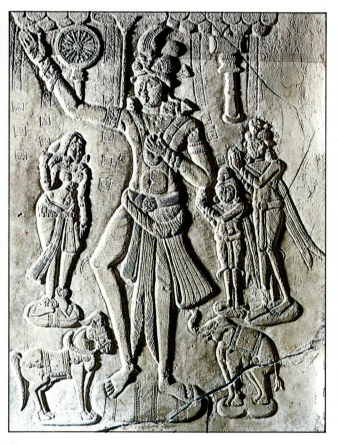

3 **Le souverain universel** (*IIe siècle avant J.-C., musée de Madras en Inde*). Le roi idéal est ici sans armes. Les petits carrés symbolisent une pluie de monnaie sur le peuple. A gauche au milieu, la reine ; de l'autre côté du roi, le Premier ministre et le prince héritier. En haut, la roue représente le Bouddha.

4 **Chapiteau d'un pilier d'Açoka** (− 240, musée de Sarnath en Inde). Il surmontait une colonne où était gravé un édit : « L'empereur demande à ses sujets de pratiquer la charité — de dire la vérité — de respecter la vie des animaux — d'être modérés dans les dépenses et le gain — de pratiquer la tolérance et le respect envers les autres religions. »

CHAPITRE 8 : INDE ET CHINE ANCIENNES

2. Croyances et société en Inde ancienne

1. L'hindouisme : une religion

• **Les hindouistes* croient en un dieu suprême, mais qui se manifeste sous de nombreuses formes** (doc. 1). Tantôt il est **Brahma,** créateur du monde, source d'ordre ; tantôt il est **Vishnou** (doc. 2), conservateur du monde et protecteur des hommes ; ou encore **Shiva** (doc. 3), le destructeur, dont la danse met le monde en mouvement.

• La tradition orale rapporte qu'un géant primitif, démembré par les dieux, aurait donné naissance aux quatre classes, ou *varna*,* de la société indienne. Au sommet, les prêtres (les brahmanes), en dessous les guerriers, puis les artisans et les paysans et enfin les serviteurs. **Les hindous appartiennent quand ils naissent à un groupe restreint correspondant à une profession, plus ou moins pure.** Les intouchables ne font partie d'aucun des quatre *varna* : ils s'occupent des tâches impures, celles qui mettent en contact avec la mort, le sang, tout ce qui peut souiller.

• Les hindouistes pensent qu'**après la mort tout être vivant,** homme ou animal, **renaît dans un être, supérieur ou inférieur,** selon que sa vie passée a été vertueuse ou non.

2. Le bouddhisme : une sagesse

• Au VIᵉ siècle avant J.-C., le fils d'un prince de la vallée du Gange, **Siddharta Gotama,** découvre en sortant du palais, à 29 ans, les dures réalités de la vie : il croise un vieillard, un malade et un mort. Abandonnant le pouvoir, ses richesses, sa famille, il part dans la forêt à la recherche de la Vérité. Après une longue réflexion, il comprend que la vie n'est faite que de douleur et d'insatisfaction. En conséquence il faut faire cesser les renaissances. Or c'est la soif de vivre qui conduit aux renaissances. Il faut donc éteindre en soi tout désir.

• Ayant compris cela, **Gotama devient le Bouddha, c'est-à-dire « l'Éveillé ».** Il se consacre à prêcher le renoncement (doc. 4 et 5). En —476 il meurt entouré de ses disciples. Le bouddhisme, à partir de l'Inde, se répand dans toute l'Asie centrale, Ceylan et la Chine.

1 Temple de Mâmallapuram en Inde, VIIIᵉ siècle. Dans une même enceinte, deux temples : à droite, consacré à Shiva ; à gauche, dédié à Vishnou.

◆ *Pourquoi ce temple est-il consacré à deux divinités ?*

VOCABULAIRE

* **Hindouiste** : personne qui croit en l'hindouisme ; on peut dire aussi « hindou » mais il ne faut pas confondre avec les Indiens qui sont les habitants de l'Inde.

* **Varna** : mot qui désigne les 4 classes de la société indienne.

2 **Vishnou** (musée de Madras en Inde). Le dieu est représenté sous forme d'un personnage à quatre bras tenant une conque, un disque et une massue. Il est debout sur une feuille de lotus.

3 **Shiva** (musée national de Natakat en Inde). La danse du dieu détruit le monde de l'ignorance représenté par un nain sous son pied. Elle construit la connaissance représentée par un cercle de feu.

4 La doctrine du Bouddha

Le Bouddha prêche le renoncement à ses disciples. Ils devront tout abandonner, même ce qui est bon.

« Un jour un homme partit à pied pour un long voyage. Le voici devant une immense étendue d'eau. La rive où il se trouve est escarpée, rocheuse, sombre, pleine de dangers. De l'autre côté, la rive est ensoleillée, attirante mais il ne voit ni pont, ni bateau. Il se dit : "Je vais couper des branches d'arbres et fabriquer un radeau." Il se met à l'ouvrage. Quand le radeau est fait, il le met à l'eau, y grimpe, et réussit à traverser. Descendu à terre, il se dit : "C'est grâce à ce radeau que j'ai atteint cette rive merveilleuse. Je vais le prendre sur mes épaules et l'emporter avec moi." Dites-moi, ô moines, est-ce bien ce qu'il faut faire ?
— Certainement non, ô Bienheureux.
— Mieux vaut laisser le radeau sur la rive et continuer sans ce fardeau inutile. De même j'ai enseigné une doctrine semblable à un radeau. »

Adaptation d'un sermon du Bouddha,
traduction Môhan WIJAYARATNA.

5 La bienveillance universelle

Pour le Bouddha, le mal c'est le tort porté à tout ce qui vit ; cette pensée est à l'origine de la non-violence.

« Que tous les êtres vivants soient heureux.
Que tous les êtres vivants soient en joie.
Tous les êtres vivants, faibles ou forts, longs, grands ou moyens, courts ou petits, visibles ou invisibles,
Ceux qui sont près ou ceux qui sont loin,
Déjà nés ou encore à naître,
Que tous ces êtres soient heureux.
Que personne ne trompe quiconque ni ne méprise aucun être vivant, si petit soit-il.
Que personne ne souhaite de mal à un autre, par colère ou par haine.
Tout comme une mère au péril de sa vie surveille et garde son unique enfant, de même une pensée bienveillante, sans limite, doit être gardée à l'égard de tous les êtres vivants dans l'univers entier. »

Adaptation d'un sermon du Bouddha,
traduction Môhan WIJAYARATNA.

♦ *La bienveillance s'adresse-t-elle uniquement aux êtres humains ?*

CHAPITRE 8 : INDE ET CHINE ANCIENNES

3. La Chine ancienne

1. L'empire du Milieu

● Au IIe millénaire avant J.-C., les empereurs de la dynastie des Shang (doc. 4) organisent la Chine du Nord, mais ne peuvent éviter la division du pays en plusieurs principautés indépendantes. Leur œuvre sera reprise au IIIe siècle avant J.-C. par **les Qin** (doc. 1), **qui unifient pour la première fois Chine du Nord et Chine du Sud.** Une unité que les Han maintiennent jusqu'en 220 après J.-C. (doc. 3).

● **Fils du ciel, l'empereur a un mandat céleste*.** Il gouverne en s'appuyant sur les **lettrés***. L'écriture est difficile (doc. 2) : pour chaque objet existe un signe différent. Il faut beaucoup de temps pour apprendre à écrire, mais **les nombreuses langues différentes s'écrivent de la même manière. L'écriture assure donc l'unité du pays.** Les fonctionnaires sont recrutés parmi les lettrés (doc. 5) ; un réseau de routes avec relais de poste permet au gouvernement central de se faire obéir partout. **La Grande Muraille assure la protection contre d'éventuels envahisseurs étrangers.**

2. Une économie contrôlée et prospère

● L'État organise et contrôle la production et les échanges. **Les unités de mesure et la monnaie sont unifiées dès les Qin.** En −119 le **monopole*** d'État sur le sel et les métaux accroît les ressources publiques. Les paysans sont étroitement contrôlés. L'État donne la priorité à la production du riz et du blé. Il installe des colons sur des terres nouvelles, développe l'irrigation. Grâce à la paix intérieure, l'essor du commerce est important. La vente des soieries, laques, porcelaines, céréales, fait la fortune des marchands.

● Dès le IVe siècle avant J.-C., les Chinois fabriquent la fonte dans des hauts fourneaux. Au début de l'ère chrétienne, ils connaissent le papier et le moulin à eau. **Par ses techniques la Chine est très en avance sur le reste du monde.** Mais, contrairement à ce qui se passe en Grèce ou dans le monde romain, les hommes sont restés groupés surtout en villages et les villes n'ont pas pris d'**autonomie***.

---

1 L'armée de l'empereur Qin, IIIe siècle avant J.-C. (*Lintong, Chine*). Ces 7 000 cavaliers et fantassins de terre cuite sont grandeur nature. Ils gardent le tombeau de l'empereur.

◆ *A quoi cette armée pouvait-elle servir ?*

VOCABULAIRE

* **Mandat céleste** : l'empereur a reçu du ciel, qui est considéré comme un dieu, le pouvoir de gouverner.

* **Lettrés** : ceux qui savent lire et écrire.

* **Monopole** : privilège qui consiste à être le seul à posséder, fabriquer ou vendre un produit.

* **Autonomie** : droit de se gouverner par ses propres lois.

2 « L'empereur », en écriture chinoise.

◆ *Reproduisez ce mot sur votre cahier.*

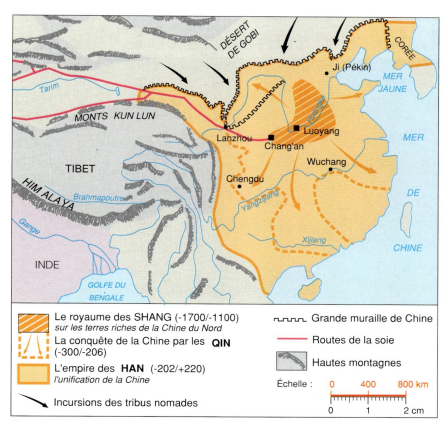

3 La Chine, du IIe millénaire avant J.-C. au IIIe siècle.

4 Les baguettes d'ivoire

Aux IVe et IIIe siècles avant J.-C., les fables sont très à la mode en Chine.

« Tchéou, le dernier roi de la dynastie des Shang, d'un morceau d'ivoire de grande valeur fit faire une paire de baguettes pour sa table. Ce fait attrista beaucoup son oncle : des baguettes d'ivoire ne vont naturellement pas avec des bols et des assiettes de grès. Leur présence exigera des tasses et des bols de jade. Mais les bols de jade et les baguettes d'ivoire ne vont pas avec les mets grossiers qu'il faudra remplacer désormais par des queues d'éléphant. Un homme qui a goûté des queues d'éléphant ne saurait se contenter d'habits de chanvre, ni de maisons basses et inconfortables. Des costumes de soie et des palais hauts et magnifiques lui seront indispensables. Et ainsi de suite, les désirs ne cessant de s'accroître, on aboutit nécessairement à une vie de luxe et de dissipations qui ne connaît bientôt plus de bornes.

Faute de se corriger, le roi Tchéou perdit son royaume et se tua de désespoir. »

HAN FEI (mort en −233), *Fables de la Chine antique*, Pékin, 1958.

◆ *Pourquoi le roi Tchéou est-il un mauvais roi ?*

5 Concours de recrutement de hauts-fonctionnaires.

4. Idées et croyances en Chine ancienne

1 Confucius et ses disciples *(peinture sur soie du XIVᵉ siècle, B.N.).*

1. Confucius : un sage lettré

● Au VIᵉ siècle avant J.-C., **Confucius*** vit pendant une période troublée de **« chaos féodal »***, avant l'arrivée au pouvoir des Qin et l'unification de la Chine. Un empereur existe, mais les seigneurs locaux ne lui obéissent pas. Violence et corruption se répandent dans tout le pays. Comment rétablir l'ordre et l'harmonie entre les hommes ?

● **Confucius trace le portrait de « l'homme de bien »** dont le rôle lui paraît essentiel : maîtrise de soi, respect des parents, loyauté envers le prince, sincérité, amour des autres (doc. 3). Atteindre cet idéal est particulièrement nécessaire au prince qui souhaite gouverner efficacement. Car **« si on est droit on n'a pas besoin de donner des ordres pour être écouté. Si on ne l'est pas on a beau donner des ordres on ne sera pas suivi ».** Sans violence l'homme de bien assure la paix civile et l'harmonie entre le ciel et la terre. Cette pensée devait imprégner les Chinois pendant plus de deux millénaires (doc. 1).

2. Taoïsme et religion populaire

● Apparu également au VIᵉ siècle avant J.-C., **le taoïsme*** (doc. 2) **s'oppose au confucianisme** (doc. 4). La pensée de Confucius est optimiste : la société peut être améliorée. Pour les taoïstes au contraire, **le mal est si profond que rien ne peut le détruire.** Il faut donc refuser la société. Certains taoïstes vont même jusqu'à quitter les lieux habités : ils se font **ermites*** dans les montagnes pour trouver « la paix du cœur et de l'âme ».

● La religion populaire se manifeste surtout par le **culte des ancêtres**, célébré dans les maisons. Les Chinois croient à la survie et inhument les morts. Les funérailles sont organisées par le fils aîné. **Les astres, les fleuves, les lacs sont des divinités.** Les paysans les honorent par de grandes fêtes dont la plus importante a lieu au printemps. Dans les villages on allume des feux autour desquels on danse et chante. A partir du IIIᵉ siècle avant J.-C., le bouddhisme venu de l'Inde se mêle au taoïsme et aux vieilles croyances (doc. 5).

VOCABULAIRE

* **Confucius** : un des plus célèbres lettrés de la Chine ancienne ; il est né vers −552 et est mort en −479.

* **« Chaos féodal »** : situation politique de désordre, dû à un trop grand nombre de seigneurs locaux plus ou moins indépendants.

* **Taoïsme** : religion fondée par Lao-Tseu au VIᵉ siècle avant J.-C.

* **Ermite** : personne qui se retire volontairement dans la solitude, loin des plaisirs du monde.

2 Lao-Tseu sur son buffle *(XVIIIᵉ siècle, musée Guimet, Paris)*.

3 Entretiens avec Confucius

Confucius prêche le respect de soi et des autres, dans le but de mettre en place un bon gouvernement.

— « Le maître dit : ne te soucie point de n'avoir pas de poste, mais veille à t'en rendre capable ; ne te soucie point de n'être pas connu, mais veille à t'en rendre digne. »

— « Le maître dit : veux-tu que je te dise ce qu'est la connaissance ? Savoir qu'on sait quand on sait, et savoir qu'on ne sait pas quand on ne sait pas, c'est là la vraie connaissance. »

— « Le prince demande une recette pour inciter le peuple à vénérer son souverain et à lui être loyal. Le maître lui répond : traitez-le avec égard et vous serez vénéré ; soyez bon fils pour vos parents et bon prince pour vos sujets, et vous serez servi avec loyauté ; honorez les hommes de valeur et éduquez les moins compétents, et tous se verront incités au bien. »

A. CHENG, *Entretiens Confucius*, © Ed. du Seuil, 1981.

4 Confucius rencontre Lao-Tseu

Confucius rencontre Lao-Tseu enfant qui joue à bâtir une ville au bord du chemin.

« "Pourquoi ne t'écartes-tu pas devant mon char ?" demanda Confucius. "J'ai toujours entendu dire, répondit l'enfant, que ce sont les chars qui contournent les villes, et non les villes qui s'écartent devant les chars." Confucius descendit de voiture : "Comment se fait-il que, si jeune, tu aies tant d'astuce ? Trois jours après sa naissance, répliqua l'enfant, un lièvre court à travers champs. C'est naturel. Y a-t-il là de l'astuce ?
— Je voudrais me promener avec toi, nous allons niveler le monde, dit Confucius. Veux-tu ?
— Il ne convient pas de niveler le monde. D'un côté il y a de hautes montagnes, de l'autre les fleuves ; d'un côté les princes, de l'autre les esclaves. Si nous nivelions les montagnes, les oiseaux n'auraient plus de gîte, si nous comblions les fleuves, les poissons n'auraient plus de refuge. En chassant les princes, le peuple ne saurait plus où est le bien. En supprimant les esclaves, à qui commanderaient les gens de bien ? Le monde est si vaste. Comment le niveler ?" »

D'après P. DO-DINH, *Confucius et l'Humanisme chinois*, © Editions du Seuil, 1960.

♦ *Le vieillard et l'enfant ont-ils les mêmes idées sur ce que les hommes peuvent faire dans le monde ?*

5 Peinture chinoise du Bouddha *(musée national de New-Delhi en Inde)*.

♦ *Comparez ce Bouddha à celui de la page 146.*

Conclusion : qu'est-ce qu'une civilisation ?

Grille d'analyse d'une civilisation

Analyser consiste à faire apparaître clairement les différentes parties qui composent un ensemble. La grille ci-dessous donne un exemple d'analyse : celui de la civilisation grecque. Les différents aspects sont distingués les uns des autres. On peut utiliser cette grille pour analyser les autres civilisations étudiées dans ce manuel.

	LA GRÈCE	
	CLASSIQUE	**HELLÉNISTIQUE**
Localisation : — dans le temps — dans l'espace	Ve siècle avant J.-C. Cités grecques (Athènes, Sparte...), îles et rivages de la mer Egée en Europe et en Asie mineure.	Du IVe au Ier siècle avant J.-C. Grèce, Macédoine, empire d'Alexandre le Grand (Asie jusqu'à l'Indus, Égypte...).
Organisation politique : — l'État — la source de la loi	La cité Les citoyens (démocratie)	Le royaume Le roi (monarchie)
Économie : — production — transformation — échanges — techniques	\multicolumn{2}{c}{Blé, vigne, oliviers... Artisanat Commerce autour du monde méditerranéen... puis au-delà vers l'Orient Outillage encore rudimentaire}
Société :	\multicolumn{2}{c}{Inégalitaire en droits}
	• Hommes libres — citoyens / non-citoyens • Esclaves Nombreux paysans/peu de citadins	• Société coloniale — Macédoniens et Grecs / Peuples vaincus • Esclaves Développement de la population urbaine
Défense : — qui se bat ? — techniques de combat	Citoyens en armes : hoplites et marins Batailles rangées sur terre et sur mer	Sujets grecs et macédoniens + des mercenaires Batailles rangées sur terre et sur mer Armée organisée en phalanges
Religion :	\multicolumn{2}{c}{Polythéisme : de nombreux dieux Croyance en une survie après la mort}
Art :	\multicolumn{2}{c}{Peintures sur vases, statues, temples caractérisés par :}
	Sérénité, calme, sobriété, harmonie	Goût pour le mouvement, le pathétique ; représentation des sentiments de la souffrance.
Héritage : • ce que les Grecs ont reçu • ce que les Grecs ont légué	\multicolumn{2}{l}{— Héritage de la Grèce archaïque, travail du métal, poterie, écriture, araire... — Croyance en une survie après la mort, nombreux dieux, les mythes, le culte des héros... Voir dossier pages 86 et 87}

Conclusion : qu'est-ce qu'une civilisation ?

L'histoire au présent

Des touristes qui se promènent dans une ville ancienne peuvent voir des monuments appartenant à différentes périodes du passé. Ces éléments composent un ensemble avec des parties. En les observant, on en fait la synthèse, c'est-à-dire le contraire d'une analyse.

La place Navone à Rome a été construite au XVIIe siècle, sur l'emplacement du stade de l'empereur Domitien (81/96) dont elle a gardé la forme. Au centre, la fontaine du Bernin (sculpteur italien, 1598/1680) est surmontée d'un obélisque romain, imité de l'art égyptien. L'église Sainte-Agnès rappelle le souvenir d'une jeune chrétienne martyrisée à cet endroit à l'époque de l'empereur Dioclétien, en 304. Le fronton et les colonnes de la façade sont inspirés de l'art grec.

GÉOGRAPHIE

INITIATION ÉCONOMIQUE

Chapitre 1

LA PLANÈTE TERRE

« — J'aime bien les couchers de soleil. Allons voir un coucher de soleil...
— Mais il faut attendre...
— Attendre quoi ?
— Attendre que le soleil se couche. [...]
— Je me crois toujours chez moi !
En effet. Quand il est midi aux Etats-Unis, le soleil, tout le monde le sait, se couche sur la France. Il suffirait de pouvoir aller en France en une minute pour assister au coucher de soleil. Malheureusement la France est bien trop éloignée. Mais, sur ta si petite planète, il te suffisait de tirer ta chaise de quelques pas. Et tu regardais le crépuscule chaque fois que tu le désirais...
— Un jour, j'ai vu le soleil se coucher quarante-trois fois ! »

A. de SAINT-EXUPÉRY, *Le Petit Prince,* © Editions Gallimard, 1989.

PLAN DU CHAPITRE

1. La Terre dans l'Univers 162/163
2. La Terre, notre planète 164/165

Activités et documents :
S'orienter et se repérer sur la Terre 166/167

Planisphère :
Les continents et le relief 168/169
3. Les continents 170/171

Planisphère :
Les océans et les fonds marins 172/173
4. Les océans et les mers 174/175
5. La vie de la Terre 176/177

Activités et documents :
Lire des cartes à différentes échelles 178/179

Clair de Terre vu de l'espace. Au premier plan, la Lune ; dans le ciel, la Terre à demi-éclairée. Au-dessus de l'océan Indien et de l'Antarctique, des masses de nuages apparaissent en blanc. L'Afrique, Madagascar et l'Arabie apparaissent en couleur orangée. La France, encore plongée dans la nuit, n'est pas visible.

1. La Terre dans l'Univers

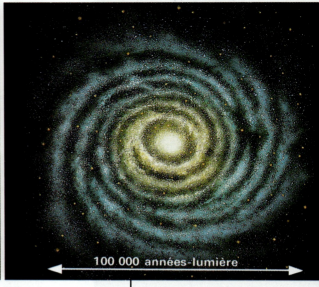

1. La Terre dans le système solaire

● **La Terre est une des planètes* qui tournent autour du Soleil.** Le Soleil qui nous éclaire est une **étoile***. Comme des milliards d'autres étoiles il appartient à la galaxie de la Voie Lactée, cette sorte de grand chemin lumineux que nous voyons dans le ciel des belles nuits d'été (doc. 1).

● Les 9 planètes du système solaire (doc. 2 et 3) sont animées par deux mouvements :
— un **mouvement de rotation** : elles tournent sur elles-mêmes ;
— un **mouvement de révolution** : elles tournent autour du Soleil. La rotation de la Terre s'effectue en un jour, c'est-à-dire 24 heures. Sa révolution autour du Soleil dure une année, c'est-à-dire 365 jours et six heures.

2. L'Univers et ses énigmes

● **Dans l'espace, les distances se mesurent en années-lumière*.** La Terre se situe à 8 minutes-lumière du Soleil (150 millions de kilomètres), et à 4 années-lumière de l'étoile la plus proche du Soleil (doc. 4 et 5). Il faut 100 000 années-lumière pour traverser la Voie Lactée. Les **télescopes*** observent des astres jusqu'à 14 milliards d'années-lumière. Des milliards de galaxies sont en perpétuel mouvement et on en découvre toujours davantage.

● **On pense que l'Univers est né d'une formidable explosion, le Big Bang, il y a environ 15 milliards d'années.** Depuis, les galaxies s'éloignent rapidement les unes des autres, comme si elles avaient été projetées par cette explosion. Des savants affirment que l'Univers est toujours en expansion.

● Les étoiles sont des boules de gaz dont la combustion donne de la lumière. Elles naissent, vivent et disparaissent. Au début, il y a un nuage d'hydrogène et d'hélium. Quand ce nuage de gaz se concentre, des réactions nucléaires se déclenchent dans les atomes et libèrent de l'énergie. L'étoile « s'allume » et brille tant qu'elle a des réserves de combustible. Une étoile de dimension moyenne comme le Soleil, née il y a 4,6 milliards d'années, peut vivre 10 milliards d'années.

---

1 **La Voie Lactée.** Ces deux images présentent notre galaxie vue de profil (à gauche) et vue de dessus (à droite). Le système solaire est situé à 30 000 années-lumière du centre de la Voie Lactée.

VOCABULAIRE

* **Planète** : astre qui n'émet pas de lumière et décrit une orbite autour du Soleil.

* **Etoile** : astre qui émet de la lumière.

* **Année-lumière** : unité de mesure dans l'espace. Elle correspond à la distance parcourue par la lumière en une année à la vitesse de 300 000 kilomètres par seconde, c'est-à-dire 9 500 milliards de kilomètres dans une année.

* **Télescope** : instrument optique destiné à l'observation des objets éloignés comme les astres.

	1. Mercure	2. Vénus	3. Terre	4. Mars	5. Jupiter	6. Saturne	7. Uranus	8. Neptune	9. Pluton
Durée de révolution	88 jours	225 jours	**365 jours**	1 an et 322 jours	12 ans	29 ans	84 ans	164 ans	247 ans
Nombre de satellites	0	0	**1**	2	16	17	15	8	1
Distance moyenne au Soleil (millions de km)	58	108	**150**	227	778	1430	2870	4500	5900
Volume : Terre = 1	0,05	0,8	**1**	0,15	1305	755	65	58	0,09

2 Le système solaire.

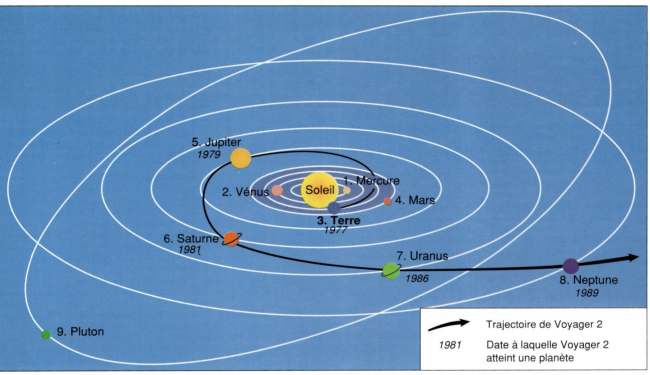

3 Le périple de Voyager 2 dans le système solaire.

4 Le « grand tour » de Voyager 2

Pour la première fois, un objet construit par l'homme a quitté le système solaire.

« Voyager emporte une documentation destinée à édifier d'éventuels extraterrestres. On trouve l'image d'un couple d'humains nus, un tourne-disques et un microsillon de cuivre intitulé *Bruits de la Terre,* censé donner une idée de la vie sur notre planète à la fin du XXe siècle. On peut y entendre un message de Jimmy Carter, [...] les vrombissements d'un embouteillage dans une grande ville, un poème de Baudelaire, des cris de bébés... »

G. CHARLES dans *L'Express* du 25 août 1989.

♦ *Pourquoi Voyager 2 emporte-t-elle des documents ?*

5 **La sonde interplanétaire Voyager 2.** Elle pèse 850 kg et nous a transmis des informations précises sur les planètes du système solaire.

2. La Terre, notre planète

1 Le radiotélescope géant du Nouveau-Mexique (États-Unis). Voici 4 des 27 antennes de 25 m de diamètre qui constituent un des plus grands radiotélescopes du monde.

1. Les origines de la vie et des hommes

● **La vie a commencé dans les océans il y a 3 milliards d'années** (doc. 2) avec les bactéries, puis les algues. Depuis environ 550 millions d'années, la vie animale présente des formes de plus en plus variées et complexes : poissons, reptiles, oiseaux, mammifères. Certaines espèces ont disparu et ne sont connues que par les **fossiles***, comme les dinosaures qui ont vécu il y a 250 millions d'années. D'autres espèces ont évolué et se sont transformées, comme le cheval.

● Il y a 6 à 7 millions d'années, une **évolution*** décisive se produit. Dans les savanes de l'Afrique de l'Est, un mammifère se redresse pour marcher. Il utilise ses mains pour fabriquer des outils : c'est l'Homme.

● **La vie telle que nous la connaissons sur la Terre n'existe pas ailleurs dans le système solaire :** Vénus est trop chaude, Mars est trop froid... Pourtant il est probable que dans un des nombreux systèmes solaires que compte l'Univers, la vie a pu ou pourra apparaître...

2. Les hommes découvrent la Terre

● Depuis l'Antiquité, les progrès scientifiques ont permis de mieux connaître la Terre et l'Univers (doc. 4) :
— **la Terre est une sphère.** Jusqu'au XVIe siècle, seuls quelques savants le pensaient. L'expédition de Magellan, qui fit le tour de la Terre de 1519 à 1522, en apporta la preuve ;
— **la Terre n'est pas au centre de l'Univers mais tourne autour du Soleil :** l'astronome Copernic décrivit l'organisation du système solaire en 1543 (doc. 3) ;
— **la Terre tourne sur elle-même :** le savant Galilée l'affirma en 1633.
— En 1948, le télescope du mont Palomar aux États-Unis permit de mesurer la fuite des galaxies. Il confirma la théorie de l'expansion de l'Univers depuis le **Big Bang.**

● Chaque découverte fait naître des interrogations. Aujourd'hui, des **radiotélescopes*** (doc. 1) analysent les ondes venues de l'espace et pourraient capter d'éventuels signaux radio d'origine extraterrestre.

VOCABULAIRE

* **Fossile** : débris ou empreinte d'animal ou de végétal conservé dans des dépôts sédimentaires.

* **Évolution** : transformation progressive des espèces au cours de l'histoire de la Terre.

* **Radiotélescope** : instrument destiné à capter les ondes émises par les astres.

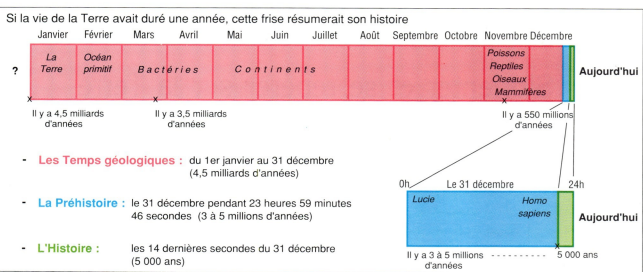

- **Les Temps géologiques :** du 1er janvier au 31 décembre (4,5 milliards d'années)
- **La Préhistoire :** le 31 décembre pendant 23 heures 59 minutes 46 secondes (3 à 5 millions d'années)
- **L'Histoire :** les 14 dernières secondes du 31 décembre (5 000 ans)

2 La vie de la Terre résumée à une année.

3 **La représentation du monde selon Copernic** (*Atlas Celarius*, XVIe siècle, Bibliothèque Nationale).

« *[Mais au centre de tout se trouve le Soleil]*, car qui placerait cette lampe, en ce temple splendide, à une autre ou une meilleure place que celle-là où elle peut tout illuminer en même temps ?

Certains l'appellent d'ailleurs, et très justement, la lampe du monde, d'autres son esprit et d'autres encore son gouvernant... Car c'est le Soleil qui, en vérité, gouverne la tournoyante famille des étoiles, assis, en quelque sorte, sur un trône royal. »

COPERNIC, *De Revolutionibus orbium cœlestium*, 1543.

♦ *Que croyait-on situé au centre de l'Univers avant Copernic ?*

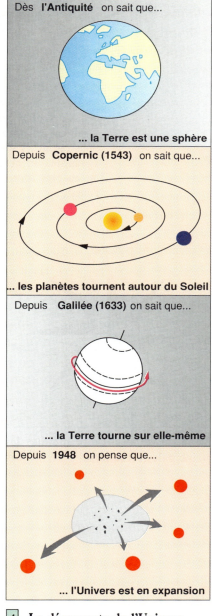

4 La découverte de l'Univers.

ACTIVITÉS ET DOCUMENTS

S'orienter et se repérer sur la Terre

S'orienter, c'est savoir se situer dans l'espace par rapport aux 4 points cardinaux (est, ouest, nord et sud).
Se repérer sur la Terre, c'est savoir exactement situer un point sur le globe.

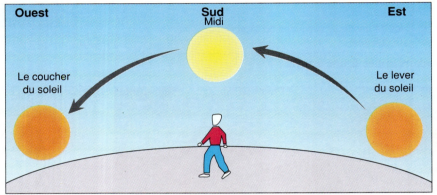

1 **S'orienter d'après le Soleil en France, dans l'hémisphère Nord.**
La droite et la gauche varient lorsque l'observateur se déplace, alors que les directions cardinales sont établies une fois pour toutes. Le Soleil se lève à l'est, appelé Levant ou Orient (d'où le mot s'orienter). Au milieu de la journée, lorsque le Soleil est au plus haut, il indique la direction du midi, du sud. Le Soleil se couche à l'ouest, appelé Couchant ou Occident. Jamais nous ne voyons le Soleil au nord.

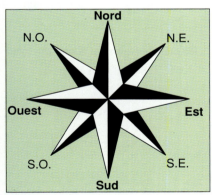

2 La rose des vents indique les principales directions.

3 **S'orienter dans la nature** (la Romanche dans les Hautes-Alpes). Cette photographie a été prise vers midi.
- *Dans quelle direction la Romanche coule-t-elle ?*
- *Où est l'amont de cette rivière ?*

ACTIVITÉS ET DOCUMENTS

COMMENTAIRE

■ Pour se repérer à la surface de la Terre qui n'a ni haut, ni bas, ni droite, ni gauche, on a tracé une grille de lignes courbes : les parallèles et les méridiens. Le repérage se fait comme pour une bataille navale ou un jeu de mots croisés. Chaque point sur la Terre se définit par ses coordonnées géographiques : **latitude** et **longitude**.

■ La latitude est la distance mesurée en degrés entre un point et l'équateur. Elle varie de 0° (équateur) à 90 °N dans l'hémisphère Nord ou 90 °S dans l'hémisphère Sud.

■ La longitude est la distance mesurée en degrés entre un point et le méridien d'origine.

4 Les parallèles

L'équateur est le cercle à égale distance des deux pôles, qui partage la Terre en deux hémisphères, l'hémisphère austral et l'hémisphère boréal.
Les parallèles sont des cercles parallèles à l'équateur, numérotés en degrés. Les tropiques sont situés à 23 °N et 23 °S de latitude. Les cercles polaires sont situés à 66 °N et 66 °S.

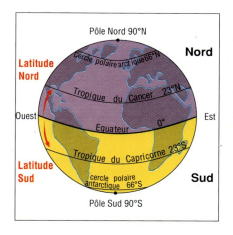

5 Les méridiens

Les méridiens sont des demi-cercles qui joignent les deux pôles. Ils coupent tous les parallèles et l'équateur. Ils sont numérotés en degrés, à partir du méridien 0° dit de Greenwich, vers l'ouest (W) ou vers l'est (E).

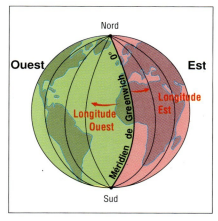

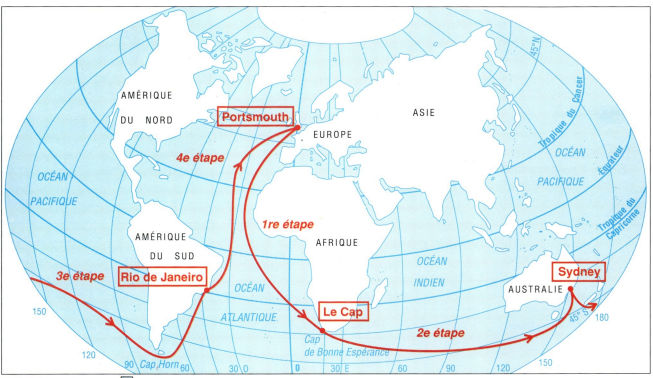

6 L'itinéraire de la course autour du monde à la voile.

♦ Le port de départ de cette course est situé à 51 °N et 3 °W : quel est son nom ?
♦ Quelles sont les coordonnées géographiques des trois autres ports-étapes ?

LES CONTINENTS ET LE RELIEF

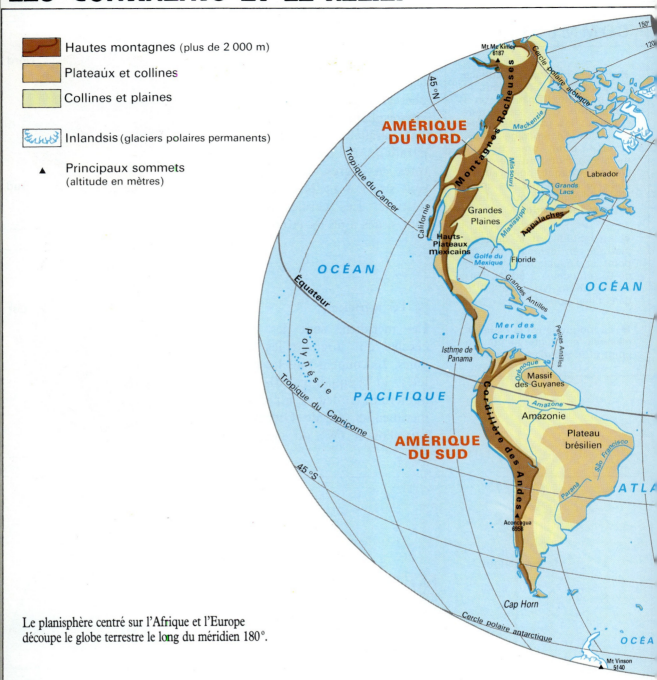

Le planisphère centré sur l'Afrique et l'Europe découpe le globe terrestre le long du méridien 180°.

	Terres émergées	EURASIE dont...	EUROPE	ASIE
Superficie, en km²	149 000 000	54 000 000	10 000 000	44 000 000
% des terres émergées	100 %	36,5 %	7 %	29,5 %
Point culminant	Everest 8 848 m		Elbrouz 5 642 m	Everest 8 848 m
Altitude moyenne	840 m		290 m	940 m

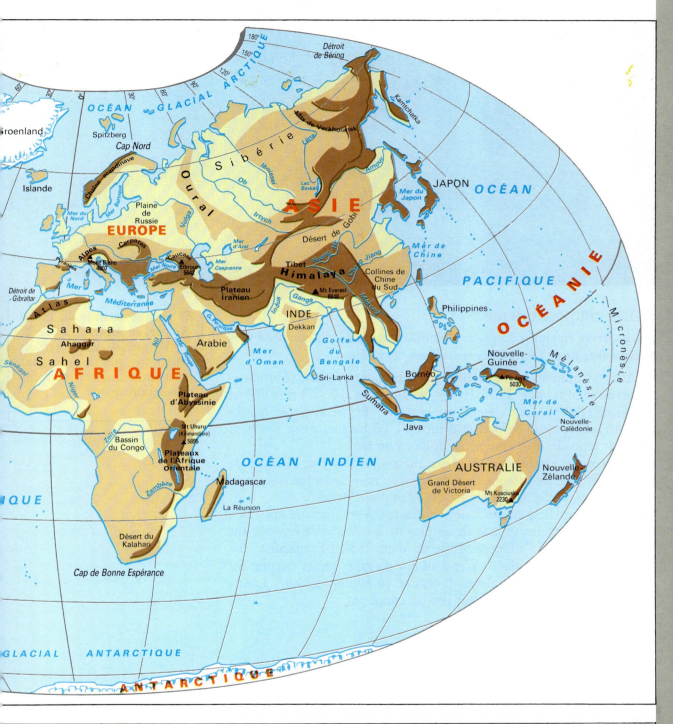

AFRIQUE	AMÉRIQUE dont...	AMÉRIQUE DU NORD	AMÉRIQUE DU SUD	OCÉANIE	ANTARCTIQUE
30 000 000	42 000 000	24 000 000	18 000 000	9 000 000	14 000 000
20 %	28 %	16 %	12 %	6 %	9,5 %
Uhuru 5 895 m (Kilimandjaro)		Mac Kinley 6 187 m	Aconcagua 6 958 m	Pic Jaya 5 030 m	Mont Vinson 5 140 m
673 m		610 m	600 m	300 m	2 000 m

169

3. Les continents

1. Les cinq continents

• **Les terres émergées occupent 150 millions de km², soit moins du tiers de la surface de la Terre. Elles constituent cinq continents.**

• Avec 54 millions de km² (100 fois la France) l'**Eurasie** (Europe + l'Asie) est le plus vaste. Entre les îles britanniques (10 °W) et le détroit de Béring (170 °E), elle s'étend sur la moitié de l'hémisphère Nord.
— L'**Afrique** se situe de part et d'autre de l'équateur, entre 37 °N et 35 °S de latitude. Elle couvre 30 millions de km².
— L'**Amérique** est formée de deux masses reliées par l'isthme de Panama. Elle s'étire presque du pôle Nord au pôle Sud selon une direction méridienne. Sa superficie est de 42 millions de km².
— L'**Océanie** est le plus petit des continents, 9 millions de km². Elle comprend l'Australie, grande île de plus de 8 millions de km², et une multitude d'îles et d'archipels dispersés dans l'océan Pacifique.
— Le **continent antarctique** s'étend autour du pôle Sud et est presque entièrement recouvert de glaces. Il occupe 14 millions de km². L'Arctique autour du pôle Nord n'est pas un continent.

2. Le relief des continents

• La surface des continents n'est pas plane (doc. 1). Elle présente des irrégularités, des bosses et des creux, qui définissent le **relief***. Trois types de relief se caractérisent par leur altitude*, leur pente, leur profil :
— Dans les régions de montagnes, l'altitude est élevée et les pentes sont **raides** (doc. 2). Dans les chaînes de montagne comme les Alpes, l'Himalaya ou les Andes, les lignes de relief sont parallèles sur plusieurs centaines de kilomètres. Par contre, les massifs montagneux comme le Hoggar en Afrique présentent des formes compactes.
— **Les plateaux** comme le Colorado ou le Tibet **sont des surfaces planes où les vallées sont encaissées** (doc. 3). Ils peuvent être très élevés : l'altitude du plateau du Tibet dépasse celle des Alpes.
— **Plaines et collines offrent des horizons ouverts et des pentes douces à basse altitude** (doc. 4). Les vallées y sont à peine marquées entre des versants évasés comme dans la grande plaine du Mississippi.

1 Image satellite du djebel Amour, en Algérie. Le satellite SPOT permet de réaliser des images très précises des régions qu'il survole. Djebel veut dire montagne en arabe.

VOCABULAIRE

* **Relief** : ensemble des irrégularités de la surface terrestre qui comprend des bosses et des creux.

* **Altitude** : hauteur du relief par rapport au niveau moyen de la mer.

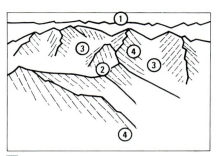

2 **La montagne : paysage du col du Tourmalet (Hautes-Pyrénées).**

① Ligne de crête
② Col
③ Vallée
④ Versant

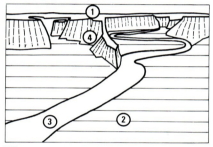

3 **Un plateau : canyon de Chely (Etats-Unis).** Une vallée encaissée entre deux versants calcaires s'appelle un canyon.

① Plateau
② Lit du cours d'eau
③ Cours d'eau
④ Versant

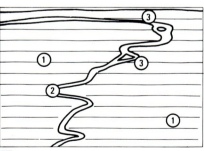

4 **Une plaine : basse vallée de la Sienne (Manche).**

① Plaine
② Cours d'eau
③ Méandre

◆ *Pourquoi le fleuve décrit-il des méandres ?*

171

LES OCÉANS ET LES FONDS MARINS

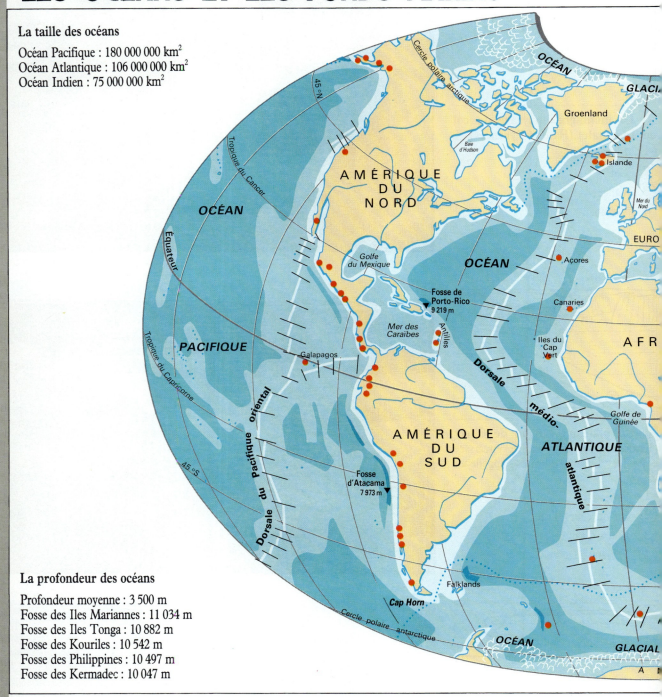

La taille des océans

Océan Pacifique : 180 000 000 km²
Océan Atlantique : 106 000 000 km²
Océan Indien : 75 000 000 km²

La profondeur des océans

Profondeur moyenne : 3 500 m
Fosse des Iles Mariannes : 11 034 m
Fosse des Iles Tonga : 10 882 m
Fosse des Kouriles : 10 542 m
Fosse des Philippines : 10 497 m
Fosse des Kermadec : 10 047 m

Profondeur des océans

- Moins de 200 m : plateforme continentale
- de 200 à 4 000 m : plaines et bassins océaniques
- de 4 000 à 6 000 m : plaines et bassins océaniques
- plus de 6 000 m : fosses océaniques

▼ Profondeur des principales fosses
10 000 m

Dorsale montagneuse au milieu des océans

● Volcan en activité

Une partie des océans est gelée

⋯ Limite des glaces flottantes

Banquise

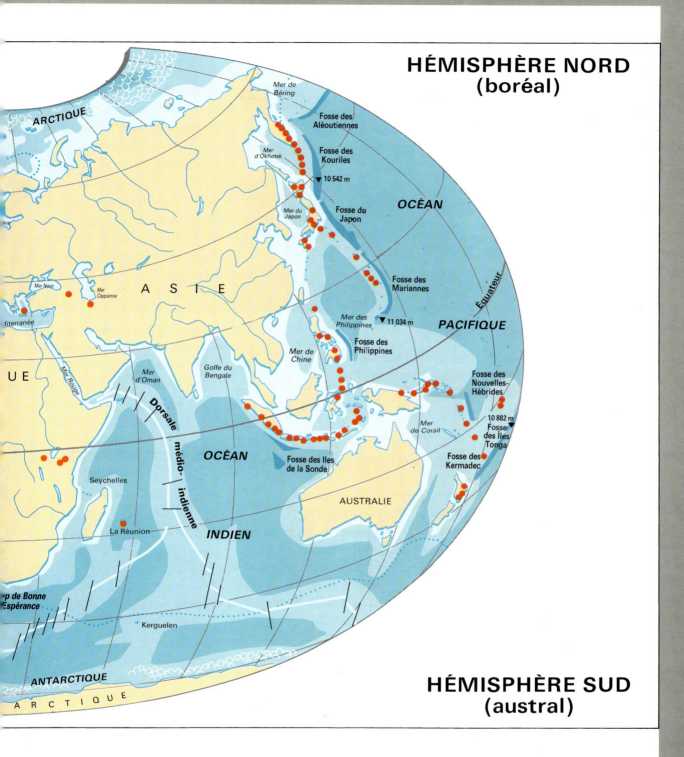

Un planisphère trompeur ?

Le planisphère centré sur l'Afrique et l'Europe découpe le globe le long du méridien 180°.

L'Océan Pacifique apparaît coupé en deux sur les bords du planisphère.

Une autre représentation de la Terre, ouvrant le globe le long du méridien 0° montrerait l'Océan Pacifique en entier.

L'eau de mer et ses richesses

– 1 322 millions de kilomètres cubes d'eau dans les océans et les mers.
– 1,7 milliards de tonnes de végétaux marins.
– 32,5 milliards de tonnes d'animaux marins.
– 48 millions de tonnes de sel.

4. Les océans et les mers

[I] Image satellite Spot de la baie du Mont-Saint-Michel.

♦ *Sur un calque, dessinez les cours d'eau, la côte, les bancs de sable, les champs, le Mont-Saint-Michel.*

1. La planète bleue

● Les océans et les mers couvrent 70 % de la surface de la Terre. **Il y a cinq océans : l'océan Pacifique, l'océan Atlantique, l'océan Indien, l'océan glacial Arctique et l'océan glacial Antarctique.** Le plus grand, l'océan Pacifique, 180 millions de km², est à lui seul plus vaste que tous les continents réunis.

● Les mers sont plus petites que les océans. Elles se situent généralement en bordure des continents. Certaines mers, comme la mer du Nord, communiquent largement avec les océans : ce sont des mers bordières. D'autres, comme la mer Caspienne, sont fermées.

● Le relief sous-marin comprend trois domaines (doc. [2]) :
— **la plate-forme continentale** prolonge le continent sous la mer (doc. [4]) jusqu'à −200 m et se termine par le talus continental ;
— au-delà, ce sont les grands fonds marins. Les bassins océaniques sont des plaines sous-marines entre −2 000 et −6 000 m de profondeur. D'étroites fosses abyssales sont très profondes. Dans le Pacifique la fosse des Mariannes atteint −11 034 m ;
— **les dorsales océaniques*** sont de véritables montagnes sous-marines.

2. Les eaux marines

● Toutes les eaux marines ne sont pas à la même température. **Aux hautes latitudes (près des pôles), les mers sont froides. Les mers chaudes se situent entre les tropiques.** Mais cette répartition globale est perturbée par des **courants marins** qui déplacent de formidables masses d'eau sur des milliers de kilomètres (doc. [1]). Par exemple : la dérive nord-atlantique apporte des eaux tièdes du golfe du Mexique sur les côtes d'Europe occidentale.

● **L'eau de mer compte en moyenne 35 grammes de sel par litre (35 ‰).** Avec l'évaporation, la **salinité*** augmente (doc. [3]) : elle est de 40 ‰ dans la mer Rouge qui est une mer chaude. Dans les mers froides, l'évaporation est moins importante et la salinité est moindre : elle est de 7 ‰ dans la mer Baltique, mer froide et presque fermée où se jettent de nombreux fleuves.

VOCABULAIRE

* **Dorsale océanique** : chaîne de montagnes immergée au milieu d'un océan.

* **Salinité** : quantité de sels dissous dans un litre d'eau de mer. La salinité moyenne est de 35 g par litre, c'est-à-dire 35 pour mille.

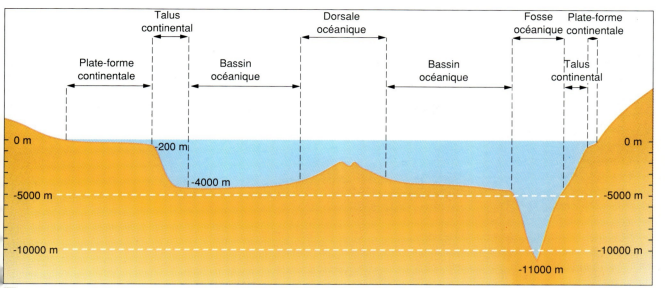

2 Coupe à travers un océan.

◆ A l'aide du planisphère pp. 172/173, citez des fosses de plus de 10 000 m, et des îles situées sur des dorsales océaniques.

3 La richesse de l'eau de mer

Les ressources de la mer semblent inépuisables et leur inventaire est surprenant.

« L'eau de mer contient en suspension des particules minérales et organiques qui lui donnent sa couleur, une certaine transparence et une fertilité plus ou moins grande. [...]

En surface, la teneur en sels nutritifs est fort variable selon la durée et l'intensité de l'éclairement, et donc de la photosynthèse. [...] La vie a pu prendre naissance dans les océans en formant, maillon après maillon, une chaîne vitale (ou alimentaire) allant de l'organisme microscopique (comme la bactérie) jusqu'au plus volumineux mammifère comme la baleine. »

J.-R. VANNEY, *Grande Encyclopédie Larousse*, 1975.

◆ D'où viennent les particules animales et organiques en suspension dans l'eau de mer ?

◆ Recherchez le nom de végétaux et d'animaux marins récoltés par les hommes.

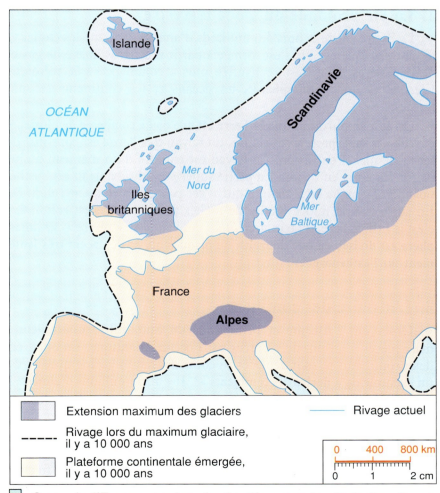

4 Carte de l'Europe pendant la dernière grande glaciation, il y a 10 000 ans.

◆ Pourquoi les îles britanniques n'étaient-elles pas des îles ?
◆ Que voyait-on il y a 10 000 ans à la place de la mer du Nord et de la mer Baltique ?

5. La vie de la Terre

[1] L'Afrique, l'Arabie et le détroit d'Aden vus depuis l'espace.

1. La vie profonde du globe terrestre

● La Terre existe depuis 4,6 milliards d'années. Comme les étoiles et les autres planètes, elle s'est formée à partir d'un gros nuage de gaz et de poussières. Elle s'est réchauffée puis a commencé à se refroidir. C'est alors que l'**atmosphère***, les océans et les continents se sont formés.

● On sait aujourd'hui que **la Terre est une boule composée de plusieurs enveloppes superposées.** Au centre, un noyau très dense est constitué de fer et de nickel en fusion. Ce noyau est entouré d'un manteau moins dense, lui aussi en fusion. La partie supérieure du manteau est l'asthénosphère, couche très chaude qui n'est pas complètement solidifiée. En surface, une mince croûte de roches plus légères s'est solidifiée : c'est la lithosphère, du mot grec *lithos* qui veut dire « pierre ». **La lithosphère est divisée en une douzaine de plaques qui se déplacent très lentement sur l'asthénosphère** (doc. [2]).

2. L'histoire des continents

● Observons l'Afrique et l'Amérique du Sud. Elles ressemblent à deux pièces d'un puzzle séparées par l'océan Atlantique. En effet, ces deux continents se sont déplacés au cours des temps géologiques : c'est un exemple de **« dérive des continents »***. Il y a 255 millions d'années, il n'y avait qu'un seul continent, entouré par un océan. Des cassures l'ont divisé en plusieurs plaques qui se sont écartées les unes des autres et continuent à se déplacer.

● **Entre deux plaques qui s'éloignent, un fossé ou *rift**, envahi par la mer, devient un océan.** Une dorsale sous-marine marque la zone de fracture de la croûte. Dans la mer Rouge, nous assistons actuellement à la naissance d'un océan (doc. [1] et [3]). **Le choc de deux plaques qui se rencontrent entraîne la formation d'une chaîne de montagnes** (doc. [3]).

● Les **séismes*** et les éruptions volcaniques, mouvements brutaux, catastrophiques de l'écorce terrestre, s'expliquent aussi par le déplacement des plaques (doc. [4]). Leur localisation correspond aux limites des plaques en Islande, au Japon, en Italie (doc. [2]).

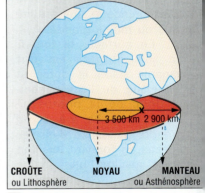

Coupe de la Terre.

VOCABULAIRE

* **Atmosphère** : enveloppe gazeuse qui entoure la Terre.

* **Dérive des continents** : lent déplacement des plaques de la croûte terrestre. Les continents s'écartent ou se rapprochent.

* **Rift** : déchirure de la croûte terrestre. De part et d'autre du rift, les plaques s'écartent.

* **Séisme** : tremblement de terre.

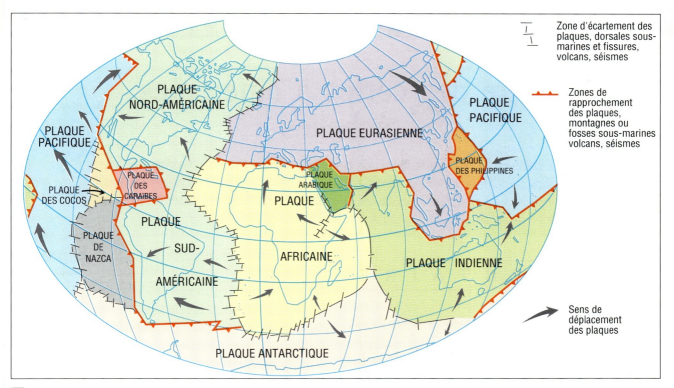

2 Les grandes plaques de l'écorce terrestre.

◆ *Que se passe-t-il au contact de la plaque eurasienne et de la plaque africaine ?*

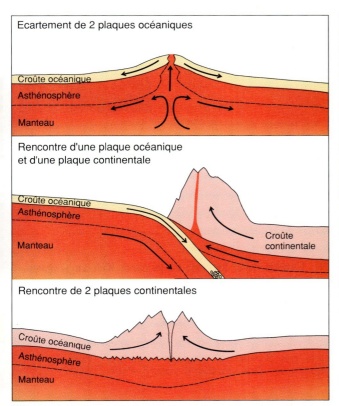

3 La formation du relief au contact des plaques.
— En haut : naissance d'un océan.
— Au milieu : formation d'une fosse océanique et d'une chaîne de montagnes côtières comme les Andes.
— En bas : formation d'une chaîne de montagnes comme l'Himalaya.

4 Après un tremblement de Terre en Alaska (1984).

◆ *Décrivez les dégâts provoqués par le séisme (maisons, routes...).*

◆ *Quels sont les dangers courus par la population après un séisme ?*

ACTIVITÉS ET DOCUMENTS

Lire des cartes à différentes échelles

Une carte est la représentation d'une partie de l'espace terrestre dessinée sur une surface plane. Il existe de nombreuses sortes de cartes comme les cartes routières, touristiques ou historiques, les cartes de relief... Elles offrent des informations localisées : noms de lieux, routes ou forêts par exemple.

COMMENTAIRE

■ **L'échelle d'une carte.**
— L'espace représenté par une carte peut être de la taille d'un continent ou de celle d'une commune. Comment connaître la taille de l'espace représenté ? L'échelle indiquée sur la carte permet de répondre à cette question.

— L'échelle d'une carte est le rapport entre les dimensions mesurées sur la carte et les distances mesurées sur le terrain. L'échelle numérique est une fraction : 1/25 000, par exemple, signifie que 1 centimètre sur la carte représente 25 000 centimètres sur le terrain (c'est-à-dire 250 mètres). L'échelle graphique est un segment-repère qui permet de lire sur la carte, la distance réelle entre deux points.

— Pour faire une carte, il faut tenir compte de la taille de l'espace que l'on veut représenter (continent ou commune) et choisir l'échelle appropriée : petite échelle et peu de détails pour un continent, grande échelle et beaucoup de détails pour une commune.

■ **La légende de la carte.**
— La légende d'une carte est l'ensemble des signes utilisés sur cette carte, avec leur signification.

— Ces signes sont classés par thèmes : relief, végétation, axes de communications, bâtiments... Ils peuvent ressembler aux objets qu'ils symbolisent (un bateau pour représenter un port) ou non. Leur signification est toujours écrite à côté.

— Avec une légende claire, la carte montre immédiatement ce qui est important.

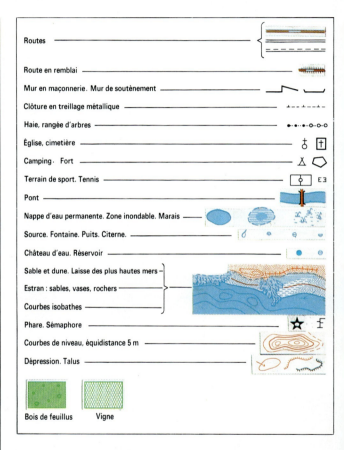

1 Extrait de la légende de la carte IGN au 1/25 000.

QUESTIONS

◆ Calculez la distance entre la pointe Saint-Eulard, au nord de l'île d'Aix, et la pointe Sainte-Catherine au sud, sur chacune des 3 cartes de la page ci-contre. Utilisez l'échelle graphique et l'échelle numérique. Que constatez-vous ? Pourquoi ?

◆ Retrouvez les signes ou figurés des parcs à huîtres sur les 3 cartes de la page 179.

◆ Quelles informations et quels noms disparaissent lorsque l'échelle de la carte diminue ? Pourquoi ?

◆ Comparez l'échelle de la carte de l'île de la Réunion (p. 290) et celle de la carte du bassin du Danube (p. 205). Quelle est la plus grande échelle ?

ACTIVITÉS ET DOCUMENTS

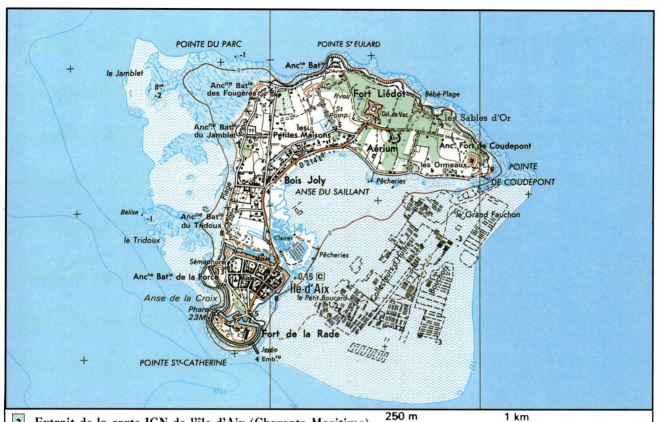

2 Extrait de la carte IGN de l'île d'Aix (Charente-Maritime) au 1/25 000 : 250 m 1 km

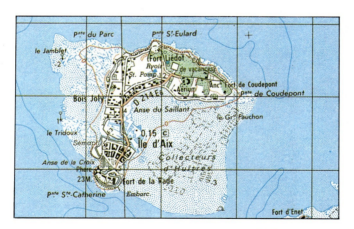

3 Extrait de la carte IGN au 1/50 000 : 500 m 1 km

4 Extrait de la carte IGN au 1/100 000 : 1000 m 1 km

Chapitre 2

LA TERRE, PLANÈTE DES HOMMES

« L'action de l'homme donne la plus grande diversité d'aspect à la surface terrestre. D'un côté, elle détruit, de l'autre, elle améliore ; suivant l'état social et les progrès de chaque peuple, elle contribue tantôt à dégrader la nature, tantôt à l'embellir. »

E. RECLUS, *Evolution, révolution et idéal anarchique*, vers 1860.

1 **Des chercheurs d'or en Amazonie (Brésil).** Une foule d'hommes attaque la roche à la pelle et à la pioche. Tous espèrent trouver l'or qui leur apportera la richesse.

2 **L'île de Fédrun en Grande Brière (Loire-Atlantique).** Un ruban de maisons suit l'ancien rivage d'une île aujourd'hui entourée de marais.

PLAN DU CHAPITRE

Planisphère :
La population de la Terre 182/183
1. Les hommes peuplent la Terre 184/185
2. Les hommes exploitent la Terre 186/187
3. Les hommes circulent 188/189
4. Les hommes aménagent l'espace 190/191

Activités et documents :
Lire une photographie 192/193
Comparer un texte et une carte 194/195

LA POPULATION DE LA TERRE

Répartition de la population

• = 2 millions d'habitants

Grandes agglomérations urbaines

■ 10 millions d'habitants et plus

■ 5 à 9 millions d'habitants

Croissance de la population

- Forte (plus de 2 %)
- Moyenne (de 1 à 2 %)
- Faible (moins de 1 %)

Rang	Nom (pays)	Population en millions d'habitants		Rang	Nom (pays)	Population en millions d'habitants	
		1987	2000 (estimation)			1987	2000 (estimation)
1	Tokyo (Japon)	18,3	20,2	9	Londres (Royaume-Uni)	10,4	10,5
2	Mexico (Mexique)	18,3	25,2	10	Séoul (Corée du Sud)	10,3	13,8
3	São Paulo (Brésil)	15,9	24,0	11	Bombay (Inde)	10,1	16,0
4	New York (États-Unis)	15,6	15,8	12	Los Angelès (États-Unis)	10,0	11,0
5	Shanghai (Chine)	12,0	14,3	13	Osaka-Kobé (Japon)	9,4	10,5
6	Calcutta (Inde)	10,9	16,5	14	Beijing (Chine)	9,2	11,2
7	Buenos-Aires (Argentine)	10,9	13,2	15	Moscou (Union Soviétique)	9,0	10,4
8	Rio de Janeiro (Brésil)	10,4	13,3				

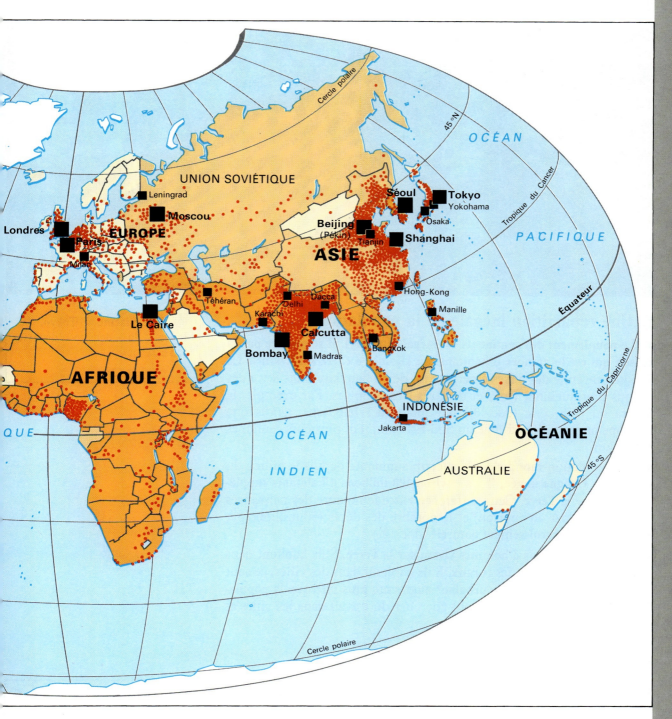

Rang	Nom (pays)	Population en millions d'habitants		Rang	Nom (pays)	Population en millions d'habitants	
		1987	2000 (estimation)			1987	2000 (estimation)
16	Paris (France)	8,7	8,7	24	Chicago (États-Unis)	6,8	7,0
17	Jakarta (Indonésie)	7,9	13,2	25	Karachi (Pakistan)	6,7	12,0
18	Tianjin (Chine)	7,9	9,7	26	Bangkok (Thaïlande)	6,1	10,8
19	Le Caire (Égypte)	7,7	11,1	27	Lima (Pérou)	5,7	9,1
20	Téhéran (Iran)	7,5	13,5	28	Madras (Inde)	5,2	8,1
21	Delhi (Inde)	7,4	13,2	29	Hong Kong	5,1	6,4
22	Milan (Italie)	7,2	8,2	30	Léningrad (Union Soviétique)	5,1	5,9
23	Manille (Philippines)	7,0	11,1				

CHAPITRE 2 : LA TERRE, PLANÈTE DES HOMMES

1. Les hommes peuplent la Terre

1 Une piscine à Tokyo. Au Japon, la densité dépasse 320 hab./km².

1. Une répartition inégale de la population

● **Le peuplement des continents est inégal** (doc. 1). **Il se mesure par la densité qui est le nombre d'habitants au kilomètre carré** (hab./km²). La densité moyenne des terres émergées est de 36 hab./km² mais il y a des régions pratiquement vides et d'autres très peuplées. Par exemple, le Sahara ou la Sibérie (doc. 3) ont moins d'1 hab./km², tandis que l'Europe ou les vallées d'Asie du Sud-Est comptent plusieurs centaines d'hab./km².

● La population mondiale a beaucoup augmenté depuis le milieu du XXᵉ siècle. **Chaque année, il y a environ 100 millions d'habitants supplémentaires sur la Terre.** Cette différence entre le nombre des naissances (150 millions par an environ) et le nombre des décès (50 millions par an) s'appelle l'**accroissement naturel*** (doc. 2).

● **Plus de 5 milliards d'hommes vivent sur la Terre.** S'ils habitent dans les campagnes, ce sont des ruraux. S'ils habitent dans des villes, ce sont des citadins. La **population urbaine*** augmente plus vite que la **population rurale*** car les gens viennent chercher du travail dans les villes et s'y installent (doc. 2).

2. Les conditions du peuplement

● Comparons le planisphère du relief (pp. 168/169) et celui de la répartition de la population (pp. 182/183) : les régions montagneuses sont moins peuplées que les plaines et les vallées. Comparons le planisphère des zones climatiques (pp. 208/209) et celui de la répartition de la population : les régions froides et les déserts sont presque vides d'habitants. **Le relief et le climat jouent donc un rôle important dans la répartition des hommes sur Terre** (doc. 3 et 4).

● **Des milieux naturels comparables peuvent avoir des densités de population différentes.** Les montagnes d'Amérique du Sud sont plus peuplées que celles d'Asie. L'histoire de la civilisation explique ces différences. Lorsque les hommes connaissent des techniques efficaces (par exemple l'irrigation), ils peuvent maîtriser le milieu naturel. Sinon, ils restent soumis aux contraintes du milieu naturel.

VOCABULAIRE

* **Accroissement naturel** : différence entre le taux de natalité et le taux de mortalité d'une population. Il s'exprime en « pour cent ».

* **Population rurale** : population qui habite dans les campagnes. En France, population des communes qui comptent moins de 2 000 habitants.

* **Population urbaine** : population qui habite dans les villes (par opposition à la population rurale).

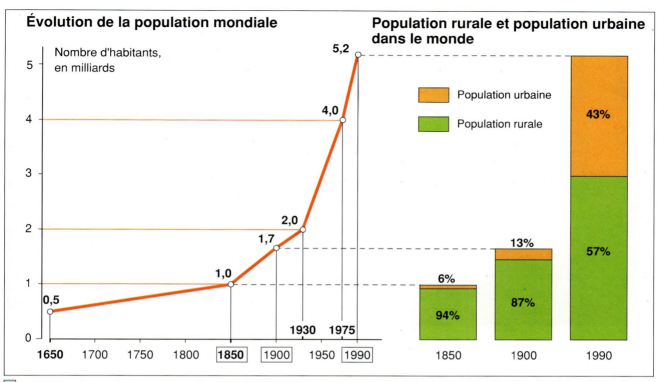

2 **La population mondiale : croissance et urbanisation.**
La courbe de gauche montre la croissance de plus en plus rapide de la population mondiale. Les trois barres du graphique de droite présentent l'évolution de la population urbaine et de la population rurale.

- ◆ *En combien d'années la population mondiale est-elle passée de 1 à 2 milliards ? Et de 2 à 4 milliards d'hommes ?*
- ◆ *Depuis quand y a-t-il un accroissement rapide de la population urbaine ?*

3 **Le froid limite le peuplement**

En règle générale, l'espace peuplé sur la terre correspond à l'espace cultivé. Les facteurs limitant de l'agriculture sont aussi ceux du peuplement, comme le froid et la sécheresse.

« Il est possible aujourd'hui d'entretenir des collectivités humaines en climat polaire grâce à un ravitaillement en produits frais venant des régions moins froides, grâce aussi à quelques essais de culture protégée, mais l'entretien de ces collectivités est très coûteux et il ne peut se justifier que si d'importants intérêts économiques ou stratégiques sont en jeu ; c'est le cas en Alaska et dans les régions les plus septentrionales du Canada ou de l'Union Soviétique. Il ne reste pas moins vrai que le nombre des hommes est extrêmement faible dans les régions subissant de grands froids et qu'il le restera toujours : l'aspiration à gagner des régions à climat moins sévère qui se manifeste aujourd'hui ne fera sans doute que s'amplifier. »

D. NOIN, *Géographie de la population,* Masson, 1979.

◆ *A quelles conditions les hommes peuvent-ils s'établir dans les régions polaires ?*

4 **Un téléphone solaire dans le désert d'Arabie Saoudite.** Dans ce pays, la densité de peuplement est inférieure à 1 hab./km².

CHAPITRE 2 : LA TERRE, PLANÈTE DES HOMMES

2. Les hommes exploitent la Terre

[1] Une mine de cuivre à ciel ouvert en Utah, aux États-Unis.

1. L'agriculture et la pêche

● Aujourd'hui, l'agriculture livre des productions abondantes. Elle peut être spécialisée quand il y a une production dominante (horticulture en Anjou). **La diversité des sols et des climats ne permet pas partout les mêmes cultures.** Par exemple, en France, il y a des régions céréalières comme la Beauce, des régions viticoles comme le Languedoc ou des régions d'élevage comme le Limousin (doc. [3]).

● **Les cultures vivrières, base de l'alimentation des paysans, sont rarement vendues, à la différence des cultures commerciales.** Le maïs est une culture vivrière pour un paysan colombien, et une culture commerciale pour un agriculteur beauceron.

● Les techniques de pêche artisanale procurent juste de quoi nourrir le pêcheur et sa famille. Les navires-usines de la pêche industrielle, appartenant à de grandes sociétés, partent pour plusieurs mois dans les mers lointaines. Ils capturent d'énormes quantités de poissons, les conditionnent à bord et les ramènent prêts pour la vente dans leurs cales. Si l'**aquaculture*** tient ses promesses, les hommes pourront multiplier les espèces de qualité (doc. [2]).

2. Les industries

● **L'industrie transforme les matières premières*.** L'exploitation de produits végétaux (bois, fibres textiles) et minéraux (fer, sel) approvisionne aussi bien l'artisanat familial que les usines (doc. [4]). Les gisements de minerais sont exploités à ciel ouvert (doc. [1]) ou dans des galeries de mines.

● Depuis la révolution industrielle du XIXᵉ siècle, l'utilisation massive des **sources d'énergie*** a bouleversé la vie de l'humanité. Les différents pays se classent en pays industrialisés, pays non industrialisés, nouveaux pays industriels...

● Mais attention, si certaines richesses comme l'hydroélectricité et l'énergie solaire se renouvellent, d'autres comme le pétrole et les minerais s'épuisent. Les progrès techniques devraient permettre d'éviter les gaspillages et de lutter contre la pollution (doc. [5]).

VOCABULAIRE

* **Aquaculture** : culture de végétaux marins et surtout élevage de poissons de mer, de coquillages et de crustacés.

* **Matières premières** : produits bruts extraits du sous-sol ou fournis par l'agriculture.

* **Source d'énergie** : matière qui permet de produire de la chaleur ou de faire fonctionner les machines.

2 Le développement de l'aquaculture

L'aquaculture suscite un grand intérêt car la part des produits aquatiques dans l'alimentation des Français tend à augmenter d'année en année.

« En France, l'aquaculture concerne l'élevage traditionnel de poissons dans les marais de l'Atlantique (anguilles, mulets, bars) ainsi que l'élevage ou la culture de nouvelles espèces [...] (turbot en eau de mer, esturgeon en eau douce), alors que d'autres (truite, saumon, bar, anguille et palourde) connaissent déjà une production significative.

Dans les départements et territoires d'outre-mer situés en zone intertropicale, on assiste également à un développement, encore limité mais riche de perspectives, de l'aquaculture : tortue (La Réunion), crevette (Nouvelle-Calédonie) et chevrette (crevette d'eau douce en Guyane, Martinique et Guadeloupe). »

P. AUGIER, *L'Aquaculture dans le monde et en France*, Chambres d'agriculture, février 1989.

♦ *Quels produits fournit l'aquaculture ?*

3 **Des taureaux sélectionnés au salon de l'agriculture à Paris.** Au premier plan, un charolais. Cette race est recherchée pour la qualité de sa viande.

4 L'industrie textile

Matières premières	Activités économiques liées au travail des textiles	Produits finis vendus	
		aux ménages	à l'industrie
Fibres végétales (coton, jute, sisal, chanvre...) **Fibres animales** (laine de mouton, soie...) **Fibres synthétiques** (nylon, polyester, dralon...)	agriculture - filature élevage - tissage industrie des colorants - pétrochimie bonneterie confection - mode distribution de détail	vêtements linge de maison ameublement tapisserie revêtements muraux pansements	bâches, sacs isolation pharmacie cordages aéronautique matériaux composites

5 Le nettoyage d'une plage bretonne souillée par une marée noire.

CHAPITRE 2 : LA TERRE, PLANÈTE DES HOMMES

3. Les hommes circulent

1. Les moyens de transport

● **Les transports servent aux déplacements des hommes vers leurs lieux de travail ou de loisir. Ils permettent d'acheminer les produits vers les usines ou les points de vente** (doc. 4).

● Il existe une multitude de moyens de transport, terrestres, fluviaux, maritimes ou aériens. Ils sont inégalement développés selon les pays. La construction d'**infrastructures*** comme les ports, les ponts ou les tunnels, coûte très cher (doc. 1).

● Les pays industriels disposent de **réseaux*** routiers et ferroviaires, de voies d'eau aménagées, de nombreuses lignes aériennes... Cet équipement complet permet à l'usager de choisir et de **combiner les avantages des divers moyens de transport** (doc. 2 et 3). Ailleurs, le sous-équipement limite le développement des échanges.

2. Les courants de migration

● Les hommes changent de domicile et partent s'établir dans d'autres régions ou dans d'autres pays. **Ces déplacements s'appellent migrations*** (doc. 5). Les **immigrants*** sont attirés par de meilleures conditions d'existence. Lorsqu'ils partent pour trouver un emploi, il s'agit de migration de travail. Les réfugiés politiques veulent avant tout sauver leur liberté. Ainsi les États-Unis ont accueilli des millions d'immigrants qui ont quitté leur pays d'origine pour des raisons économiques ou politiques.

● Depuis plus d'un siècle, **les habitants des campagnes européennes partent s'installer en ville** où ils espèrent trouver une vie plus facile : **c'est l'exode rural***. Ce mouvement migratoire qui vide les campagnes touche aujourd'hui tous les pays du monde.

● La recherche d'un emploi explique l'arrivée d'immigrés des pays méditerranéens et africains en Europe, d'immigrés mexicains aux États-Unis. **Les courants migratoires favorisent les régions prospères** et celles qui bénéficient d'un climat ensoleillé. Ainsi, le sud des États-Unis, le Midi méditerranéen français accueillent des retraités et des activités nouvelles souvent liées au tourisme.

> **1** Singapour, un des ports les plus actifs du monde.
>
> ◆ *Quels bateaux voyez-vous ? A quoi servent-ils ?*

VOCABULAIRE

* **Infrastructures** : ensemble des installations au sol nécessaires aux transports (pont, tunnel, routes...)

* **Réseau** : ensemble des voies de communication entrelacées plus ou moins régulièrement dans une région.

* **Migration** : déplacement de population d'une région à l'autre ou d'un pays à l'autre.

* **Immigrant** : personne qui entre dans un pays pour s'y établir.

* **Exode rural** : départ des habitants de la campagne vers la ville.

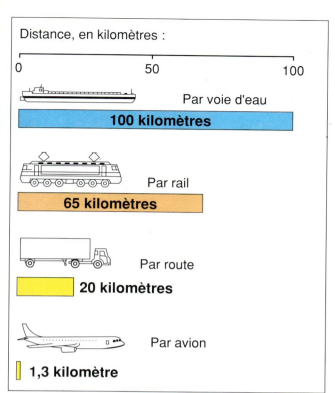

2 Distance parcourue par une tonne de marchandise avec un litre de carburant.

3 Un portique de manutention pour conteneurs.
◆ Quel est l'avantage du transport par conteneur ?

4 Panières d'huîtres dans la zone de fret de l'aéroport d'Orly.

◆ Pourquoi ces huîtres vont-elles être transportées par avion ?

5 Le migrant dans les pays développés

Voici le portrait-type du migrant venu s'installer dans une ville européenne au cours des années 1950.

« Dans les pays développés, les migrants sont en majorité des jeunes (à l'âge des études, du premier emploi ou des premières années d'activité professionnelle). A Paris et à Londres, plus de la moitié ont entre 15 et 29 ans ; à Turin et à Oxford, les 2/3 appartiennent à ces groupes d'âge. D'autres groupes d'âge sont cependant concernés par les mouvements, notamment les enfants, les adultes âgés et les personnes prenant leur retraite. Les migrants comportent à peu près autant de femmes que d'hommes, parfois même un peu plus de femmes que d'hommes parce que les villes offrent beaucoup d'emplois féminins dans les activités tertiaires. Les migrants sont formés de personnes mariées plus souvent que de célibataires. Les agriculteurs sont peu nombreux ; plus des 9/10 en général sont engagés dans des activités secondaires ou tertiaires. [...] Ouvriers, employés, techniciens et cadres sont plus mobiles que les artisans ou les commerçants ou les agriculteurs. »

D. NOIN, *Géographie de la population*, Masson, 1979.

◆ Relevez dans le texte les caractéristiques du migrant : origine géographique et sociale, situation de famille, âge...

CHAPITRE 2 : LA TERRE, PLANÈTE DES HOMMES

4. Les hommes aménagent l'espace

1. La création des espaces urbains

● **La ville est le lieu où se concentrent les hommes et leurs activités. C'est un espace entièrement transformé par les constructions** de bâtiments et de voies de circulation (doc. 1). **Les plans d'urbanisme*** attribuent une fonction à chaque terrain de la ville : ils prévoient la place des infrastructures et des équipements collectifs, comme les écoles ou les piscines. Seuls les espaces verts rappellent l'environnement naturel.

● Les pouvoirs politique, religieux et économique sont visibles dans le paysage urbain. Au centre ville se côtoient les édifices religieux (églises, mosquées...), les bâtiments publics, les banques, les théâtres, les cinémas, les magasins... Les quartiers d'habitation se développent autour du centre ville selon les plans d'urbanisme ou bien spontanément (doc. 3). Dans les pays du Tiers-Monde, l'exode rural gonfle les **bidonvilles*** d'une population souvent misérable (doc. 4).

● **Les banlieues* sont résidentielles ou industrielles.** Le paysage de banlieue est composé de zones pavillonaires, d'immeubles et de zones industrielles où se regroupent les usines et les entrepôts.

1 La gare ferroviaire de Lyon-Perrache (à gauche) et un échangeur de l'autoroute du Sud (à droite).

2. La transformation des paysages naturels

● **Dans les campagnes, les cultures font reculer les paysages naturels.** Il a souvent fallu défricher la forêt (doc. 2), assécher les fonds de vallée marécageux pour pouvoir cultiver ou élever du bétail.

● Dans l'évolution des paysages ruraux, les techniques employées jouent un rôle capital. Pour produire plus, l'agriculteur recherche des machines de plus en plus performantes, mais très coûteuses. Sans argent, sans matériel et sans connaissances scientifiques, **la majorité des paysans du monde se plie aux conditions naturelles de climat, de relief et de sols.**

● Dans les régions sèches comme le Sahel en Afrique, le forage de puits profonds permet le développement de périmètres irrigués et des récoltes régulières. Ces puits, coûteux, transforment le paysage et les méthodes agricoles.

VOCABULAIRE

* **Plan d'urbanisme** : document qui définit les projets de construction et d'aménagement de l'espace urbain.

* **Bidonville** : habitat spontané très pauvre fait de matériaux de récupération (tôles, planches) à la périphérie des villes.

* **Banlieue** : ensemble des localités qui entourent une ville.

2 Un village lorrain caractéristique : Zoufftgen, en Moselle.

♦ *Recherchez les détails qui montrent que Zoufftgen est un village de défrichement.*

3 Un exemple de rurbanisation en Ile-de-France.

♦ *Retrouvez le centre ancien du village, les nouvelles cités résidentielles et les établissements industriels.*

> **4** **Les villes-champignons du désert**
>
> Au Moyen-Orient, Koweit est passé de moins de 10 000 habitants en 1939 à plus d'un million en 1980. Abu Dhabi, bourgade de pêcheurs de 5 000 habitants en 1962, est devenue une capitale moderne de 400 000 habitants.
>
> « Le paysage urbain de ces "villes-champignons" est celui de l'inachèvement, de hérissons de grues et d'échafaudages. Gagnées sur le désert, ces villes poussent par îlots séparés par des terrains vagues et des chantiers de démolition, car la richesse rend vite désuet l'habitat et permet de reconstruire très vite. Ces villes, perpétuellement en chantier, sont des villes de la fin du XXe siècle, en béton, verre et aluminium, faites comme dans leur modèle américain pour l'automobile, reine de ces pays où le carburant n'a guère de valeur. Le luxe le plus fou, réservé aux rentiers du pétrole et à ceux qui en tirent directement des profits, y côtoie les bidonvilles des immigrés, parfois simples campements de tentes pour Pakistanais. »
>
> P.-J. THUMERELLE, *DIEM* « Peuples en mouvement, la mobilité spatiale des populations », SEDES, 1987.
>
> ♦ *Dessinez les étapes de la construction d'une ville-champignon sur la côte du golfe Persique.*

ACTIVITÉS ET DOCUMENTS

Lire une photographie

Pour comprendre un paysage, il est important de l'observer et de retrouver la part de la nature et la part des aménagements humains.

1 **La haute vallée du Rhin à Domat-sur-Ems, en Suisse.** Sur une photographie, la division en plusieurs plans permet une description précise. **Au premier plan,** les détails de la petite ville de Domat sont visibles. **Au deuxième plan,** un espace agricole occupe le fond de la vallée. **A l'arrière-plan,** une barrière montagneuse ferme l'horizon.

ACTIVITÉS ET DOCUMENTS

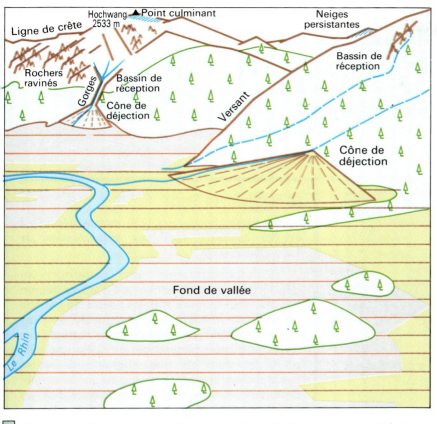
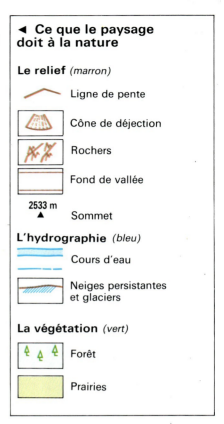

2 La part de la nature dans le paysage (en gris, les zones urbanisées).

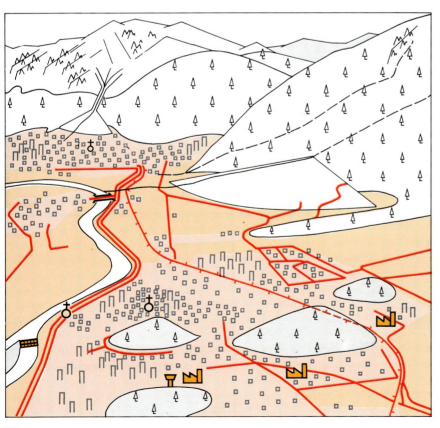
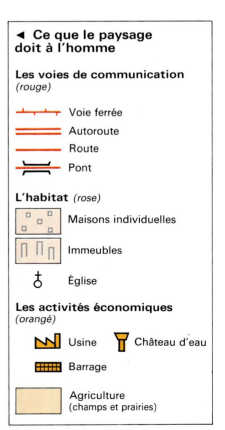

3 La part des aménagements humains dans le paysage.

ACTIVITÉS ET DOCUMENTS

Comparer un texte et une carte

En géographie, un texte et une carte peuvent fournir des informations complémentaires. L'étude de Stockholm et celle de Nouakchott montrent que le texte et la carte permettent de comprendre le développement de ces deux villes.

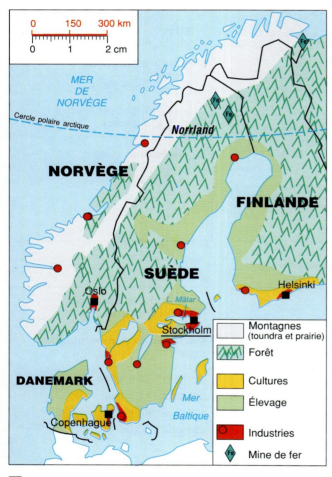

1 La situation de Stockholm en Scandinavie.

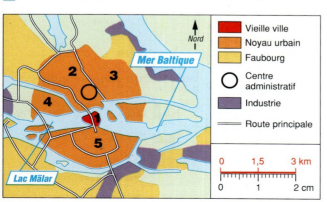

2 Le plan de Stockholm (numéros repris dans le texte).

3 Stockholm en Suède

Stockholm, fondée vers 1250, compte aujourd'hui 650 000 habitants dans une agglomération de 1 400 000 habitants.

« Stockholm est un carrefour au débouché, sur la Baltique, de l'active région des basses terres centrales entre la Suède méridionale industrialisée et agricole et l'immense Norrland, peu peuplé, mais riche de ses forêts et de son minerai de fer. C'est une ville pont, construite sur une vingtaine de petites îles d'un archipel entre le lac Mälar et la mer Baltique. L'urbanisme est caractérisé par les solutions apportées aux problèmes de la circulation : grands ponts, échangeurs, réseau moderne et efficace du métropolitain. Des quartiers et des villes satellites, bien reliées au centre de la ville, se sont édifiés au milieu des parcs sur les rives du lac Mälar.

La ville actuelle est formée par cinq quartiers principaux :
1. Gamla Stan, la vieille cité entre les ponts ;
2. Au nord, Norrmalm, centre des affaires ;
3. Au nord-est, Ostermalm, quartier résidentiel ;
4. Kunsholmen, où s'élève l'hôtel de ville ;
5. Södermalm, quartier résidentiel et industriel. »

J. GARREAU, *Grande Encyclopédie Larousse*, 1987.

EXERCICES

◆ D'après le texte et la carte, expliquez comment sa situation fait de Stockholm une ville-carrefour.

◆ Quelles ressources économiques font la prospérité de Stockholm ?

◆ Depuis combien de siècles Stockholm se développe-t-elle ?

◆ D'après le texte et le plan, décrivez les étapes du développement de Stockholm.

ACTIVITÉS ET DOCUMENTS

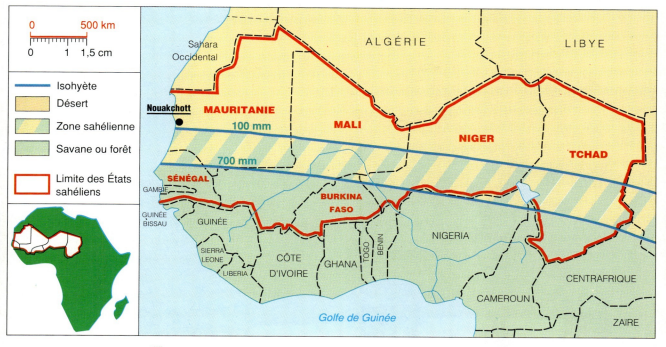

4 Nouakchott, capitale de la Mauritanie en bordure du Sahel.

5 Nouakchott en Mauritanie

1 Mauritanien sur 5 vit à Nouakchott dont la population est passée de 40 000 habitants en 1970 à 500 000 en 1989.

« Créée de toutes pièces en 1956, 4 ans avant l'indépendance, la capitale de la Mauritanie a évolué à partir des années 1970 dans un contexte qui est marqué par l'épuisement des mines de fer, la participation au conflit du Sahara occidental et la sécheresse. Au départ, le noyau urbain a été constitué par des responsables politiques, administratifs et commerçants. Puis, les classes moyennes dont les revenus étaient suffisants ont pu devenir locataires de logements populaires. C'est dans ce type d'habitat que les taudis ont commencé à se créer ; ils servaient d'hébergement aux nombreuses personnes attirées par les grands travaux de Nouakchott. La sécheresse a ensuite conduit les nomades à affluer vers la capitale ; la majorité s'est installée dans des campements à la périphérie de la ville, puis bien au-delà jusqu'à 10 à 25 km. Dans ces zones d'habitat spontané où les tentes représentent un tiers des abris, la situation sanitaire est catastrophique. »

O. d'HONT, « Les kébé de Nouakchott » dans *Afrique contemporaine* n° 139, 1986.

EXERCICES

◆ Quelle est l'origine de Nouakchott ?

◆ D'où viennent les habitants de cette ville ?

◆ Quel est le rôle économique et politique de Nouakchott ?

◆ Décrivez le paysage urbain et dessinez un plan schématique du centre et de la périphérie de Nouakchott.

COMMENTAIRE

■ Les textes géographiques apportent des informations à l'échelle locale (plan) ou à l'échelle régionale (carte).

■ Pour comparer les deux villes, il faut choisir plusieurs points significatifs :
— la population (sa croissance, son origine, sa composition...)
— les fonctions de la ville (politiques et économiques)
— le paysage urbain (monuments, habitations, équipements en infrastructures...)

■ La comparaison entre les descriptions de Stockholm (Suède) et de Nouakchott (Mauritanie) montre les grandes différences entre la capitale d'un pays de vieille civilisation européenne et la nouvelle capitale créée dans un pays en voie de développement.

Chapitre 3

LES MILIEUX CLIMATIQUES

[1] Un point d'eau dans le Tsavo Park au Kenya, en Afrique orientale. Les animaux de la savane africaine viennent boire à tour de rôle. A l'arrière-plan, les pentes des montagnes sont occupées par la forêt.

« Les [palombes] passent à l'automne. Elles arrivent du nord de l'Europe où elles montent au printemps pour y nicher, et se dirigent vers l'Afrique où elles hivernent. Elles sont avides de soleil. C'est pourquoi elles vont l'accueillir dans le Septentrion à la belle saison et le chercher, à la mauvaise, dans le Sud, jusqu'au bord des sables désertiques. Leur passage est réglé par l'état du ciel et par le vent. Par temps serein, elles vont d'un trait jusqu'aux montagnes, circulant à haute altitude. Quand il vente, particulièrement de l'est, quand il pleut, elles font halte et attendent que le ciel se soit apaisé ou éclairci. »

J. de PESQUIDOUX, *En pays gascon*, Plon, 1972.

[2] Des arbres sur la côte marocaine. La silhouette déformée de ces arbres traduit leur adaptation au vent dominant venu de l'océan Atlantique.

PLAN DU CHAPITRE

1. Le soleil et les rythmes de la vie 198/199
2. Les facteurs du climat 200/201

Activités et documents :
Construire et lire des graphiques 202/203

3. Les cours d'eau 204/205
4. La végétation de la Terre 206/207

Planisphère :
Les climats de la Terre 208/209

CHAPITRE 3 : LES MILIEUX CLIMATIQUES

1. Le soleil et les rythmes de la vie

1. Les heures rythment la journée

• **La rotation de la Terre explique l'alternance des jours et des nuits.** Sur la moitié du globe éclairée par le soleil, c'est le jour, et sur la moitié qui reste dans l'ombre, c'est la nuit. Au bout de 24 heures, chaque endroit de la Terre a effectué une rotation complète. Dans une journée, un Parisien peut voir que le soleil se lève vers l'est, monte dans le ciel jusqu'à midi, puis descend vers l'ouest et se couche. Il a observé le mouvement apparent du soleil.

• **Le soleil donne l'heure vraie.** Il est midi lorsqu'il atteint le plus haut point de sa course dans le ciel. **Il est midi en même temps pour tous les points d'un méridien*.** Pour les lieux situés à l'ouest de ce méridien c'est déjà le matin, et pour ceux situés à l'est, c'est encore l'après-midi.

• **On a divisé la surface de la Terre en 24 fuseaux horaires* limités par des méridiens espacés de 15°** (doc. 2). L'heure légale est la même pour tous les points d'un fuseau horaire. Le voyageur doit avancer sa montre d'une heure s'il se déplace vers l'ouest. L'heure des fuseaux horaires est définie par rapport au méridien 0°, le méridien de Greenwich.

2. Les saisons rythment l'année

• **La révolution de la Terre, dont l'axe est incliné, explique la succession des saisons** (doc. 3). L'axe des pôles reste incliné dans la même direction sur le plan de l'orbite terrestre.

• **Le 21 décembre**, la région du pôle Sud est la plus proche du soleil. Elle reste éclairée toute la journée : **c'est le début de l'été austral.** Le pôle Nord plonge dans la nuit : **c'est l'hiver boréal. En France, nous parlons de solstice* d'hiver.** Six mois plus tard, le 21 juin, la région du pôle Nord est la plus proche du soleil (doc. 1). C'est le solstice d'été pour l'hémisphère boréal.

• **Le 21 mars et le 23 septembre, ce sont les équinoxes* :** la limite entre la zone éclairée et la zone d'ombre passe par les pôles. Pour chaque lieu de la Terre, la durée du jour est égale à la durée de la nuit. Le déplacement de la Terre entre ces quatre positions remarquables correspond aux quatre saisons d'une année : hiver, printemps, été, automne.

---

1 Le mouvement apparent du soleil au-delà du cercle polaire arctique, pendant la nuit du solstice d'été.

♦ *Repérez le soleil de minuit.*
♦ *A quelle heure la première photographie a-t-elle été prise ?*

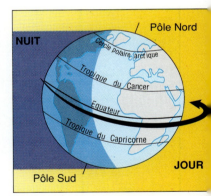

↑ Le jour et la nuit sur la Terre.

VOCABULAIRE

* **Fuseau horaire** : surface de la Terre comprise entre deux méridiens distants de 15°.

* **Solstice** : moment de l'année où l'inégalité de la durée des jours et des nuits est la plus grande. Le jour le plus long se situe lors du solstice d'été, le jour le plus court lors du solstice d'hiver.

* **Equinoxe** : moment de l'année où la durée du jour est égale à celle de la nuit.

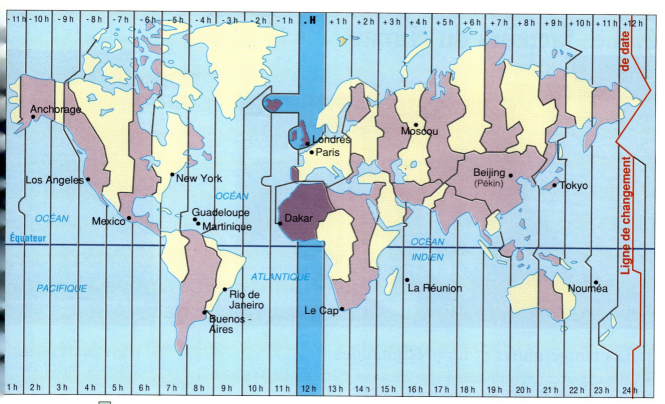

2 Les fuseaux horaires.

- Pourquoi les limites des fuseaux horaires ne correspondent-elles pas à des méridiens ?
- Quelle heure est-il en Guadeloupe lorsqu'il est midi à Paris ?
- Pourquoi un avion qui quitte Moscou à l'aube, arrive-t-il à New York au lever du soleil ?

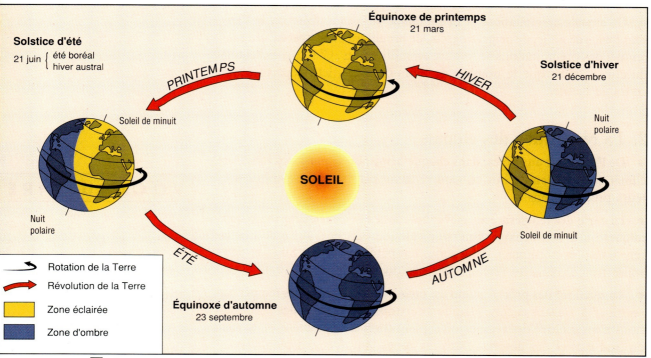

3 La succession des saisons dans l'hémisphère boréal.

- Recherchez les dates des saisons dans l'hémisphère austral.

199

CHAPITRE 3 : LES MILIEUX CLIMATIQUES

2. Les facteurs du climat

1. Les températures et les précipitations

● Mesurée avec un thermomètre sous abri, à un mètre du sol, **la température est un indicateur précis du climat** (doc. 1). Les séries de mesures effectuées fournissent des éléments de comparaison : **moyennes annuelles et mensuelles, amplitudes*, maximum, minimum.**

● **La répartition de la chaleur sur la Terre dépend de l'inclinaison des rayons du soleil.** En France, les rayons de soleil sont plus verticaux en été : il fait chaud ; ils sont très inclinés en hiver : il fait plus froid. Toute l'année, près de l'équateur, les rayons solaires sont presque verticaux : il fait toujours chaud. Dans les régions polaires, les rayons solaires sont toujours très inclinés, même en plein été : il fait froid.

● **On appelle précipitations l'eau qui tombe de l'atmosphère sur la Terre sous forme de pluie, de neige, de grêle, de brouillard ou de rosée...** Le total annuel des précipitations se mesure en millimètres. C'est un indicateur du climat, ainsi que le nombre de jours de pluie, leur répartition au cours de l'année...

2. La répartition des climats

● De l'équateur aux pôles, dans chaque hémisphère, plusieurs zones* de climat se succèdent. Elles se caractérisent par leurs températures et leurs précipitations.

● **La carte des températures moyennes met en évidence cinq zones thermiques :** une zone chaude intertropicale (de part et d'autre de l'équateur entre les tropiques), deux zones tempérées (Nord et Sud), et deux zones froides dans les régions polaires (doc. 2).

● **La zonalité* des précipitations est moins nette que celle des températures** (doc. 3). Dans la zone chaude intertropicale, la carte des précipitations nous montre des régions où il pleut (près de l'équateur et en Asie du Sud-Est) et des déserts. Dans les zones tempérées, il pleut davantage près des côtes qu'à l'intérieur des terres. **La zonalité climatique est donc perturbée par divers facteurs :** le tracé des côtes, la **continentalité***, les courants marins, les montagnes... (doc. 4).

---

1 Le relevé des données dans une station météorologique.

◆ *Les instruments enregistreurs sont placés sous abri, à un mètre du sol : pourquoi ?*

VOCABULAIRE

* **Amplitude** : différence de température entre le maximum et le minimum enregistrés au cours d'une période.

* **Zone climatique** : portion de l'espace terrestre au climat chaud, tempéré ou froid limitée par des parallèles.

* **Continentalité** : influence climatique enregistrée lorsqu'on pénètre à l'intérieur d'un continent : l'hiver est plus froid, l'été plus chaud, les précipitations diminuent.

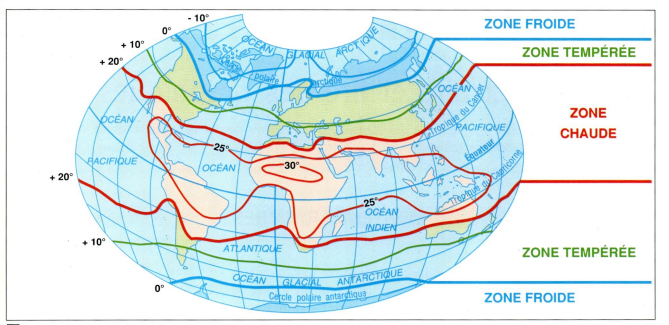

2 Les températures moyennes annuelles.

♦ *Décrivez la répartition zonale des températures. Citez quelques pays appartenant à la zone chaude, aux zones tempérées...*

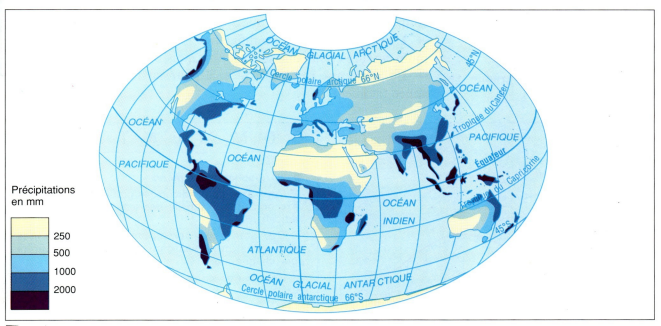

3 Les précipitations moyennes annuelles. ♦ *Quelle est l'influence des montagnes sur les précipitations ?*

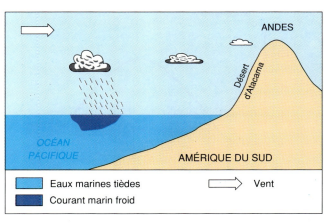

4 **Le désert côtier du Chili (23 °S).** Les nuages se forment au-dessus de l'océan Pacifique. Il pleut au-dessus des eaux froides du courant marin. Poussés par les vents d'ouest, les nuages se dissipent peu à peu au-dessus des eaux tièdes et lorsqu'ils s'élèvent le long du versant des Andes.

ACTIVITÉS ET DOCUMENTS

Construire et lire des graphiques

La présentation graphique des statistiques climatiques permet des comparaisons rapides entre les climats.

LES TEMPÉRATURES

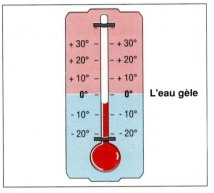

1 Un thermomètre gradué en degrés Celsius.

Les températures sont mesurées sous abri, à l'ombre, à un mètre du sol (voir le document 1 page 200).

Les températures significatives sont :

— **Le maximum** : c'est la température la plus élevée observée au cours d'une journée, d'un mois, d'une année, ou d'une période de plusieurs années.

— **Le minimum** : c'est la température la plus basse mesurée au cours d'une journée, d'un mois, d'une année...

— **L'amplitude** : c'est la différence entre le maximum et le minimum mesurés pour une journée, un mois ou une année ;

— **La moyenne** : elle est calculée pour un mois (mensuelle), une année (annuelle)...

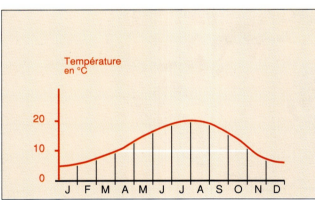

2 L'évolution des températures à Bordeaux.

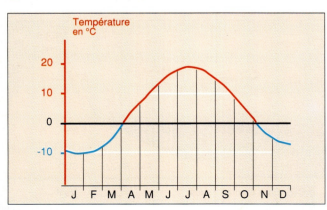

3 L'évolution des températures à Moscou.

COMMENTAIRE

■ Un graphique comprend :

— Deux axes perpendiculaires gradués (12 mois sur l'axe horizontal, l'échelle des températures sur l'axe vertical) ;

— Des points qui correspondent aux moyennes mensuelles indiquées dans le tableau statistique pour chaque mois ;

— Une courbe continue qui relie ces points entre eux.

■ Pour lire un graphique, il faut :

— Connaître les unités de chaque axe (mois et température) ;

— Repérer le mois le plus chaud et le mois le plus froid de l'année (attention aux températures négatives) ;

— Trouver la saison froide (températures négatives ou inférieures à 10 °C) et la saison chaude (températures supérieures à 10 °C).

◆ Comparez les températures de Bordeaux et de Moscou (le tableau 6 vous permet de retrouver la valeur exacte des températures moyennes de ces deux villes).

◆ Quels sont les maxima ? Quels sont les minima ? Calculez les amplitudes annuelles.

◆ Comment expliquez-vous la différence entre les températures mesurées à Bordeaux et celles mesurées à Moscou ?

ACTIVITÉS ET DOCUMENTS

LES PRÉCIPITATIONS

Le pluviomètre permet de recueillir l'eau des précipitations (pluie, grêle, eau de fonte de la neige...). Le total des précipitations tombées en un mois s'appelle « précipitations mensuelles ». Le total pluviométrique annuel est la somme des précipitations mensuelles.

Le maximum pluviométrique correspond au mois ayant reçu le plus de précipitations.

Les précipitations sont représentées par un graphique en barres appelé aussi graphique-bâton. La hauteur des précipitations mensuelles est représentée par une barre verticale.

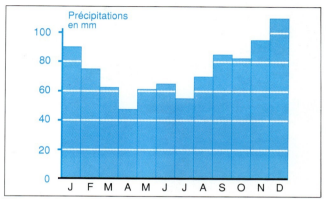

4 Les précipitations mensuelles à Bordeaux.

LE DIAGRAMME PLUVIOTHERMIQUE

Sur un même graphique, la représentation des températures moyennes (en rouge) et des précipitations (en bleu) permet de mettre en relation deux indicateurs significatifs du climat.

Il y a deux axes verticaux : à gauche, en bleu, l'axe des précipitations est gradué en mm ; à droite, en rouge, l'axe des températures est gradué en °C. On a choisi une graduation telle que P (précipitations) est égal à 2 T (températures) car à une température donnée (20° par exemple), l'évaporation peut prélever une quantité d'eau deux fois plus importante (40 mm). On considère qu'un mois est sec pour l'agriculture si le total pluviométrique est inférieur au double de la température moyenne. Sur le diagramme de Tunis, cette période sèche est représentée en jaune.

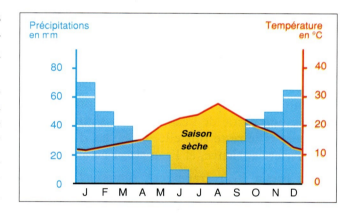

5 Le diagramme pluviothermique de Tunis.

DES SÉRIES STATISTIQUES

		J	F	M	A	M	J	J	A	S	O	N	D	Année
Bordeaux	T(°C)	5	6	9	12	15	18	20	20	17	13	8	6	12,3 °C
	P(mm)	90	75	63	48	61	65	56	70	84	83	96	109	900 mm
Garonne à Agen	m³/s	565	900	580	720	775	480	160	120	110	360	410	575	
Moscou	T(°C)	−10	−10	−4	5	12	17	19	17	11	5	−2	−7	4,4 °C
	P(mm)	31	28	33	35	52	67	74	74	58	51	36	36	575 mm
Volga	m³/s	1 240	1 065	1 700	14 480	10 780	3 050	2 440	2 040	2 100	2 320	1 740	1 520	
Tunis	T(°C)	11	12	13	15	20	22	24	27	23	20	18	12	18,1 °C
	P(mm)	70	50	40	30	20	10	0	5	30	45	50	65	415 mm
Medjerda	m³/s	70	75	50	40	20	10	5	10	10	10	10	70	

CHAPITRE 3 : LES MILIEUX CLIMATIQUES

3. Les cours d'eau

1 Les chutes du fleuve Iguazu, à la frontière de l'Argentine et du Paraguay, en Amérique du Sud.

1. Au fil de l'eau

● **L'eau douce qui permet la vie sur Terre est inégalement répartie.** L'excès ou la pénurie d'eau causent de telles catastrophes que les hommes s'efforcent depuis longtemps de maîtriser sa répartition.

● **On appelle « cycle de l'eau » le circuit que suit l'eau sur la Terre.** L'évaporation au-dessus de la mer ou des lacs forme des nuages qui sont entraînés par les vents. Lorsque les précipitations arrosent les continents, une partie de l'eau de pluie s'infiltre dans le sol, une partie s'évapore et le reste ruisselle. Les filets d'eau se concentrent en ruisseau, rivière et fleuve, et l'eau retourne à la mer. Le cycle est bouclé.

● **Un bassin hydrographique* comprend un fleuve et ses affluents** (doc. 2). Il est limité par une ligne de partage des eaux. Le plus vaste bassin hydrographique est celui du Mississippi aux États-Unis avec 3 200 00 km² (6 fois la surface de la France).

● **L'homme aménage les cours d'eau.** Il cherche à les rendre navigables. Par l'irrigation ou le drainage, il contrôle la quantité d'eau nécessaire à ses cultures. Il capte l'eau potable pour l'approvisionnement des villes. Il construit des barrages pour produire de l'électricité et irriguer.

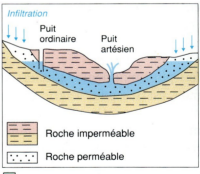

2 Un puits artésien.

2. Les régimes des cours d'eau

● **Le débit d'un cours d'eau est le volume d'eau qui s'écoule par seconde en un point donné. Il se mesure en mètre-cube par seconde (m³/s).** Faible en amont, il augmente vers l'aval après chaque confluent. Il varie avec les précipitations qui tombent sur le bassin hydrographique. Les débits moyens les plus abondants se rencontrent dans la zone équatoriale : 157 000 m³/s pour l'Amazone (doc. 1 et 3).

● **La succession des hautes eaux et des basses eaux caractérise le régime hydrologique d'un cours d'eau.** En règle générale, les hautes eaux correspondent au maximum pluviométrique (doc. 4). Elles peuvent être retardées par des terrains perméables, ralenties par une faible pente ou retenues sous forme de neige. Les **alluvions*** fertiles apportées par les **crues*** attirent les hommes sur les rives des fleuves (Nil en Egypte).

VOCABULAIRE

* **Bassin hydrographique** : ensemble hiérarchisé de cours d'eau, des petits ruisseaux au fleuve.

* **Régime hydrologique** : variations du débit d'un cours d'eau au cours de l'année.

* **Alluvions** : dépôts de boues, de sables ou d'argiles apportés par un cours d'eau.

* **Crue** : hautes eaux exceptionnelles d'un cours d'eau.

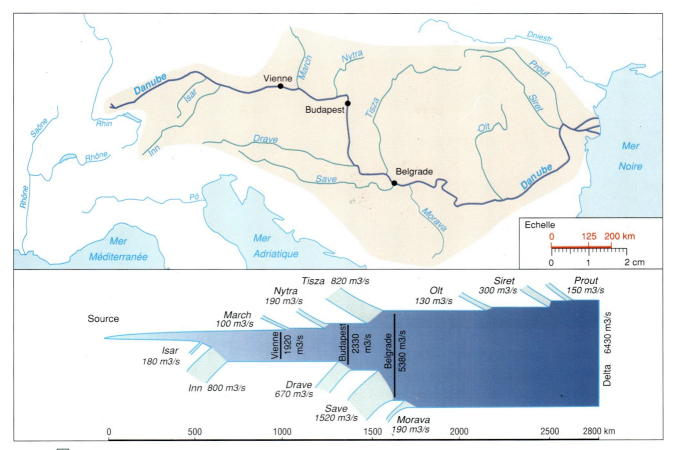

2 Le bassin hydrographique et le débit du Danube.

◆ *Recherchez sur le planisphère de la page de garde le nom des États que traverse le Danube.*

◆ *Représentez par un graphique le régime du Danube à Vienne :*

	J	F	M	A	M	J	J	A	S	O	N	D
Débit moyen (m³/s)	1450	1460	1750	2040	2480	2630	2480	2250	2050	1580	1350	1280

3 Le débit moyen des plus grands fleuves du monde

Amazone	157 000 m³/s
Congo	41 000 m³/s
Rio Negro	35 000 m³/s
Chiang Jiang	31 000 m³/s
Orénoque	29 000 m³/s
Madeira	25 000 m³/s
Brahmapoutre	19 500 m³/s
Mississippi	18 500 m³/s
Iénisséi	17 500 m³/s
Lena	16 000 m³/s
Mékong	16 000 m³/s
Gange	13 000 m³/s
Seine	*400 m³/s*

4 Un oued en crue près de Gabès, en Tunisie.

◆ *A quoi voit-on que la crue de cet oued est exceptionnelle ?*

CHAPITRE 3 : LES MILIEUX CLIMATIQUES

4. La végétation de la Terre

1. Les plantes dans leurs milieux

• **Dans notre environnement,** la vie se manifeste par la présence d'animaux (la faune) mais aussi de végétaux (la flore). Les plantes ont besoin de nourriture, de lumière, d'eau et de chaleur (doc. 1). Les espèces, leur taille et leur développement sont liés au milieu*, c'est-à-dire au climat et au sol (doc. 3). La plante trouve dans le sol les éléments minéraux et organiques nécessaires à sa croissance.

• **Sous les climats chauds et humides, la croissance des végétaux dure toute l'année. Ailleurs, le froid ou la sécheresse interrompent la période végétative*** (doc. 2). Pour la végétation, il y a saison sèche lorsque la hauteur des précipitations est inférieure au ruissellement et à l'évaporation liés à la chaleur.

• La croissance végétale s'interrompt lorsque la température moyenne mensuelle est inférieure à 8 ou 10°. Le froid ou la sécheresse peuvent détruire la végétation lorsqu'elle n'est pas adaptée à ces conditions extrêmes.

2. Les grandes formations végétales

• La végétation naturelle est composée d'herbes, d'arbustes, d'arbres de formes et de tailles diverses. Sa répartition sur la Terre dépend de la latitude, du relief et de l'exposition (doc. 4).

• **La forêt est un peuplement d'arbres.** La forêt dense se développe dans la zone chaude et humide où la croissance des plantes est permanente. Les géants de la forêt équatoriale comme le teck dépassent parfois 60 mètres. Les arbres des forêts de la zone tempérée sont adaptés à un hiver froid : les conifères ont des aiguilles qui résistent au gel et les feuillus perdent leurs feuilles. L'homme exploite les ressources forestières et parfois les gaspille. Aujourd'hui, il est le premier responsable du maintien de l'équilibre naturel.

• **La prairie est une formation végétale* constituée d'herbes qui poussent chaque année.** Dans les régions tropicales, **la savane** est une prairie de très hautes herbes. Dans les milieux secs, **la steppe** est formée d'arbustes espacés, aux racines très développées pour puiser l'eau du sol.

1 **La mangrove à la Guadeloupe.** Dans une mangrove, les racines aériennes des palétuviers prélèvent l'humidité dans l'eau saumâtre et dans l'air.

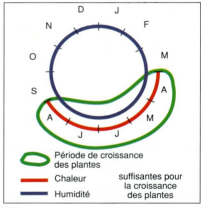

2 La période végétative.

VOCABULAIRE

* **Milieu** : ensemble des conditions qui caractérisent le cadre de vie : conditions naturelles comme le sol, le climat, la végétation, mais aussi conditions sociales et économiques.

* **Période végétative** : temps pendant lequel les conditions de chaleur et d'humidité permettent aux plantes de pousser.

* **Formation végétale** : ensemble des plantes qui vivent ensemble dans un milieu donné comme la prairie, la forêt...

2 La taïga en Sibérie à l'automne.

◆ *Retrouvez les feuillus (bouleaux) et les conifères (épicéas) sur cette photographie.*

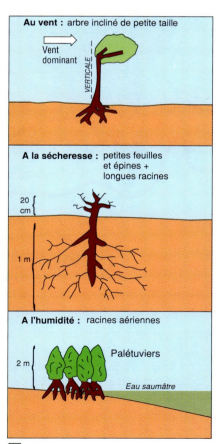

3 L'adaptation des plantes.

◆ *Comparez ce schéma avec la photographie des arbres de la page 196.*

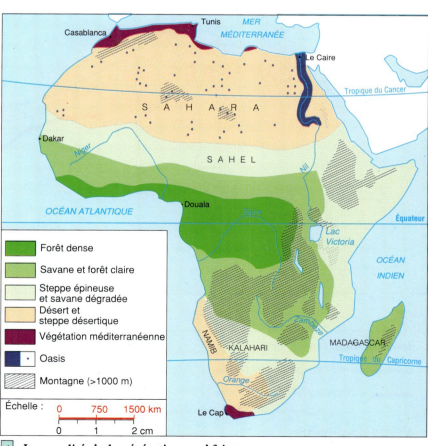

4 La zonalité de la végétation en Afrique.

◆ *Décrivez la succession des formations végétales depuis l'équateur ; citez les anomalies. Quelles en sont les causes ?*

LES CLIMATS DE LA TERRE

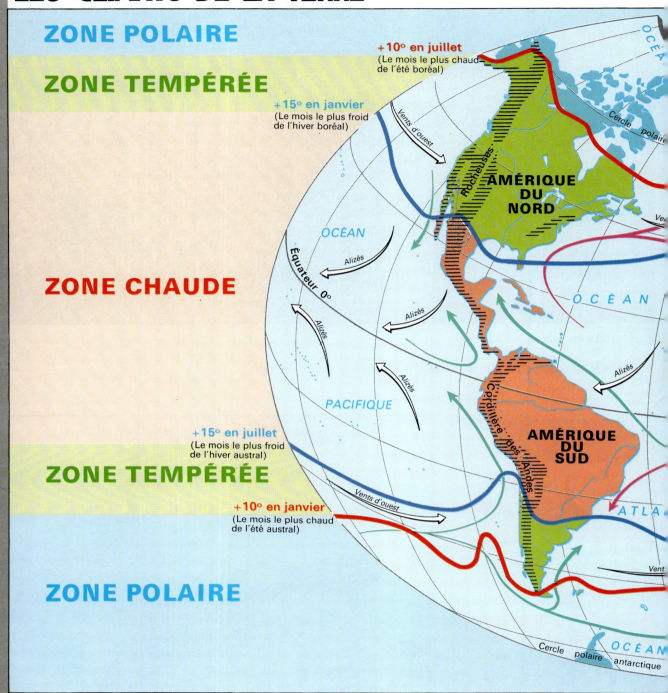

La zonalité des climats

Les zones climatiques sont des bandes d'espace disposées selon la latitude et à peu près symétriques par rapport à l'équateur. Elles sont limitées par des courbes isothermes.

Les isothermes de janvier et de juillet précisent la température du mois le plus chaud et celle du mois le plus froid.

D'un hémisphère à l'autre, il y a inversion des saisons : l'hiver boréal dure du 21 décembre au 21 mars pendant l'été austral.

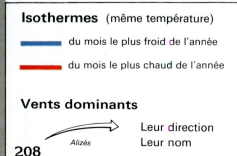

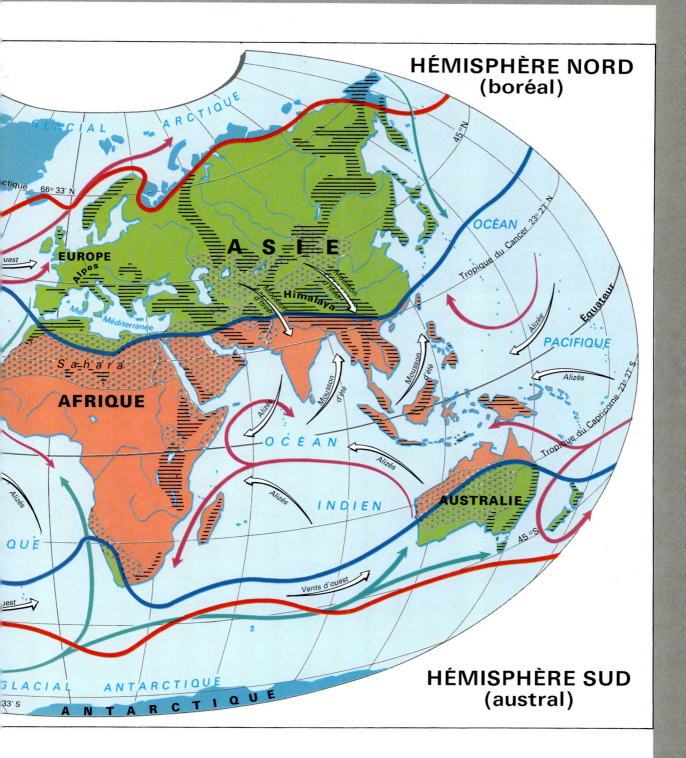

Principaux courants marins

Montagnes

Déserts

La diversité des climats

Dans chaque zone, des facteurs locaux se combinent et expliquent la diversité des climats :
– l'éloignement des côtes favorise la continentalité,
– les montagnes modifient le trajet des courants atmosphériques et refroidissent les températures,
– les courants marins réchauffent ou refroidissent les régions littorales.

Chapitre 4

LES HOMMES AUX LIMITES DU MONDE HABITABLE

[1] Un col dans l'Himalaya, au Népal. Les montagnes dépassent 5 000 mètres d'altitude.

« Le Sahara et l'Antarctique se ressemblent étrangement dans cette compétition pour éliminer les êtres vivants, soit par l'extrême aridité, soit par la rigueur des températures. »

P. ROGNON, *Biographie d'un désert*, Editions Plon, 1989.

« L'attrait de l'altitude ne serait pas si grand s'il n'était l'attrait du mystère. C'est pourquoi, encore plus que des Alpes, beaucoup d'alpinistes rêvent de l'Himalaya. »

G. REBUFFAT, *Un guide raconte*, Hachette.

[2] Un troupeau de rennes gardé par des Lapons en scooter des neiges en Norvège.

PLAN DU CHAPITRE

1. Les limites du monde habitable	212/213
2. Le milieu désertique chaud	214/215
3. Vivre dans les déserts	216/217
4. Vaincre le désert	218/219
Activités et documents	
Les oasis	220/221
5. Le milieu polaire	222/223
6. Vivre dans le Grand Nord	224/225
7. Les enjeux autour des pôles	226/227
Activités et documents	
La zonalité dans l'Arctique	228/229
8. Le milieu montagnard	230/231
9. Les transformations des Alpes	232/233
10. La vie traditionnelle en montagne	234/235
Activités et documents	
Dessiner une coupe — synthèse	236/237

[3] Un campement de nomades dans le désert du Sud marocain.

CHAPITRE 4 : LES HOMMES AUX LIMITES DU MONDE HABITABLE

1. Les limites du monde habitable

1 L'automne en Laponie finlandaise.

1. La sécheresse

● **Les régions où l'eau est insuffisante sont arides***. Elles se situent surtout au niveau des tropiques où la chaleur et le vent accroissent les effets de la sécheresse (doc. 2). Il existe aussi des déserts froids dans les régions polaires ou en altitude. L'eau y est présente sous forme de glace mais n'est pas disponible pour la végétation.

● **L'aridité se lit dans le paysage** : la roche est souvent à nu, sans couverture végétale. Tous les êtres vivants ont besoin d'eau. Ce besoin est d'autant plus grand que **la chaleur et l'évaporation* sont fortes.**

2. Le froid

● **Dans les zones polaires la température moyenne du mois le plus chaud ne dépasse pas 10 °C, et dans l'Antarctique elle reste négative toute l'année.** Si le soleil ne se couche pas en été, sa chaleur est **réfléchie*** par la neige et ne parvient pas à réchauffer le sol gelé en profondeur. **L'hiver, la nuit polaire dure plusieurs mois** (doc. 3). Pendant ces longs mois de gel, le vent et la sécheresse s'ajoutent à l'absence de lumière.

● **Le froid marque le paysage.** La végétation qui se tapit au ras du sol n'est visible qu'en été (doc. 1). La neige et la glace masquent le sol et même la mer se fige sous forme de **banquise.**

3. L'altitude

● **Le relief est un obstacle pour les communications** et les villages montagnards sont parfois très isolés. Les pentes sont difficilement exploitables sans travaux d'aménagement : terrasses pour l'agriculture, remblai ou tunnel pour la construction de routes.

● **L'altitude modifie le climat.** Il est plus froid et plus humide que dans les plaines voisines. Les précipitations deviennent plus abondantes, souvent sous forme de neige (doc. 4 et 5). La pression atmosphérique diminue et l'oxygène se raréfie. Du fond de la vallée au sommet des versants on observe **un étagement* de la végétation.**

VOCABULAIRE

* **Aride** : très sec. Se dit d'une région où les précipitations sont insuffisantes et où l'évaporation est très forte.

* **Évaporation** : transformation d'un liquide en vapeur.

* **Réfléchi** : renvoyé. Les rayons du soleil qui arrivent sur la neige sont renvoyés vers l'espace...

* **Étagement** : disposition de la végétation en fonction de l'altitude, le long d'un versant montagneux.

2 Les stratégies de l'aridité

Qu'il fasse chaud ou qu'il fasse froid, le manque d'eau liquide est la clé de l'aridité.

« Dans un désert, l'élimination de la vie n'implique pas une disparition totale de l'eau. Il suffit qu'elle ne soit pas présente sous une forme liquide, la seule que les êtres vivants puissent utiliser. Ainsi, dans les calottes de glace, où sont stockées près de 75 % des eaux douces de la planète, cette eau se dépose sous la forme de cristaux de neige, puis se maintient, en permanence, sous forme de glace. Les inlandsis sont par conséquent des déserts biologiques absolus. [...] De même, si la vie s'étend si difficilement au Sahara, c'est que l'eau y est surtout présente à l'état de vapeur, tout aussi inutilisable pour les êtres vivants. [...] Les êtres vivants déploient une telle ingéniosité pour utiliser les moindres ressources de ce liquide que la vie demeure possible dans les déserts chauds. »

P. ROGNON, *Biographie d'un désert*, Plon, 1989.

◆ *Comment le froid ou la chaleur expliquent-ils l'aridité ?*

3 La nuit polaire

« La nuit polaire [...], il ne faut pas se l'imaginer comme une nuit noire, ce qu'elle n'est jamais. Ou bien, en effet, elle est éclairée par la lune, les étoiles ; c'est ce que nous appelons une nuit claire ; ou bien, lune et étoiles sont recouvertes par les nuages. L'Eskimo, contraint de chasser par tous les temps, sait s'orienter quelle que soit l'obscurité, la neige faisant réflecteur. Dès la mi-janvier, il apparaît en outre, très loin au sud, aux confins de l'horizon, un pâle halo solaire, parfois rougeoyant, qui émerge de derrière la banquise des latitudes méridionales et qui donne à cette obscurité une étrangeté « d'entre chien et loup » où se complaisent les esprits maléfiques et bienfaisants et où germent les légendes.

Dans la nuit claire ou totale, la glace apparaît d'un gris violacé, tacheté de blanc grisâtre, et les lointains des contreforts littoraux se projettent en ombres hostiles. »

J. MALAURIE, *Les Derniers Rois de Thulé*, Plon, 1976.

◆ *Pourquoi la nuit polaire est-elle une « nuit claire » ?*

4 L'enneigement à Villar d'Arêne, dans les Hautes-Alpes.

◆ *La neige n'a pas que des charmes : quels sont ses inconvénients pour les montagnards ?*

5 Neige et altitude

Station (altitude)	Hauteur des chutes de neige
1. Eurêka (0 m)	0,25 m
2. Eismitte (3 147 m)	2,5 m
3. Fort Yukon (200 m)	0,9 m
4. Mont Blanc (4 807 m)	40 m
5. Mont Rainier (4 392 m)	29 m
6. Irkoutsk (485 m)	0,35 m

◆ *Quel est le rapport entre l'altitude et l'abondance des chutes de neige ?*

CHAPITRE 4 : LES HOMMES AUX LIMITES DU MONDE HABITABLE

2. Le milieu désertique chaud

1 **Un désert américain : Monument Valley en Arizona, aux Etats-Unis.** Le vent a sculpté ces formes étranges dans la roche, créant un paysage rendu célèbre par les *westerns*.

1. Des pierres et du sable

• Les régions arides couvrent un tiers des terres émergées. **Les déserts chauds s'étendent de part et d'autre des tropiques** (doc. 2). Le Sahara, en Afrique, est le plus vaste. Dans les régions arides, le total annuel des précipitations est inférieur à 100 mm. Parfois, il ne pleut pas pendant plusieurs années. Le jour, l'air sec s'échauffe très vite et les températures élevées favorisent l'évaporation. La nuit est fraîche et il peut geler. Souvent le vent souffle avec violence.

• Les **oueds*** sont des cours d'eau temporaires qui coulent pendant quelques heures après les averses et se terminent dans des lacs salés. Peu de fleuves parviennent à traverser le désert : le Nil, né dans des montagnes fortement arrosées, réussit à franchir le désert de Nubie pour aller se jeter au nord dans la Méditerranée.

• **La roche apparaît partout** (doc. 1). Le paysage le plus courant est le **reg**, vaste étendue plane couverte de pierrailles (doc. 3). Le vent balaie les fines poussières et les cailloux restent en place. Les **ergs** sont des accumulations de sable façonnées par le vent (doc. 4). Les **hamadas*** sont des plateaux rocheux bordés de corniches abruptes.

2. Des plantes et des animaux adaptés à la sécheresse

• **Les plantes sont adaptées à la sécheresse.** La végétation du désert se compose de touffes d'herbe et de buissons isolés. Elle pousse au creux des dunes ou dans le lit des oueds asséchés. Les plantes à la recherche d'eau développent de multiples racines. De petites feuilles **coriaces*** et des épines limitent leur transpiration. Les plantes grasses comme les cactus stockent l'eau dans leurs tiges vertes. Après une averse, l'**acheb*** apparaît, fleurit et disparaît en quelques jours, dès que les réserves d'eau sont épuisées.

• Les animaux du désert luttent contre la chaleur et la sécheresse. Les serpents et les insectes s'enfouissent dans le sable pour se protéger des fortes chaleurs. Les herbivores se déplacent beaucoup pour rechercher leur nourriture. Les dromadaires ont des réserves de graisse et d'eau dans leur bosse et peuvent rester plusieurs semaines sans boire.

VOCABULAIRE

* **Oued** : cours d'eau temporaire en milieu aride. Mot d'origine arabe employé au Sahara.

* **Hamada** : plateau désertique où la roche est à nu.

* **Coriace** : dur comme du cuir. Une feuille coriace est petite, fibreuse et couverte d'une cuticule brillante.

* **Acheb** : mot arabe désignant une étendue de plantes éphémères surgies du désert après une averse.

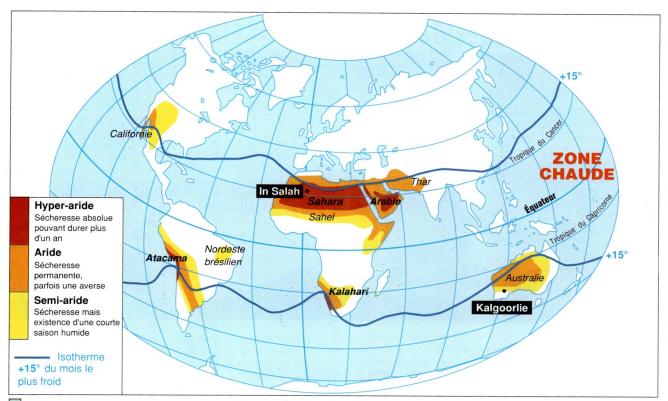

		J	F	M	A	M	J	J	A	S	O	N	D	Année
In Salah	P (mm)	3	2	0	0	0	0	0	2	0	0	5	3	15 mm
	T (°C)	13	16	20	25	26	35	37	36	33	27	19	14	25,4 °C
Kalgoorlie	P (mm)	24	29	18	19	23	39	27	18	26	9	14	13	259 mm
	T (°C)	26	24	23	18	14	12	11	12	15	18	21	24	18,2 °C

2 Les déserts chauds dans le monde. ♦ *Comparez l'aridité dans les deux stations suivantes :*

3 Un reg au Pérou.

4 Un erg en Californie, aux États-Unis.

CHAPITRE 4 : LES HOMMES AUX LIMITES DU MONDE HABITABLE

3. Vivre dans les déserts

1. Les nomades du désert

● **Les déserts ne sont pas complètement vides d'hommes.** Malgré la sécheresse, des pasteurs **nomades*** élèvent des animaux sobres et résistants : moutons, dromadaires... Ils se déplacent en suivant des itinéraires précis, de point d'eau en point d'eau, à la recherche des pâturages temporaires. **Leurs déplacements ignorent les frontières des États.** Leurs vastes tentes noires sont groupées en **douar*** (doc. 2).

● Des tribus comme les **Touareg** furent jadis les seigneurs et les commerçants du désert (doc. 1). Dans les **oasis***, ils percevaient les redevances des agriculteurs sédentaires. Ils échangeaient les produits de leurs troupeaux et du sel (doc. 3) contre des dattes, des céréales ou de l'huile. Aujourd'hui, les camions remplacent les caravanes qui assuraient le transport des marchandises à travers le désert. **La vie nomade recule.** Les tentes des nomades se regroupent au pied des murailles des villes du désert comme Nouakchott.

2. Les sédentaires des oasis

● **Dans l'immensité du désert, les rares points d'eau ou les sources forment des oasis.** Des techniques variées comme les puits à balancier (chadouf) ou les galeries souterraines (foggara) permettent de puiser l'eau dans les réserves du sol (doc. 4 et 5). Un réseau de canaux d'irrigation avec des vannes distribue l'eau aux différentes parcelles. Le « tour d'eau » est accordé selon des règles précises, et les propriétaires **sédentaires*** contrôlent jalousement leur temps d'irrigation.

● Les cultures irriguées croissent à l'ombre des palmiers : arbres fruitiers, légumes, céréales. Le paysage verdoyant donne une impression de richesse. Pourtant, **la misère règne dans les oasis traditionnelles** : les paysans, trop nombreux, manquent de terres. Les sols sont souvent mal irrigués et, faute d'engrais, les rendements sont faibles.

● **L'oasis est aussi un lieu d'échanges,** un centre administratif, religieux et militaire. Certaines sont devenues de véritables villes comme Médine en Arabie, ou Touggourt, au cœur du Sahara algérien, qui compte plus de 100 000 habitants.

1 Un marché temporaire dans le Sud marocain.

♦ *A quoi voit-on qu'il ne s'agit pas d'un lieu d'échanges permanents ?*

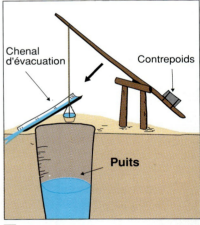

↑ Un chadouf.

VOCABULAIRE

* **Nomade** : un nomade est une personne qui n'a pas d'habitation fixe et se déplace souvent à la différence du sédentaire.

* **Douar** : campement de plusieurs tentes appartenant à une tribu.

* **Oasis** : îlot de vie et de cultures dans le désert, autour d'un point d'eau.

* **Sédentaire** : un sédentaire est une personne qui vit toujours au même endroit, à la différence du nomade.

2 Le douar des nomades

Le douar se blottit au creux d'une montagne, près du lit d'un oued où l'eau n'a pas coulé depuis plusieurs années.

« Le campement est composé de plusieurs tentes (khaïma). Une khaïma abrite père, mère, enfants et un ou plusieurs parents. Chaque tente est un assemblage de bandes parallèles de tissu, fabriquées par les femmes avec la laine de mouton ou les poils de chameau. Aérée, résistante au soleil et à la pluie, elle est facilement démontable. Si un orage ou un vent de sable se déclenche, la tente est rabattue sur les arceaux de bois d'une hauteur d'un mètre cinquante. Blottie ainsi contre le sol, la demeure du nomade résiste mieux à la tempête. Le mobilier se limite à quelques nattes, à des coussins, des sacs de cuir (qui contiennent du mil, de la viande séchée...) et une tassoufra, sac de voyage de prestige coloré, que l'on attache à la selle du chameau, lors des déplacements.

Dans un campement, l'esclave ou le tributaire (vassal) dresse sa bénie (petite tente) à environ cinq cents mètres de la khaïma de son maître. A cinq cents mètres seulement de la bénie, on parque le troupeau. »

M. OULED, Urbanisation et suburbanisation à Nouakchott, Thèse de 3e cycle, Paris VII, 1985.

◆ *Montrer que la khaïma est adaptée au genre de vie traditionnel du désert.*

3 **Les salines de Tegidda N'Tesenet au Niger.** Dans le désert, le sel est récolté dans des salines creusées dans le rocher. Il est surtout destiné au bétail et sert de monnaie d'échange aux nomades. Les caravaniers troquent le sel contre du thé, du sucre, des céréales, ou contre des produits manufacturés comme les tissus.

4 **Coupe d'une foggara.** La foggara est une galerie souterraine creusée au pied d'une falaise pour amener l'eau des pluies jusqu'à une oasis, à l'abri de la chaleur et de l'évaporation sur plusieurs kilomètres.

5 Les foggaras

« Les Sahéliens ont parfois creusé, lorsque le relief s'y prêtait, des galeries de captage souterraines qui conduisent l'eau au niveau de leurs oasis : on les appelle ordinairement foggara [...]. Leur existence se traduit en surface par un chapelet de puits qui servent à l'évacuation des déblais et à l'aération.

Les foggaras passent pour avoir une origine iranienne et avoir gagné le Sahara dès l'Antiquité ; elles sont connues de l'Atlantique à la Chine. Elles assurent, comme la plupart des sources, un débit modeste mais régulier. Elles exigent par contre un difficile et pénible entretien. »

J. DESPOIS et R. RAYNAL, Géographie de l'Afrique du Nord-Ouest, Payot, 1967.

◆ *Recherchez le nom d'une montagne saharienne d'où partent des foggaras.*

CHAPITRE 4 : LES HOMMES AUX LIMITES DU MONDE HABITABLE

4. Vaincre le désert

1 L'exploitation du pétrole au cœur du désert, à Abu Dhabi.

1. Les chantiers du désert

● Du Sahara à la mer Caspienne, d'énormes gisements d'**hydrocarbures*** ont fait du monde arabe le principal fournisseur de pétrole (doc. 1). Des oléoducs et des gazoducs relient les bassins pétroliers aux ports les plus proches.

● En Mauritanie, **le gisement de fer de Zouerate est exploité en plein désert.** 650 kilomètres de voie ferrée relient les mines à la côte atlantique pour exporter le minerai de fer vers les pays développés. Il a fallu construire des villes pour accueillir les ouvriers, les ingénieurs et les géologues. Le problème de l'eau est résolu par des **forages*** profonds, celui de la chaleur par la climatisation des logements. Des routes asphaltées et des aérodromes desservent les villes, comme Hassi-Messaoud en Algérie.

2. Un milieu difficile à dominer

● **La technologie moderne rencontre vite ses limites.** Les forages profonds permettent une irrigation abondante (doc. 2), mais les nappes d'eau souterraines s'épuisent à cause des pompages excessifs. Une irrigation mal conduite, sans **drainage***, a plus d'inconvénients que d'avantages : les sols, appauvris et de plus en plus salés, deviennent impropres à la culture (doc. 3).

● **Le surpâturage*** dans les régions bordières du Sahara détruit la végétation. Le désert progresse et refoule les populations traditionnelles. Frappés aussi par la sécheresse, les pays du Sahel, au sud du Sahara, connaissent de **longues périodes de famine**.

● Avec la publicité, le désert est devenu un lieu touristique pour quelques privilégiés (doc. 4). Des agences de voyage vendent des safaris des sables aux amateurs de dépaysement et de sensations fortes. Chaque année, les concurrents de rallyes déchirent le calme du désert avec leurs grosses mécaniques. Leur rêve ignore la misère locale. Pourtant, à la moindre panne, ils doivent compter sur l'aide des populations du désert.

VOCABULAIRE

* **Hydrocarbures** : nom donné au pétrole, au gaz naturel et aux produits dérivés.

* **Forage** : puits creusé dans le sol et le sous-sol pour trouver de l'eau, du pétrole ou des matières premières.

* **Drainage** : aménagement de fossés, voire de canaux pour évacuer l'excédent d'eau d'un terrain.

* **Surpâturage** : exploitation excessive des pâturages par le bétail, entraînant la dégradation de la végétation et des sols.

2 **Les nouvelles oasis de Koufra, en Libye.** En irriguant, les hommes ont changé la couleur du désert. Pour irriguer ces champs de céréales, il a fallu puiser l'eau et installer un puissant système d'arrosage rotatif.

♦ *Pourquoi les champs ont-ils cette forme ?*

3 Les dangers d'une irrigation mal conduite

L'augmentation des superficies irriguées apparaît comme un progrès décisif dans les zones désertiques, mais elle peut avoir des résultats inattendus.

« Il y a, dans la zone tropicale aride, de nombreux sols salés naturellement, mais beaucoup sont le produit de l'irrigation. Une des conséquences les plus importantes de celle-ci, en raison de ces apports massifs d'eau extérieure, est en effet l'élévation généralisée du niveau de la nappe phréatique. Lorsqu'elle rencontre des couches salées, elle entraîne les sels, qui restent à la surface après l'évaporation de l'eau. A ceux-ci peuvent s'ajouter des apports directs de sel par l'eau d'irrigation lorsque celle-ci est salée de façon appréciable. Enfin, et inversement, une irrigation insuffisante en quantité ne peut plus assurer un lessivage suffisant du sol. »

X. de PLANHOL et P. ROGNON, *Les Zones tropicales arides et subtropicales,* A. Colin, 1970.

♦ *Quelles sont les trois raisons de l'accumulation de sels dans les terres irriguées ?*
♦ *Pourquoi l'augmentation de la salinité peut-elle avoir des conséquences désastreuses dans une oasis ?*

4 Une caravane de touristes dans le désert.

ACTIVITÉS ET DOCUMENTS

Les oasis

Au milieu des étendues de sable et de cailloux des déserts, la vie agricole se concentre autour de rares points d'eau, dans des îlots de verdure : les oasis. Le contraste entre le désert et l'oasis est évident sur des photographies. Les textes permettent de comprendre comment les hommes y vivent. Ainsi, photographie et texte fournissent des informations complémentaires.

1 L'oasis de Tamerza en Tunisie.

♦ *Décrivez : le temps qu'il fait ; le relief ; la végétation et les formes d'agriculture ; les habitations.*

ACTIVITÉS ET DOCUMENTS

2 Les oasis sahariennes

Le long de l'Atlas saharien, qui traverse le Maroc, l'Algérie et la Tunisie, une multitude d'oasis s'alignent au débouché des vallées dans le désert.

« La culture dans les oasis du Sahara est l'une des plus intensives qui soient : c'est un travail à la main, à la houe, un véritable jardinage qui, presque partout, ignore la charrue [...]. Par l'exubérance de sa végétation, l'intensité de ses productions, ses paysages, sa densité humaine, l'oasis s'oppose aux pâturages très clairsemés du désert que parcourent les troupeaux des pasteurs nomades. Ce contraste se double maintenant d'une autre opposition : d'un côté des modes de culture et d'élevage traditionnels et presque bibliques, de faible rapport ; de l'autre les techniques les plus modernes introduites par les recherches, les découvertes et les exploitations minières (pétrole du Sahara algérien et libyen, fer de Mauritanie), également des salaires relativement très élevés, hors de proportion avec les revenus de l'agriculture et de l'élevage. Il en résulte, depuis une dizaine d'années à peine, une véritable crise économique et sociale dans un Sahara qui ne s'était pas encore remis des bouleversements dus à son occupation par les Français. »

J. DESPOIS, *Revue tunisienne de sciences sociales* n° 2, CERES, 1965.

◆ Précisez :
— les caractères de l'agriculture des oasis ;
— l'origine de la crise économique des régions sahariennes.

3 Vue aérienne des oasis du Souf, en Algérie.
De petites cuvettes ont été creusées dans l'erg pour atteindre le sable humide et permettre les cultures.

◆ *Comment les arbres sont-ils protégés de l'ensablement ?*
◆ *Quels arbres sont cultivés ici (aidez-vous du texte 4) ?*

4 Les cultures dans les oasis du Souf.

« Au lieu de puiser l'eau, les Souafa vont à sa rencontre en creusant dans le sable de l'erg de vastes entonnoirs de 4 à 12 mètres, au fond desquels les racines des palmiers atteignent la nappe phréatique. [...]

Chaque *ghout*, créé et entretenu par 1, 2 ou 3 propriétaires, compte de 10 à 50 palmiers. Dans le fond, on cultive quelques légumes et surtout du tabac [...]. On les arrose au moyen de puits à balancier de quelques mètres seulement. La richesse ici ne s'estime ni en parts d'eau, ni en surface, mais au nombre des palmiers. Ils sont au total 450 000. [...]

Les dattes, vendues aux nomades ou exportées (les *deglet-nour*), mûrissent fort bien et sont presque l'unique ressource agricole des habitants avec, accessoirement, le tabac et quelques légumes. »

J. DESPOIS et R. RAYNAL, *Géographie de l'Afrique du Nord-Ouest*, Payot, 1967.

COMMENTAIRE

■ **Ce que nous montre une photographie**
— Une photographie nous fait voir le paysage à un instant donné.
— Elle montre aussi bien ce qui est simplement passager (le temps qu'il fait, l'avancement des cultures, un personnage qui passe...) que ce qui est plus durable (le relief, les routes, les maisons, les arbres...).

■ **Ce que nous apporte un texte**
— Le texte nomme et décrit les éléments du paysage (végétation, animaux, cultures...).
— Il explique comment vivent et travaillent les hommes (nomades ou sédentaires, travail à la houe ou mécanisé...).
— Il analyse l'économie : les productions agricoles et leurs rendements, les différences de revenus entre les salariés et les agriculteurs.

CHAPITRE 4 : LES HOMMES AUX LIMITES DU MONDE HABITABLE

5. Le milieu polaire

1. Les pays du froid

• **Le cercle polaire arctique (66 °N) et le cercle polaire antarctique (66 °S)** limitent les régions polaires où, en été, le soleil ne se couche pas pendant au **moins une journée** (doc. 2 et 3). Le soleil de minuit brille en été. La nuit polaire ne dure six mois qu'aux pôles et raccourcit lorsqu'on se rapproche des cercles polaires.

• Le climat polaire se caractérise par des **températures moyennes très basses** (— 30 °C en hiver dans l'Arctique). L'Antarctique, qui est continental, est beaucoup plus froid que l'Arctique océanique : la base scientifique soviétique Vostok est située au « pôle du froid », enregistrant — 90 °C. **Les précipitations sont faibles** et tombent principalement sous forme de neige. Le froid devient terrible lorsqu'il s'accompagne du **blizzard***. L'été est très court.

• **L'eau se présente sous forme de glace.** Sur les continents, les **inlandsis*** sont des glaciers très épais. Il ne faut pas confondre la mer gelée ou banquise (eau salée) avec les icebergs, blocs de glace d'eau douce détachés de l'inlandsis et transportés par les courants marins (doc. 1).

2. Des plantes et des animaux adaptés au froid

• **Des plantes peuvent vivre malgré le froid.** De petite taille, elles sont tapies sur le sol pour se protéger du vent violent. Des arbres comme les bouleaux ne mesurent que 30 à 40 centimètres de haut. Dans le nord de la Sibérie, on appelle **toundra*** cette formation rase où dominent les lichens. Après le long sommeil hivernal, en moins d'un mois la toundra se couvre de fleurs multicolores.

• Les animaux disposent de moyens efficaces de protection contre le froid. Les phoques sont protégés par leur graisse, les ours par leur fourrure épaisse, et les oiseaux par du duvet. En hiver, pour trouver de la nourriture, les troupeaux de rennes et certains oiseaux migrent vers le sud.

• Les mers froides surprennent par la variété et l'abondance de leur faune. Le **plancton*** nourrit des bancs de minuscules crevettes et de poissons mangés par les phoques et les morses.

1 La Calypso du commandant Cousteau, au milieu des icebergs.

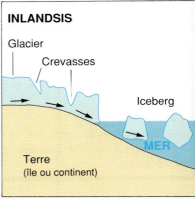

↑ La formation des icebergs.

VOCABULAIRE

* **Blizzard** : vent très violent qui souffle dans les régions polaires parfois à plus de 300 km/h.

* **Inlandsis** : calotte de glace recouvrant les terres, parfois tout un continent comme l'Antarctique, dans les régions polaires.

* **Toundra** : formation végétale discontinue, formée de mousses, de lichens, d'arbres nains dans la zone froide.

* **Plancton** : ensemble des êtres végétaux ou animaux de petite taille, parfois microscopiques, vivant dans l'eau de mer.

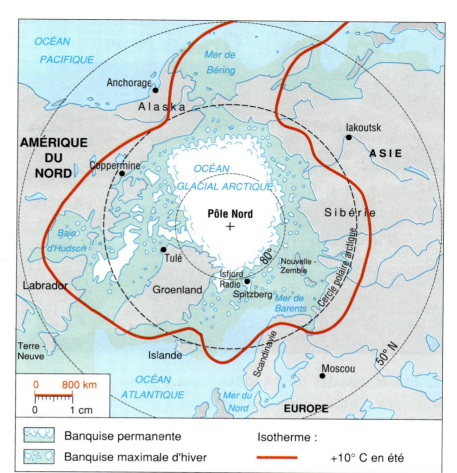

2 **L'océan glacial Arctique et les régions polaires boréales.** Le pôle Nord est situé au centre de la carte.

♦ *Repérez les régions où il fait moins de 10 °C en été.*
♦ *Comment est représenté le cercle polaire arctique ?*

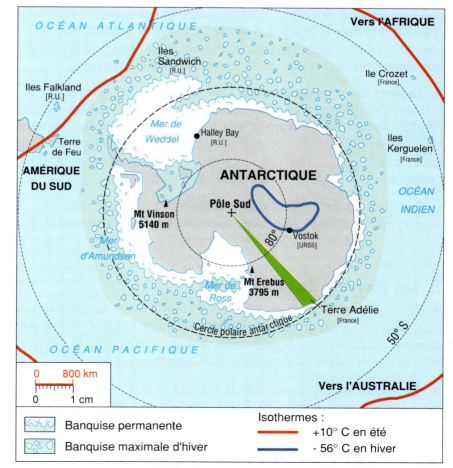

3 **Le continent antarctique et les terres polaires australes.**

♦ *Repérez les régions où il fait moins de 10 °C en été.*
♦ *D'après les isothermes, où est la zone polaire la plus froide ? Pourquoi ?*

CHAPITRE 4 : LES HOMMES AUX LIMITES DU MONDE HABITABLE

6. Vivre dans le Grand Nord

1. Les chasseurs de phoques

● Environ 60 000 Inuit vivent sur un vaste territoire dans le Grand Nord, principalement au Groenland et sur les rives de la baie d'Hudson au Canada. Ceux que nous appelons « Eskimos » se désignent entre eux sous ce nom d'Inuit qui signifie « hommes ».

● **Les Inuit vivent du milieu naturel, au rythme de la nature.** L'été, les hommes chassent les caribous et les animaux à fourrure. L'hiver, ils chassent le morse et le phoque sur la banquise et pêchent « au trou » (doc. 2). Le phoque qui fournit nourriture et matières premières est si important pour eux qu'on parle de **« civilisation du phoque »**.

● **Ce genre de vie* original recule.** Les États qui se disputent les richesses des pôles dévastent les zones de pêche. Ils embauchent les hommes comme salariés sur les exploitations minières et introduisent de nombreux objets industriels. Les motos-neige ont remplacé les traîneaux, le fusil a pris la place du harpon et les conserves fournissent aujourd'hui l'essentiel de la nourriture. Les enfants sont scolarisés.

● Les Norvégiens des îles Lofoten exploitent toujours les richesses de la mer, mais disposent du confort de la civilisation moderne (doc. 1).

1 Un port dans les îles Lofoten, en Norvège.

◆ *Quelle est la principale activité des habitants de ce village ?*
◆ *En quelle saison cette photographie a-t-elle été prise ?*

2. Les éleveurs de rennes

● En Eurasie, la vie matérielle des 45 000 Lapons de Scandinavie (doc. 4) et de petits groupes de Iakoutes de Sibérie repose sur **l'élevage du renne**. Cet animal complet fournit du lait, de la viande, sa peau, ses bois, ses os et même sa force pour tirer les traîneaux (doc. 3).

● En été, les Lapons parcourent la toundra avec les troupeaux de rennes et vivent sous la tente. En hiver, ils migrent vers le sud. Dans la **forêt boréale***, les rennes recherchent les lichens pour se nourrir. Les hommes, eux, s'installent dans des villages. En Iakoutie, des éleveurs de rennes améliorent la race par des croisements.

VOCABULAIRE

* **Genre de vie** : ensemble des activités d'un individu ou d'un groupe humain en étroite relation avec le milieu.

* **Forêt boréale** : forêt située près du cercle polaire de l'hémisphère Nord. Elle est composée surtout de conifères et de bouleaux.

2 **Un Eskimo pêchant des saumons « au trou » sur un lac gelé en Alaska.** Cette technique est également utilisée pour chasser le phoque en hiver. Les techniques de pêche changent avec les saisons : au printemps, les phoques sont capturés au filet et en été, les chasseurs les harponnent lorsqu'ils se chauffent au soleil.

3 **Les bergers du cercle polaire**

L'auteur accompagne un ami norvégien, éleveur de rennes.

« En haut d'une montagne dont les contours se dessinent dans le brouillard, je discerne les silhouettes de quelques centaines de rennes qui ont creusé la neige sur près d'un mètre de profondeur pour atteindre les mousses et les lichens qui tapissent le sol. Mathis examine le pâturage sous la neige, détache des morceaux de lichen et les examine. Tout est gelé. Il faut rassembler le troupeau et descendre un peu vers le sud. Mathis met en marche son scooter des neiges et nous décrivons un large cercle en direction du troupeau. Effrayées par notre approche, les deux mille bêtes se mettent d'elles-mêmes en route... Au bout de quelques heures, Mathis descend de son scooter, réexamine la mousse ; il est satisfait : ''Ça suffit pour l'instant.'' Mathis est un Same et descend d'un clan qui pratique l'élevage du renne depuis des générations. »

H. MADEJ dans *Géo* n° 40, juin 1982.

◆ *Quels détails montrent que cet éleveur de rennes connaît bien le milieu ?*

4 **Un supermarché en Laponie.**

◆ *A quoi voit-on que ce magasin se trouve en Laponie ?*
◆ *Connaissez-vous les produits sur les rayons ? Que peut-on en déduire sur le mode de vie traditionnel dans le Grand Nord ?*

CHAPITRE 4 : LES HOMMES AUX LIMITES DU MONDE HABITABLE

7. Les enjeux autour des pôles

1 Un des barrages du gigantesque aménagement hydroélectrique de la baie James, au Canada.

1. Une nouvelle vision des pôles

● **L'Arctique est un grand carrefour stratégique*** où les intérêts des États-Unis et de l'URSS se font face. Autour de l'océan Arctique, les Américains et les Soviétiques ont construit des bases militaires qui veillent sur l'espace maritime et aérien. Des sous-marins nucléaires porteurs de missiles naviguent en permanence sous la banquise.

● L'enjeu économique est important pour les pays industriels. Les techniques modernes permettent l'exploitation des richesses minières et énergétiques des terres glacées (doc. 2). Pour extraire le pétrole d'Alaska, il a fallu trouver des solutions techniques à des problèmes posés par la rigueur du climat (oléoducs sur pilotis par exemple, capables de supporter des températures très basses en hiver, et le dégel du sol en été).

● La ligne aérienne Paris-Anchorage-Tokyo passe par le pôle Nord car cet itinéraire est le plus court (doc. 4). Les voies maritimes du Grand Nord sont ouvertes six mois par an, depuis que les brise-glace nucléaires ouvrent un chenal d'eaux libres pour les navires.

2. Le patrimoine de l'humanité

● **L'arrivée des techniques modernes bouleverse lentement les sociétés traditionnelles.** La vie actuelle des Inuit n'est plus celle que Paul Emile Victor décrivait dans ses livres il y a 30 ans. Au Canada, le gigantesque aménagement de la baie James pour la production d'**hydroélectricité***, accélère cette évolution (doc. 1).

● **Les scientifiques se mobilisent pour défendre les milieux polaires.** Les médias attirent l'attention sur la répétition de marées noires catastrophiques. Sur les terres glacées de l'Antarctique, seules des missions scientifiques se relaient et assurent la présence humaine, dans des bases spécialement aménagées. Des savants prélèvent des **carottes*** de glace dont l'étude permet de connaître l'histoire du climat de la Terre.

● Jusqu'en 1991, la convention de Wellington interdit les activités économiques et militaires sur le continent antarctique (doc. 3). Mais **la présence d'immenses ressources de minerais excite les convoitises.**

VOCABULAIRE

* **Carrefour stratégique** : espace où se rencontrent des intérêts militaires (axes de circulation), politiques (frontières) ou économiques (matières premières ou sources d'énergie).

* **Hydroélectricité** : électricité obtenue par la transformation de la force de l'eau en énergie grâce à des barrages.

* **Carotte** : échantillon de terrain prélevé en profondeur par un engin de forage.

2 Une île artificielle destinée à supporter un forage pétrolier dans l'Antarctique.

3 « Sauvons l'Antarctique ! »

La fondation Cousteau a recueilli plus d'un million de signatures en quelques mois pour cette pétition.

Il est un vaste continent, éternellement blanc, où la vie s'accroche, aux limites du possible. L'Antarctique, ce continent du bout du monde, nous a révélé sa fragilité au cours de la mission de la *Calypso* en 1972 et 1973.

Depuis 1959, trente-huit pays ont ratifié le traité de l'Antarctique qui garantit la démilitarisation du continent en insistant sur son utilisation exclusive à des fins scientifiques.

Mais ces bonnes résolutions qui affirmaient la volonté de tous les pays de préserver le dernier continent vierge de notre planète ne pèsent pas lourd devant l'appétit des grandes compagnies internationales : les représentants de trente-trois pays, réunis à Wellington, en Nouvelle-Zélande, ont signé une convention ouvrant l'Antarctique à une exploitation prétendument contrôlée mais incontrôlable de ses ressources minières, charbon, uranium ou pétrole.

Il faut s'opposer à tout prix, au nom des générations futures, à la convention de Wellington.

© Fondation Cousteau

◆ Quelles menaces pèsent sur le continent antarctique ?

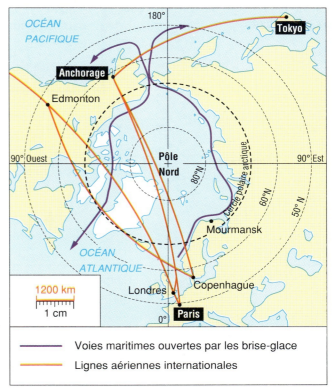

4 Quelques lignes commerciales par le pôle Nord.

◆ Quel est l'intérêt d'un vol polaire direct ?
◆ Quelles régions survole un avion qui va de Paris à Tokyo, en passant par Anchorage ?
◆ Les voies maritimes sont-elles praticables toute l'année ?

ACTIVITÉS ET DOCUMENTS

La zonalité dans l'Arctique

La zonalité du milieu climatique de la zone polaire arctique se voit bien sur une carte. L'océan glacial Arctique est presque circulaire, au-delà du cercle polaire, avec la mer de Norvège pour seule ouverture vers l'océan Atlantique.

1 Une plante de la toundra : le raisin d'ours, qui ne mesure que 15 cm de haut.

2 La toundra

« A la Nouvelle-Zemble (75° N), le dégel commence en mai et [...] les premières gelées apparaissent à la fin du mois d'août : les plantes ont seulement de 65 à 107 jours selon les espèces pour accomplir leurs activités vitales. Pendant cette courte période, la végétation profite cependant de la très grande durée de l'éclairement. [...] La toundra se pare de fleurs aux couleurs éclatantes. »

A. HUETZ DE LEMPS,
La Végétation de la Terre,
Masson, 1970.

3 Le climat polaire arctique

Eurêka (Ellesmere)		
	82 °N	
	Pmm	T °C
J	3	− 35,9
F	2	− 37,3
M	2	− 37,6
A	2	− 26,8
M	3	− 9,7
J	3	2,7
J	16	5,7
A	14	3,8
S	11	− 6,7
O	9	− 21,6
N	2	− 30,6
D	2	− 35,2
Année	69 mm	− 19,1 °C

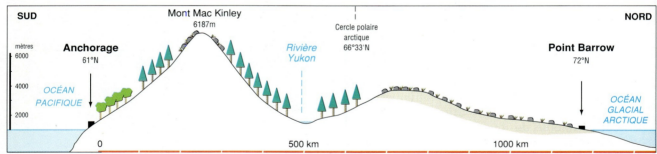

4 Coupe de l'Alaska et de la végétation naturelle.
♦ Comment s'explique la succession des formations végétales ?

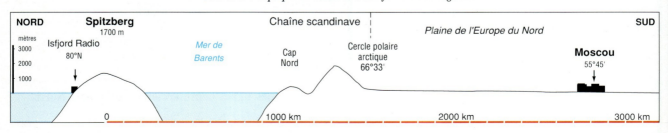

5 Coupe du relief entre le Spitzberg et Moscou. ♦ D'après le modèle du doc. 4 et en vous aidant de la carte (doc. 7), représentez sur cette coupe la végétation naturelle.

ACTIVITÉS ET DOCUMENTS

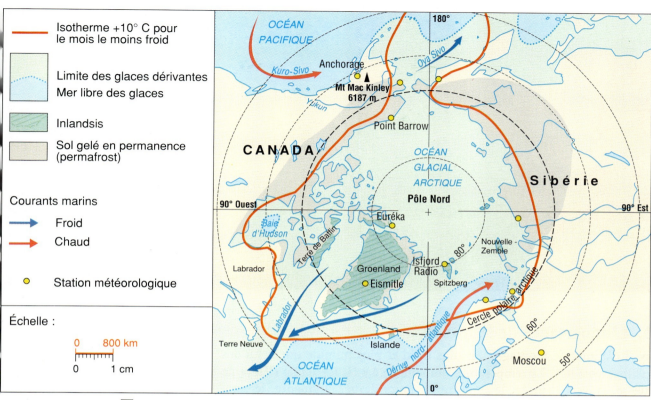

6 Le froid dans l'Arctique.

♦ Quelle est la plus basse latitude de l'isotherme + 10 °C du mois le moins froid ?

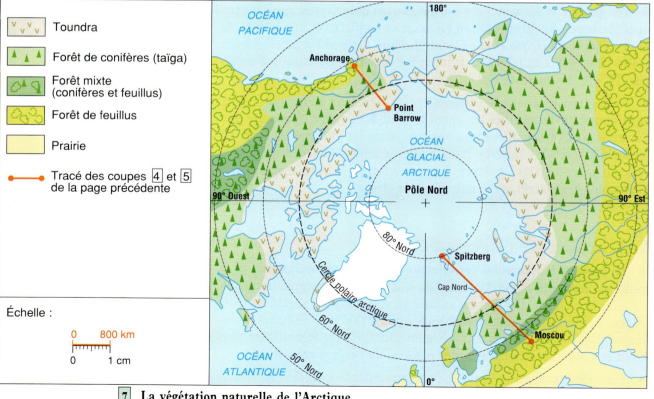

7 La végétation naturelle de l'Arctique.

♦ Comment s'explique la limite de la forêt ?
♦ Pourquoi la zonalité de la végétation n'est-elle pas parfaite ?

CHAPITRE 4 : LES HOMMES AUX LIMITES DU MONDE HABITABLE

8. Le milieu montagnard

1 Paysage d'Autriche en juin.

1. L'importance de l'altitude

• Le climat de montagne est plus froid et plus humide que celui des plaines voisines. **La température diminue de 0,6 °C lorsqu'on s'élève de 100 m.** Avec l'altitude, le nombre de jours de gel augmente, le total annuel des précipitations s'accroît et la neige remplace la pluie. **Lorsqu'il gèle toute l'année, la neige s'entasse sous forme de neiges persistantes** (doc. 3).

• **Les glaciers se forment près des cimes dans des cuvettes appelées cirques glaciaires.** Si l'alimentation en neige et en glace est importante, **la glace déborde du cirque et une langue glaciaire descend lentement vers la vallée** (doc. 4). Les torrents ravinent les versants et creusent des gorges. Ils ont des hautes eaux en été.

• **La végétation est étagée** (doc. 1 et 2). Dans les montagnes de la zone tempérée, les prairies occupent le fond de la vallée. A mesure que l'altitude s'élève sur un versant, on rencontre les cultures, la forêt de feuillus, la forêt de conifères, puis la pelouse alpine. Constamment soumise au gel et au dégel, balayée de vents violents, **la haute montagne est le domaine des pierres, de la neige et de la glace.**

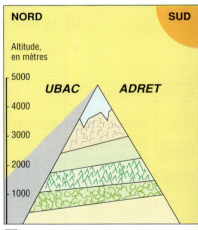

2 Adret et Ubac.

2. L'importance de l'exposition

• **La pente et l'orientation des versants créent des microclimats*.** Si la pente est raide, les rayons obliques du soleil arrivent presque perpendiculairement au sol. Un versant exposé au sud s'appelle **adret*** dans les Alpes. Les cultures y sont possibles jusqu'à 2 000 m d'altitude. A altitude égale, l'**ubac***, le versant à l'ombre tourné vers le nord, est plus froid et plus humide. En été, des plaques de neige y subsistent.

• L'exposition explique aussi le contraste entre le « versant au vent », humide, et le « versant sous le vent », sec. Ce contraste est particulièrement marqué dans les montagnes tropicales exposées aux alizés (voir page 290).

VOCABULAIRE

* **Microclimat** : ensemble des conditions de température, d'humidité et de vent qui règnent dans un lieu limité comme un versant, une vallée...

* **Adret** : versant ensoleillé d'une montagne dans la zone tempérée. Il est exposé au sud dans les Alpes.

* **Ubac** : versant ombragé d'une montagne dans la zone tempérée. Il est exposé au nord dans les Alpes.

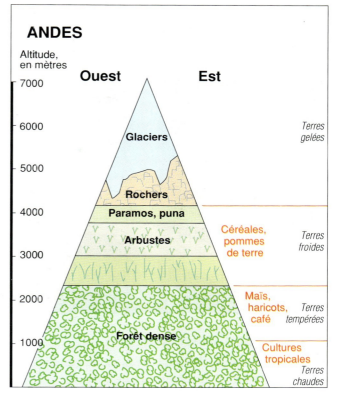

2 L'étagement de la végétation dans les Alpes et dans les Andes.

- ◆ A quelle altitude rencontre-t-on la forêt de feuillus ? Les neiges persistantes ?
- ◆ Pourquoi l'étagement n'est-il pas le même dans les Alpes et dans les Andes ?
- ◆ Pourquoi n'y a-t-il pas d'adret et d'ubac dans les Andes ?

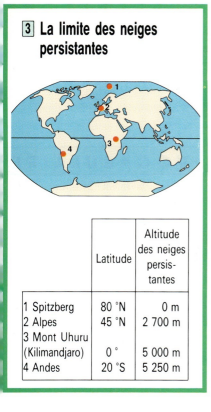

3 La limite des neiges persistantes

	Latitude	Altitude des neiges persistantes
1 Spitzberg	80 °N	0 m
2 Alpes	45 °N	2 700 m
3 Mont Uhuru (Kilimandjaro)	0 °	5 000 m
4 Andes	20 °S	5 250 m

4 Le glacier d'Argentière en Haute-Savoie. Ce glacier prend naissance à 3 600 m d'altitude, et descend jusqu'à 1 500 m en parcourant plus de 9 km.

- ◆ Repérez le cirque glaciaire, la langue glaciaire et les crevasses.

CHAPITRE 4 : LES HOMMES AUX LIMITES DU MONDE HABITABLE

9. Les transformations des Alpes

1 **La construction de l'autoroute d'Albertville à Moutiers dans la vallée de la Tarentaise, en Savoie.** L'organisation des jeux olympiques d'hiver 1992 en Savoie a accéléré la construction de voies de communication pour désenclaver la région.

1. La fin de l'isolement

● **Depuis un siècle, l'obstacle de la montagne a pu être vaincu par la construction de routes, de viaducs et de tunnels.** Le **désenclavement*** coûte cher et reste le problème prioritaire de nombreuses régions montagneuses. Les Alpes sont dotées d'un équipement de premier ordre en liaison avec les régions voisines. Le chemin de fer et les autoroutes pénètrent au cœur du massif (doc. 1).

● **L'ouverture de la montagne a ruiné l'agriculture locale.** Les céréales de la plaine sont venues concurrencer les récoltes des montagnards. Les **terrasses*** de cultures ont été abandonnées. Le renforcement de la spécialisation fromagère a fait connaître les productions régionales comme le conté, le beaufort, le reblochon... Aujourd'hui, l'élevage n'est plus rentable, les alpages sont progressivement délaissés, **les jeunes quittent le village et les exploitations agricoles disparaissent.**

2. La montagne aménagée

● Les centrales hydroélectriques transforment la force des eaux des torrents en **houille blanche*** (doc. 2 et 3). Dans les Alpes, certaines vallées bien équipées ont attiré les **usines électrométallurgiques*** et sont devenues de véritables rues industrielles. Aujourd'hui, les conditions ont changé : l'électricité est transportée hors des montagnes et les usines ferment, laissant un environnement dégradé.

● **L'« or blanc » est la nouvelle richesse des montagnes tempérées** (doc. 4). L'enneigement, qui était un handicap pour l'économie traditionnelle, est devenu un atout. Les sports d'hiver se sont d'abord développés dans des villages de vallée comme Chamonix. **Puis, on a construit des stations près des sommets, au cœur du domaine skiable.** Pour les centres d'alpinisme et de randonnée, une saison d'été peut compléter la saison d'hiver.

● La création de parcs naturels cherche à prévenir la dégradation d'un milieu fragile envahi par les touristes et les constructions.

VOCABULAIRE

* **Désenclavement** : interruption de l'isolement d'une région par la construction de voies de communication.

* **Terrasse** : aménagement d'un versant en gradins par la construction de murs qui retiennent la terre et limitent de petits champs étagés.

* **Houille blanche** : hydroélectricité.

* **Usine électrométallurgique** : usine métallurgique qui utilise les propriétés de l'électricité pour raffiner l'aluminium et fabriquer des aciers spéciaux.

2 **Le barrage de Tignes sur l'Isère, à 2 100 mètres d'altitude, en Savoie.**
Ce barrage alimente des centrales pour la production d'électricité. Un village a été noyé sous les eaux du lac de retenue.

◆ *Pourquoi avoir construit un barrage à cet endroit ?*
◆ *Recherchez dans ce manuel d'autres barrages : sont-ils tous construits en montagne ?*

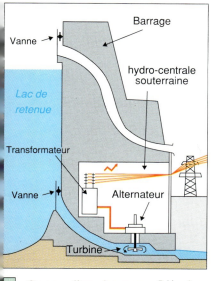

3 **Coupe d'un barrage.** L'équipement en barrages des hautes vallées des Alpes en fait une grande région productrice d'électricité.

◆ *Pourquoi la centrale hydroélectrique est-elle située sous le barrage ?*

4 **La station intégrée d'Avoriaz en Haute-Savoie.** Dans les stations intégrées, tout est conçu pour accueillir de nombreux touristes : hébergement au pied des pistes de ski, parcs de stationnement...

CHAPITRE 4 : LES HOMMES AUX LIMITES DU MONDE HABITABLE

10. La vie traditionnelle en montagne

1. Une agriculture soumise au milieu

● Avec acharnement, des populations paysannes ont su s'adapter aux contraintes d'un milieu montagnard en tirant profit des ressources de chaque étage.

● Dans les montagnes tempérées, **la vie agricole traditionnelle associe les cultures et l'élevage.** Les versants ensoleillés ont été aménagés en terrasses où poussent les céréales, les arbres fruitiers et les vignes... La forêt fournit combustible et bois de construction (doc. 1). Les **alpages*** accueillent les troupeaux pendant l'été. Dès la fonte des neiges, la **remue*** commence : par étape, les troupeaux et les hommes montent vers les alpages et s'y installent pour l'été jusqu'aux premières neiges d'automne.

● **Dans la zone chaude, les montagnes ont un climat plus frais et plus sain que les plaines voisines.** Sous les tropiques, la limite des neiges persistantes se situe à 5 000 mètres. **Entre 1 500 et 4 500 mètres le climat est tempéré** et permet des cultures vivrières comme le maïs, les haricots, la pomme de terre, le blé. En Asie tropicale, la riziculture part à l'assaut des pentes aménagées en terrasses, mais les montagnes paraissent presque vides à côté des plaines surpeuplées (doc. 2).

2. L'isolement montagnard

● **Les fortes pentes et l'enneigement compliquent les déplacements.** Des routes à lacets (doc. 4) empruntent les cols pour passer d'une vallée à l'autre. Pendant la mauvaise saison, les cols sont fermés et les échanges interrompus. **La vie s'organise dans l'isolement.** Les hommes et le troupeau abrités par le même toit consomment les réserves accumulées pendant l'été.

● Pour occuper leurs longues journées d'hiver et augmenter leurs revenus, **les montagnards ont développé un artisanat traditionnel.** Le Jura est sans doute un des exemples les plus connus avec la fabrication de pipes et de jouets en bois, l'horlogerie et la broderie.

● **Lorsque les moyens de communication rompent l'isolement, la vie traditionnelle de la montagne recule** (doc 3).

---

1 Une scierie près de Chavenoz, en Haute-Savoie.

◆ *Pourquoi y a-t-il de nombreuses scieries en montagne ?*

VOCABULAIRE

* **Alpage** : prairie d'altitude située au-dessus de l'étage forestier et utilisée comme pâturage en été.

* **Remue** : montée des troupeaux vers les pâturages d'altitude pendant l'été.

2 Un paysage de rizières dans les montagnes des Philippines. Les pentes sont aménagées en terrasses pour cultiver le riz.

♦ *Comment l'eau est-elle retenue dans ces champs ?*

3 La montagne aujourd'hui

Le genre de vie traditionnel des montagnards reposait sur la remue. L'ouverture de la montagne a tout changé.

« La transformation de la vie dans les montagnes, où des villages dormaient huit mois sur douze, est venue de l'introduction du ski alpin. [...]

Aujourd'hui, déneigée par de puissants chasse-neige modernes, la route déverse ses richesses sur les populations jadis endormies de l'hiver et les réveille dans une nouvelle civilisation. Sur ce qui était un alpage désert huit mois de l'année on récolte désormais l'« or blanc ». Les jeunes deviennent moniteurs de ski, perchistes, cabiniers, mécaniciens, d'autres employés d'hôtel, conducteurs de car.

Les promoteurs et les spéculateurs accourent ; les déserts blancs d'autrefois deviennent les régions les plus peuplées de la montagne. Et l'ancienne civilisation, celle de la vache, se maintient difficilement. »

R. FRISON-ROCHE dans *Géo* n° 83, juin 1986.

♦ *Rappelez les conséquences du désenclavement de la montagne.*
♦ *Recherchez dans le texte tout ce que le ski alpin a apporté à la vie des montagnards.*

4 Une route en lacets près de l'Alpe d'Huez, dans l'Isère.

♦ *Pourquoi cette route décrit-elle des lacets ?*

ACTIVITÉS ET DOCUMENTS

Dessiner une coupe-synthèse

En montagne, la vie des hommes s'organise en fonction des possibilités offertes par les étages qui se succèdent sur les versants, entre le fond de la vallée et les sommets. La coupe-synthèse permet de montrer clairement l'étagement des activités des hommes.

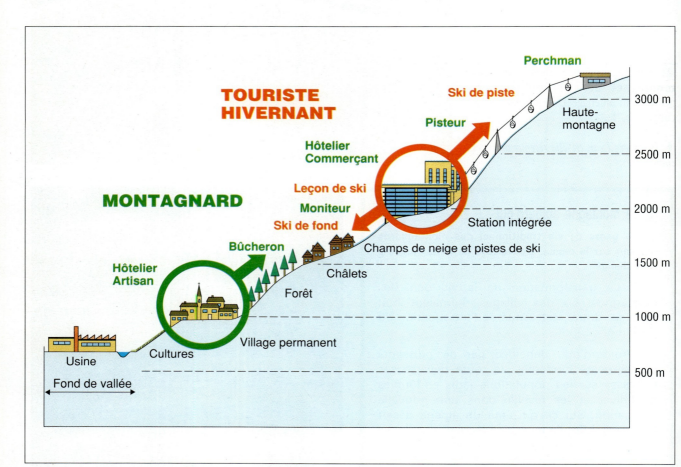

1 Coupe-synthèse d'un versant de vallée alpine en hiver.

QUESTIONS

- Décrivez l'étagement du milieu montagnard.
- Où se situe le village ? Pourquoi ?
- Quels équipements ont été installés sur les pentes ?
- Quelles activités se déroulent aux différents étages ?
- Quels métiers les montagnards exercent-ils en hiver ?

COMMENTAIRE

- Une coupe-synthèse est un schéma indiquant les caractères essentiels du relief, de la végétation, des aménagements et des activités humaines.
- Les couleurs permettent différentes lectures de la coupe-synthèse : relief, végétation, habitat, équipements...
- Les flèches signalent les déplacements des hommes.

ACTIVITÉS ET DOCUMENTS

2 **Le versant nord du massif de la Meije dans les Hautes-Alpes.** La Meije, haute de 3 983 mètres, domine le petit village de La Grave situé à 1 500 m d'altitude.

QUESTIONS

- A quelle saison cette photographie a-t-elle été prise ?
- Quelle différence d'altitude y a-t-il entre le sommet de la Meije et le village de La Grave ?
- Décrivez l'étagement de la végétation le long du versant entre La Grave et le sommet de la Meije.
- Recherchez les traces des activités des hommes aux différents étages.
- Recherchez les équipements construits par les hommes.

EXERCICE

- Après avoir répondu aux questions ci-contre, vous pouvez réaliser une coupe-synthèse d'un versant montagnard en été :
— tracez le profil du versant de 1 500 à 4 000 mètres d'altitude ;
— indiquez l'étagement de la végétation ;
— indiquez les bâtiments et les aménagements construits par les hommes ;
— avec les flèches, indiquez les déplacements des estivants et des montagnards.

Chapitre 5

LES HOMMES DANS LES MILIEUX TEMPÉRÉS

1 Une forêt de chênes-lièges en Espagne. Dans les milieux tempérés, la forêt est cultivée et exploitée. Ici, l'écorce des arbres est récoltée pour faire des bouchons ou des panneaux décoratifs.

« *Ces champs morcelés et striés dans tous les sens, et ces forêts irrégulières en tapisserie, ces villages et ces bourgs bien ramassés, ces villes bien étagées ou rayonnantes, ces chemins sinueux et ces routes bordées d'arbres : partout s'affirme la présence humaine, son activité, sa mesure. Ni toundras, ni pampas, ni déserts. Points de défis brutaux à la nature, plus un lent dialogue amical et confiant.* »

D. de ROUGEMONT, *La France par-dessus les toits*, Editions du Reader's Digest, 1972.

2 Une grande ville européenne, Francfort sur le Main, en R.F.A. Autour d'un centre-ville ancien, des gratte-ciel regroupent des milliers de bureaux. Plus de 350 banques sont installées à Francfort.

PLAN DU CHAPITRE

Planisphère :
Les zones tempérées 240/241
1. La diversité des milieux tempérés 242/243
2. Des campagnes fortement humanisées 244/245
3. Plusieurs générations d'industries 246/247
Activités et documents
L'évolution des paysages 248/249

4. Un milieu dominé par les villes 250/251
5. Au cœur des échanges mondiaux 252/253
6. Les espaces touristiques 254/255
Activités et documents
Un plan d'occupation des sols 256/257

7. Le domaine méditerranéen 258/259
8. L'agriculture méditerranéenne 260/261
9. Le peuplement autour de la Méditerranée 262/263
Activités et documents
La fragilité du milieu méditerranéen 264/265

LES ZONES TEMPÉRÉES

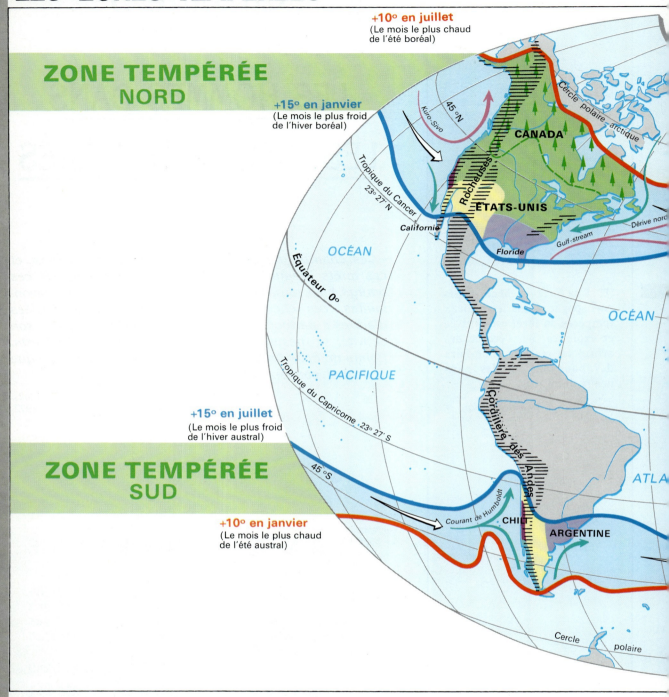

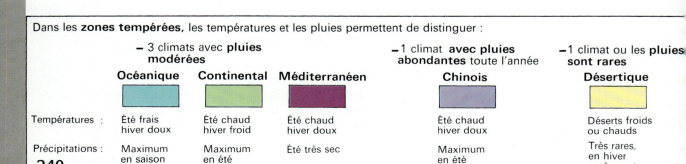

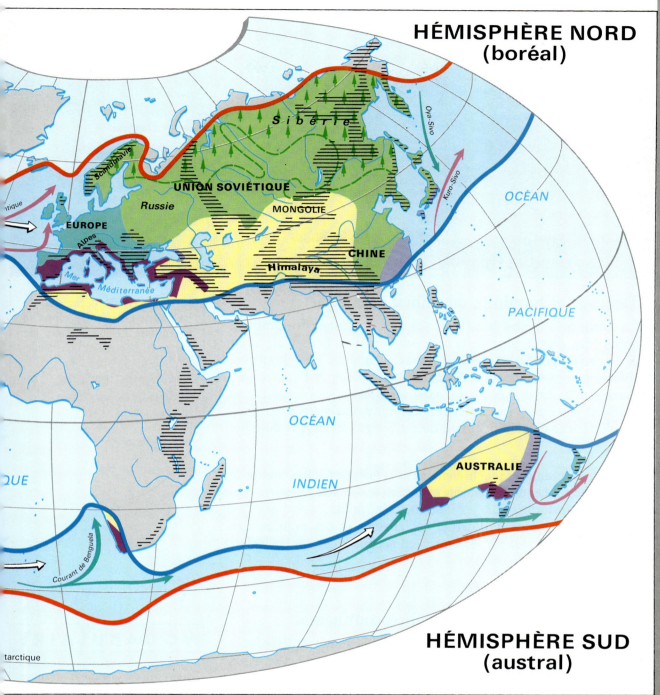
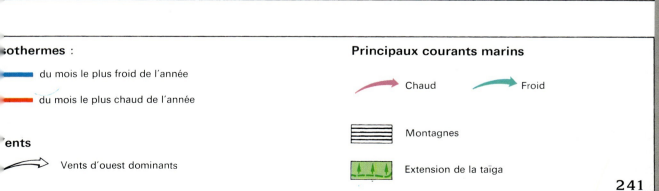

CHAPITRE 5 : LES HOMMES DANS LES MILIEUX TEMPÉRÉS

1. La diversité des milieux tempérés

1. Douceur et humidité du milieu océanique

● Le climat océanique s'étend sur la façade occidentale du continent européen (doc. 2), le long de la côte pacifique aux États-Unis et au Chili. **Les étés y sont frais et les hivers doux et humides.** Le gel est rare. Les précipitations sont assez abondantes tout au long de l'année, avec un maximum en hiver. **Les vents d'ouest venus des océans apportent les dépressions* pluvieuses.** Les influences océaniques adoucissantes pénètrent à l'intérieur du continent tant qu'il n'y a pas d'obstacle du relief (doc. 2 et 3).

● **Les régions océaniques sont le domaine de la forêt de feuillus** comme le chêne et le hêtre. **Les défrichements ont réduit le domaine forestier.** Profondément transformé par les hommes, le milieu océanique est aujourd'hui le domaine de l'herbe, des champs et des prairies. Les régions côtières balayées par les vents sont occupées par des **landes*** de bruyères et d'ajoncs (doc. 1).

> 1 **Un paysage océanique de Bretagne : Belle-Ile, dans le Morbihan.** Le littoral battu par le vent est le domaine de la lande.
>
> ♦ *Pourquoi n'y a-t-il pas d'arbres ?*

2. Rigueur et contrastes du milieu continental

● Le climat continental est le plus étendu de la zone tempérée, couvrant de vastes espaces en Amérique du Nord, en Europe et en Asie. **Quand on se déplace de l'ouest vers l'est à l'intérieur d'un continent, la continentalité augmente. Les hivers sont de plus en plus froids et très secs.** La couche de neige couvre le sol pendant plusieurs mois. Le gel s'installe et interrompt l'écoulement des cours d'eau (doc. 4). Au printemps, le dégel provoque des inondations et des dégâts considérables. **Le maximum de pluies se situe en été,** sous forme d'orages violents.

● **Les régions continentales sont le domaine de la taïga,** grande forêt de conifères où se mêlent quelques bouleaux. **Au sud, lorsque la sécheresse s'accentue, la forêt cède d'abord la place à la prairie*, puis à la steppe** qui forme un tapis végétal discontinu. Les prairies américaine et canadienne, la pampa argentine et la steppe russe sont aujourd'hui occupées par la grande culture et l'élevage.

VOCABULAIRE

* **Dépression** : centre de basses pressions atmosphériques apporté par les vents d'ouest dans les zones tempérées et accompagné de nuages pluvieux.

* **Lande** : formation végétale composée d'arbustes souvent épineux comme les bruyères, les ajoncs ou les genêts.

* **Prairie** : formation végétale composée de hautes herbes où dominent les graminées. Le terme est utilisé surtout en Amérique du Nord ; en URSS on parle de steppe, en Argentine de pampa...

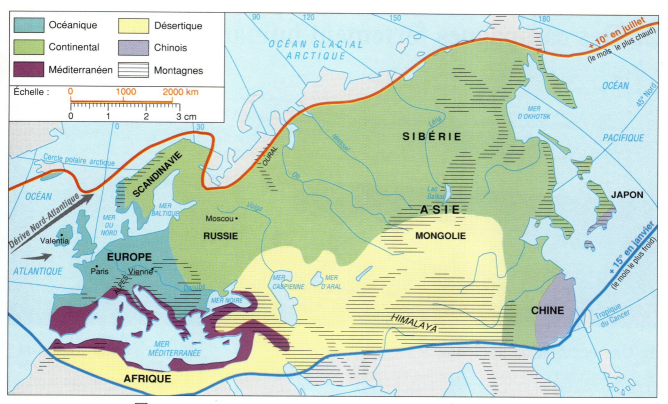

2 Les climats tempérés en Eurasie.

♦ Citez les climats rencontrés entre l'Irlande et l'Extrême-Orient.

♦ D'après la carte, comment peut-on expliquer la variété des climats tempérés ?

3 Deux exemples de climat océanique

	Paris		Valentia	
	T(°C)	P(mm)	T(°C)	P(mm)
J	3,1	54	6,9	164
F	3,8	43	6,8	107
M	7,2	32	8,3	103
A	10,3	38	9,4	74
M	14,0	52	11,4	86
J	17,1	50	13,8	81
J	19,0	55	15,0	107
A	18,5	62	15,4	95
S	15,9	51	14,0	122
O	11,3	49	11,6	140
N	6,8	50	9,1	151
D	4,1	49	7,8	168
	10,9	585	10,8	1 398

T : températures moyennes mensuelles en degrés ;
P : précipitations moyennes mensuelles en mm.

4 Un village au Québec (Canada). Au premier plan, un fleuve encombré par les glaces. A l'arrière-plan, des bouleaux et des conifères.

♦ A quelle saison cette photographie a-t-elle été prise ?
♦ Dans quel domaine climatique se situe ce village ?

CHAPITRE 5 : LES HOMMES DANS LES MILIEUX TEMPÉRÉS

2. Des campagnes fortement humanisées

1 Un paysage d'openfield aux Etats-Unis. De vastes silos à grain bordent une voie ferrée.

1. Une occupation ancienne

● Les deux tiers des espaces agricoles du monde sont situés dans la zone tempérée de l'hémisphère Nord, principalement en Amérique du Nord et en Europe.

● Les paysages ruraux européens sont très divers. **L'openfield est composé de champs ouverts avec des habitations groupées en village.** Le **bocage*** est un paysage de champs fermés par des haies avec des habitations dispersées (doc. 2). En Amérique du Nord, les openfields aux champs immenses permettent une forte mécanisation (doc. 1).

● **Les campagnes se transforment encore :** certaines sont abandonnées aux **friches*** à cause de l'exode rural, d'autres accueillent des usines ou des activités de loisirs (doc. 4). Les citadins, à la recherche d'un environnement verdoyant, y installent des résidences secondaires. **L'espace rural est de moins en moins un espace agricole : près des villes on parle de rurbanisation*.**

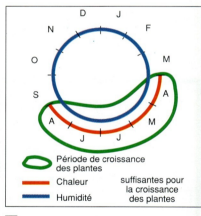

↑ La période végétative.

2. Des productions agricoles variées

● On peut cultiver une grande diversité de plantes dans les milieux tempérés. La polyculture a fait la richesse des campagnes européennes. **Aujourd'hui la prospérité repose sur la spécialisation des régions agricoles en fonction de leurs conditions naturelles et des choix économiques des agriculteurs** (doc. 3). C'est dans la zone tempérée que se trouvent **les principaux producteurs du monde pour le blé et les plantes fourragères.**

● Les agriculteurs disposent de méthodes de culture très modernes. Ils utilisent des machines spécialisées et des engrais, cultivent des espèces sélectionnées (doc. 5). Les rendements sont élevés. **La production est même parfois trop abondante.** Les excédents agricoles ne trouvent pas d'acheteurs, c'est la **surproduction***, qui entraîne l'effondrement des prix. **Cette agriculture commerciale a des liens étroits avec l'industrie agro-alimentaire.** Le paysan est devenu un chef d'entreprise agricole.

VOCABULAIRE

* **Bocage** : paysage de campagne où les champs sont entourés de haies et où l'habitat est dispersé.

* **Friche** : terrain agricole abandonné et peu à peu reconquis par la végétation spontanée.

* **Rurbanisation** : mot formé par la contraction de rural et d'urbanisation. Il désigne un espace rural modifié par des activités urbaines.

* **Surproduction** : production supérieure à celle qui peut être consommée ou vendue.

2 Un paysage de bocage en Bretagne, dans les Côtes-d'Armor.

♦ *Comparez ce paysage à celui du document 1.*

3 Les grands exploitants du Gâtinais

En moins de dix ans, l'adoption de techniques nouvelles a bouleversé le monde rural du Gâtinais.

« [Les grands exploitants] s'informent des dernières recherches agronomiques en parcourant les revues agricoles ou en assistant à des réunions organisées par les marchands de matériel, d'engrais et de semences ; et ils se tiennent au courant de l'orientation des marchés agricoles et des cours en bourse. Selon l'environnement, la personnalité de l'exploitant, son goût du risque, les systèmes de mise en valeur varient : la plupart ont abandonné l'élevage, particulièrement laitier.

Certains intensifient leurs productions, leurs rendements et leur productivité en disposant d'un matériel considérable, et à côté des valeurs sûres céréalières, ils multiplient les "nouveautés culturales", — pavot, fenouil, persil, cerfeuil, oignons — qu'ils écoulent dans les conserveries. D'autres maintiennent céréales et betteraves dont les débouchés sont assurés. [...] Tous disposent de fort peu de personnel et leur ferme semble déserte. »

H. SOLLE, *Les Paysages agraires et les sociétés rurales en France,* SEDES, 1984.

♦ *Relevez tous les détails montrant qu'un agriculteur gère son exploitation pour obtenir la plus grande rentabilité.*

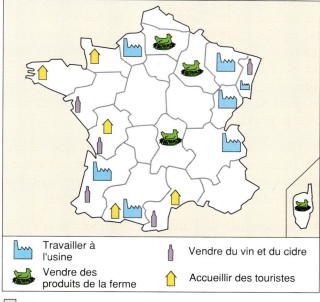

Travailler à l'usine — Vendre des produits de la ferme — Vendre du vin et du cidre — Accueillir des touristes

4 Des ressources complémentaires pour les agriculteurs.

5 Evolution de la consommation d'engrais (kg d'éléments fertilisants par hectare)

	1959-60	1969-70	1985-86
Pays-Bas	201	279	346
engrais azotés	87	175	247
France	56	130	181
engrais azotés	13	38	77

CHAPITRE 5 : LES HOMMES DANS LES MILIEUX TEMPÉRÉS

3. Plusieurs générations d'industries

[1] Une zone industrielle moderne à Vitry-sur-Seine (Val-de-Marne). Au centre, une centrale thermique E.D.F.

1. Le déclin des industries anciennes

● La révolution industrielle du XIXᵉ siècle a fait naître en Europe, puis en Amérique du Nord, des industries et des paysages originaux sur les bassins houillers : **les « pays noirs »** (doc. 3). Les plus anciennes régions charbonnières se situent au Pays de Galles, dans le nord de la France, dans la Ruhr en République fédérale allemande et au Nord-Est des États-Unis. **La sidérurgie* et l'industrie textile sont associées aux industries charbonnières dans ces vieilles régions industrielles.** Les usines, les **puits de mines*** et les habitations ouvrières se mêlent étroitement dans le paysage.

● Ces industries anciennes connaissent aujourd'hui de graves difficultés. Beaucoup d'usines sont fermées et abandonnées. **Les vieilles régions industrielles sont touchées par le chômage** et les habitants les quittent si de nouvelles activités ne sont pas implantées.

● La naissance de l'industrie automobile, voici un siècle, est à l'origine de l'installation d'usines au centre des agglomérations ou dans la proche banlieue, près de la main-d'œuvre et de la clientèle (doc. 1).

2. Les nouvelles formes de l'industrie

● **La géographie industrielle a changé depuis trente ans :** elle dépend moins des lieux d'extraction des matières premières et plus des centres de décision économique. **Les industries s'installent dans des zones industrielles** où elles trouvent de l'espace pour les ateliers et les entrepôts ; **elles sont reliées aux voies de communication.** Les installations géantes de la sidérurgie et des industries du pétrole se situent près des ports où arrivent les matières premières et les sources d'énergie (doc. 2).

● Le travail des hommes s'est modifié. **Partout, la robotisation (doc. 4) fait reculer les tâches répétitives et supprime le travail à la chaîne. La main-d'œuvre doit être de plus en plus qualifiée.** Les **industries de pointe*** utilisent des techniques très modernes.

VOCABULAIRE

* **Sidérurgie** : activité industrielle qui consiste à fabriquer de la fonte et de l'acier avec du minerai de fer et du charbon.

* **Puits de mine** : lieu d'extraction du charbon (ou houille).

* **Industrie de pointe** : industrie utilisant les progrès récents de la technique et de la science.

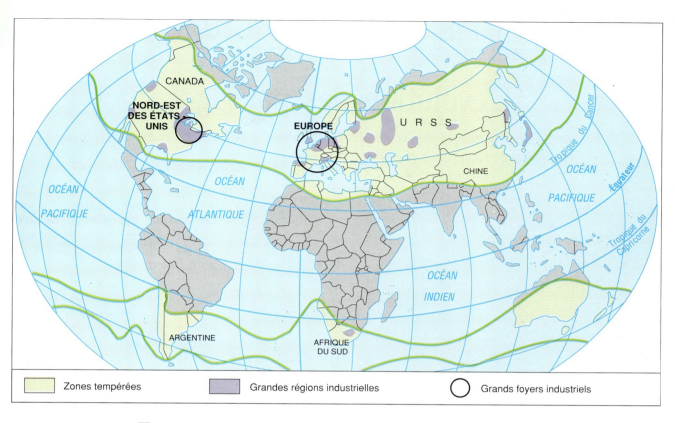

| | Zones tempérées | | Grandes régions industrielles | | Grands foyers industriels |

2 Les grandes régions industrielles de la zone tempérée.

◆ *Retrouvez les noms des grands foyers industriels. Sont-ils également répartis ?*

3 Une région industrielle ancienne en R.F.A. : la Ruhr.

◆ *Décrivez ce paysage industriel : usines, habitations...*

4 Une chaîne de fabrication de voitures dans une usine Renault.

◆ *Comment les soudures sont-elles réalisées ?*

ACTIVITÉS ET DOCUMENTS

L'évolution des paysages

Le paysage est marqué par les activités des hommes : il se modifie avec les transformations de l'agriculture et de l'industrie.

1 Le remembrement d'une exploitation agricole en Beauce, dans le Loiret. Cette exploitation s'étend sur 114 hectares. Elle a été remembrée en 1987.

	1970	1990
Nombre de parcelles en faire-valoir direct	19	7
Nombre de parcelles en fermage	5	3

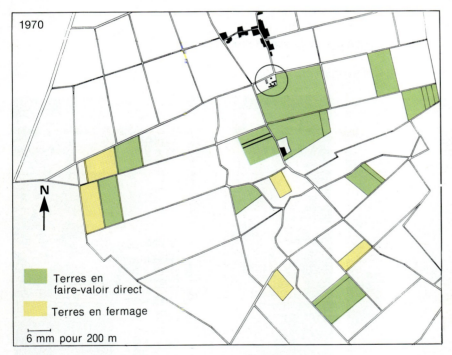

QUESTIONS

♦ Comment s'appelle ce type de paysage agricole ?

♦ Que signifient les marques blanches dans les champs ?

♦ Que peut-on cultiver dans les champs qui ont été photographiés au printemps ?

♦ En utilisant les deux plans et le tableau, expliquez les changements réalisés lors du remembrement.

♦ Quels avantages présente le remembrement pour l'agriculteur ?

ACTIVITÉS ET DOCUMENTS

2 **La transformation d'un « pays noir » près de Valenciennes, dans le Nord.**
Le paysage enregistre les marques des activités des hommes. Lorsque l'industrie est en crise, des usines ferment et des friches industrielles se développent.

◆ Faites un schéma pour localiser les grands traits de ce paysage. Pour la légende, utilisez des couleurs différentes : canal et port en bleu, voies ferrées et routes en violet, usine en hachures noires, habitations en rouge, espaces verts en vert...
◆ A quoi voyez-vous que l'usine a été fermée ?
◆ Quels produits utilisait cette usine sidérurgique ?
◆ Comment le minerai de fer était-il acheminé jusqu'à l'usine ?

CHAPITRE 5 : LES HOMMES DANS LES MILIEUX TEMPÉRÉS

4. Un milieu dominé par les villes

1 La sortie des bureaux à Manhattan, centre des affaires de New York.

1. Des civilisations urbaines

- Les pays situés dans les milieux tempérés sont aujourd'hui fortement urbanisés. La population urbaine représente souvent près de 75 % de la population totale.
- **Les plus grandes villes millionnaires du monde, à l'exception de Mexico, se situent dans la zone tempérée : New York, Tokyo, Paris, Londres, Moscou...** (voir planisphère pp 182/183).
- Plusieurs dizaines de millions de citadins habitent des villes tellement proches les unes des autres qu'elles forment une véritable région urbaine, comme la Mégalopolis du nord-est des États-Unis qui compte plus de 50 millions d'habitants de Boston à Philadelphie (doc. 1).
- **Les villes s'organisent en réseaux urbains*** : des relations nombreuses s'établissent entre elles et leur **hiérarchie*** s'impose en raison de leurs pouvoirs économiques et politiques.

2. La complexité des grandes cités

- Les grandes agglomérations de la zone tempérée ont de multiples fonctions. **Elles ont souvent une fonction politique (les capitales), mais surtout une importante fonction économique** avec le regroupement des centres de décision des entreprises industrielles, commerciales et bancaires, des grands magasins et des commerces spécialisés. Elles offrent de multiples services aux citadins : services de santé, services d'enseignement, services de loisirs...
- L'espace urbanisé s'étend de plus en plus. **En Europe, le vieux centre historique* se double d'un centre moderne.** Le centre des affaires dresse des gratte-ciel dans les grandes métropoles européennes, américaines et japonaises. Tout autour de la ville, **les banlieues résidentielles alternent avec les banlieues industrielles et les espaces verts ; elles s'étirent le long des voies de communication** (doc. 2 et 3).
- **Les difficultés de circulation, le manque de logements, l'insécurité et l'augmentation de la pollution sont les principaux problèmes de ces grandes agglomérations** (doc. 4).

VOCABULAIRE

* **Réseau urbain** : ensemble des villes d'une région ou d'un pays entretenant entre elles des relations commerciales, industrielles, touristiques ou administratives.

* **Hiérarchie** : classement d'éléments en série croissante ou décroissante.

* **Centre historique** : partie la plus ancienne d'une ville qui regroupe généralement les plus vieux monuments.

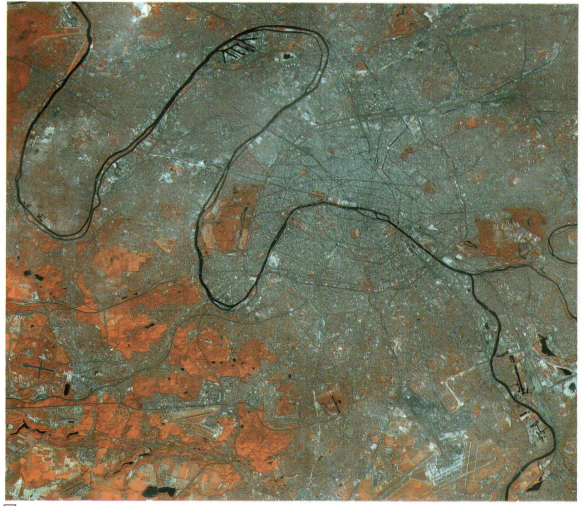

2 **Image satellite SPOT de la région parisienne.**

♦ *Sur un calque, dessinez la ville de Paris, la Seine, la Marne, les autoroutes, les aéroports et les espaces boisés (qui apparaissent en rouge sur la photographie).*

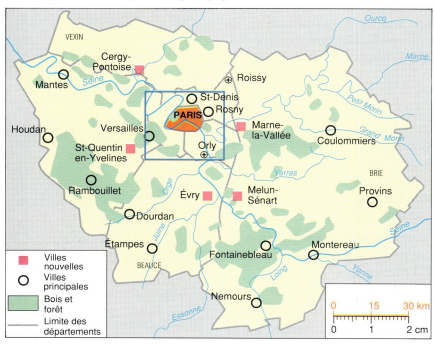

3 **L'Ile-de-France.**

4 L'Ile-de-France en chiffres

Population 1987 :
— Paris (90 km²) :
2 120 000 habitants
— Agglomération
(2 300 km²) :
8 700 000 habitants
— Ile-de-France
(10 012 km²) :
10 200 000 habitants.

Transports :
— 20 millions de déplacements quotidiens
— 5,8 millions de voyageurs en métro et RER
— 2,4 millions de voyageurs en autobus
— 1,4 million de voyageurs en trains de banlieue.

CHAPITRE 5 : LES HOMMES DANS LES MILIEUX TEMPÉRÉS

5. Au cœur des échanges mondiaux

1 **La bourse aux céréales du Minnesota, aux Etats-Unis.** Les cours des différentes céréales s'affichent automatiquement dès qu'ils parviennent à la bourse.

1. Une grande variété de moyens de transport

• L'urbanisation et l'industrialisation des milieux tempérés se sont accompagnées du développement de moyens de transport de plus en plus rapides.

• **Les axes de communication** sont nombreux : routes et autoroutes, voies ferrées, lignes aériennes, voies fluviales et maritimes. Les communications sont organisées en réseaux plus ou moins serrés et les régions les plus densément peuplées sont les mieux desservies. **Les villes occupant des situations de carrefour comme Paris ou Chicago commandent un réseau étoilé de communications** (doc. 4). Des couloirs naturels comme la vallée du Rhône (doc. 2 et 3) ou du Rhin fixent des courants majeurs de circulation.

• Les systèmes de communication, de plus en plus complexes, permettent les échanges des hommes, des marchandises, mais aussi des informations. **Les télécommunications comme le téléphone, la télévision, le télex, la télécopie*...tiennent une place essentielle dans la vie des hommes** (doc. 6).

2. Un trafic intense

• Dans les milieux tempérés, où se situent les pays les plus industrialisés du monde, les échanges sont les plus importants. Les échanges intercontinentaux ont nécessité la construction de ports et d'aéroports. **Aux importations* dominent les sources d'énergie et les matières premières ; aux exportations*, les produits manufacturés.**

• Les entreprises et les particuliers bien équipés captent des informations venant de toute la Terre. Les cours de la bourse de New York sont transmis directement à Paris, à Londres et à Tokyo (doc. 1). Grâce aux satellites de télécommunications, les Européens reçoivent en direct des reportages effectués à des milliers de kilomètres.

• **C'est aussi dans les milieux tempérés que les hommes circulent le plus** (doc. 5) d'un État à l'autre, d'un continent à l'autre. Ils se déplacent pour leur travail et pour leurs loisirs.

VOCABULAIRE

* **Télécopie** : service de copie immédiate à distance.

* **Importation** : produit en provenance des pays étrangers.

* **Exportation** : produit envoyé et vendu dans un pays étranger.

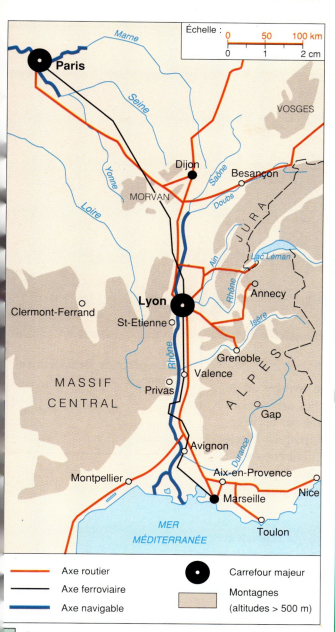

2 Un axe de communication : le couloir rhodanien.

Légende :
- Axe routier
- Axe ferroviaire
- Axe navigable
- ● Carrefour majeur
- Montagnes (altitudes > 500 m)

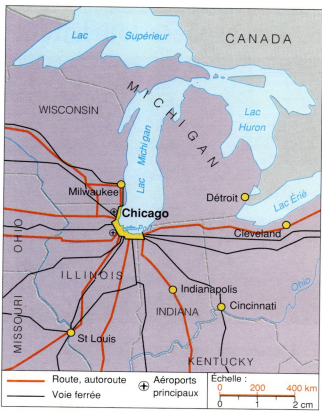

4 Un réseau étoilé de communications autour de Chicago, aux Etats-Unis.

Légende :
- Route, autoroute
- Voie ferrée
- ⊕ Aéroports principaux

3 Le carrefour lyonnais et l'axe rhodanien

« Le carrefour lyonnais se trouve au milieu d'un remarquable axe méridien — le sillon rhodanien — qui, à cet endroit, s'ouvre largement vers l'est par le Haut-Rhône, les routes du Bas-Dauphiné en direction des Alpes, de la Suisse et de l'Italie du Nord, mais malheureusement beaucoup plus parcimonieusement à l'ouest vers des régions d'intérêt économique bien moindre. S'il existait un déterminisme géographique, ce sillon, creusé sur l'un des plus courts isthmes de l'Europe, aurait dû être un axe européen majeur tirant sa fortune d'un système de communications fondé sur la voie d'eau et étayé solidement par la route et la voie ferrée. »

R. LEBEAU, *La Région lyonnaise*, Flammarion, 1977.

5 Nombre de voitures particulières pour 1 000 habitants dans quelques pays

RFA : 401	Pologne : 92
Espagne : 230	Portugal : 137
France : 380	Côte d'Ivoire : 19
Canada : 430	Brésil : 76
Etats-Unis : 540	Inde : 2

6 Un utilisateur du minitel.

CHAPITRE 5 : LES HOMMES DANS LES MILIEUX TEMPÉRÉS

6. Les espaces touristiques

1 La plage de Benidorm en Espagne, au mois d'août.

◆ *Qu'est-ce qui attire les touristes sur cette plage ?*

1. L'essor du tourisme de masse

● **Le tourisme* date du XIXᵉ siècle.** Il s'agissait alors de voyages ou de séjours d'agrément pour des privilégiés comme les riches aristocrates anglais qui « lancèrent » la Côte d'Azur. Des gîtes d'étape sur les itinéraires culturels, quelques auberges dans les Alpes et quelques hôtels luxueux dans les stations à la mode suffisaient pour l'hébergement. **Depuis cinquante ans, la croissance du tourisme de masse s'explique par la généralisation des congés payés, du repos hebdomadaire et l'augmentation du niveau de vie** dans les pays de la zone tempérée.

● **Le tourisme comprend toutes les activités économiques qui répondent aux besoins nouveaux d'évasion et de loisirs.** L'espace est aménagé. Ainsi en montagne, le touriste ne se contente plus de regarder mais veut accéder en toute sécurité à des pistes de ski et utiliser un téléphérique pour gagner les sommets... Le tourisme est devenu une véritable « industrie » qui organise le déplacement et l'accueil de plus de 300 millions de personnes chaque année (doc. 1 et 2).

2. Les aménagements touristiques

● **Les espaces proches des grandes villes sont aménagés pour le week-end :** forêts, bases de loisirs autour des plans d'eau, parcs récréatifs comme Disneyland en Californie (doc. 4). Les résidences secondaires se multiplient autour des grandes villes, jusqu'à plus de 100 km de Paris, par exemple, en Normandie, dans le Morvan ou en Sologne.

● **Les régions littorales et les massifs montagneux accueillent les vacanciers.** Les stations touristiques proposent des équipements de plus en plus standardisés.

● **Les tours opérateurs* mondialisent* leurs activités.** Ils élargissent l'espace touristique des habitants de la zone tempérée en leur proposant certains événements (doc. 5) ou certains pays comme la Thaïlande ou le Sénégal (doc. 3).

VOCABULAIRE

* **Tourisme** : fait de voyager pour son plaisir ou de séjourner dans un lieu où l'on ne vit pas habituellement.

* **Tour opérateur** : entreprise qui vend des voyages organisés, comme le Club Méditerranée.

* **Mondialiser** : se développer sur toute la Terre, à l'échelle mondiale.

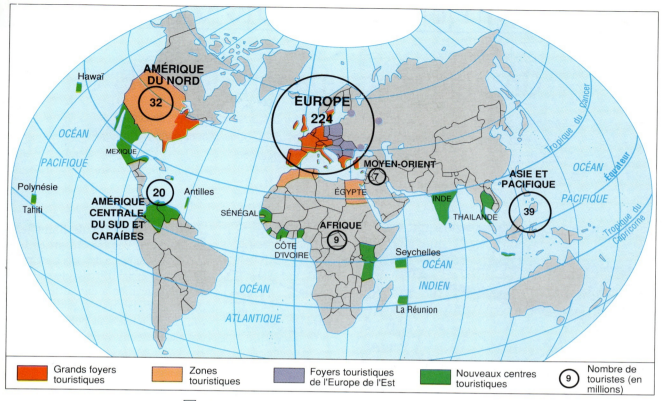

| | Grands foyers touristiques | | Zones touristiques | | Foyers touristiques de l'Europe de l'Est | | Nouveaux centres touristiques | ⑨ Nombre de touristes (en millions) |

2 Les grands espaces touristiques dans le monde.

3 L'évolution du tourisme dans le monde (en milliers de personnes).

	1950	1985		1950	1985
Afrique	524	9 070	Asie de l'Est et Pacifique	190	36 985
Amérique du Nord	6 180	32 487	Asie du Sud	47	2 539
Amérique centrale, du Sud et Caraïbes	1 305	20 307	Moyen-Orient	197	7 115
			Europe	16 839	224 488

4 Le parc d'attraction de Disneyland en Californie.

5 Le défilé du 14 juillet 1989 sur les Champs-Elysées.

255

ACTIVITÉS ET DOCUMENTS

Un plan d'occupation des sols

Le plan d'occupation des sols est le document d'urbanisme élaboré conjointement par l'État et les collectivités locales, qui fixe les conditions d'occupation et d'utilisation du sol, sur le territoire de la commune concernée.

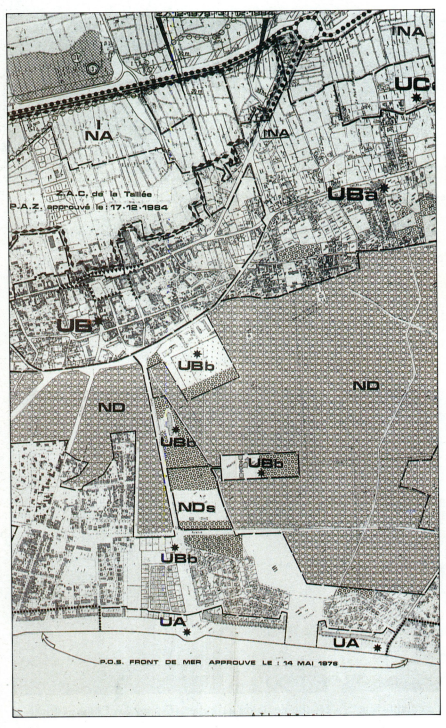

1 **Extrait du POS de Saint-Jean-de-Monts en Vendée.** Adopté en 1976, le plan d'occupation des sols a été modifié en 1983 et en 1987. La dernière procédure de révision a duré deux ans. En janvier 1990, la presse régionale *(Ouest-France)* a annoncé au public l'adoption des modifications du POS :

> **AVIS**
> **Commune de St-Jean-de-Monts**
>
> Par délibération en date du 23 novembre 1989, le conseil municipal a décidé d'approuver la modification du Plan d'occupation des sols (POS) partiel dit hors Front de Mer. Le dossier du POS modifié approuvé est à la disposition du public à la mairie et à la sous-préfecture des Sables-d'Olonne aux jours et heures d'ouverture.

ACTIVITÉS ET DOCUMENTS

2 Le front de mer aménagé de Saint-Jean-de-Monts en Vendée.

♦ Sachant que la côte est orientée nord-sud, trouvez l'orientation de cette photographie.

3 Qu'est ce qu'un POS ?

« Il permet :
— de mieux organiser le développement urbain et notamment l'implantation et la desserte des constructions situées dans les zones urbaines ;
— de protéger les espaces naturels (agriculture, sites, paysages, forêts, etc) ;
— de ménager les emplacements nécessaires aux équipements futurs ;
— de définir avec clarté et certitude les droits attachés à chaque terrain.

Il réglemente toutes les utilisations possibles d'un terrain, qu'il s'agisse : d'une construction, d'un lotissement, de l'implantation d'établissements industriels ou artisanaux, d'un terrain de camping, d'une carrière ou d'abattages d'arbres [...].

Toutes ces utilisations du sol font l'objet d'une autorisation. Elles doivent être compatibles avec les dispositions du plan. »

Ministère de l'Equipement, Direction de l'aménagement foncier et de l'urbanisme, *Un P.O.S. Pour quoi faire ?* 1974.

EXERCICE

♦ D'après la photographie aérienne, dessinez le plan de Saint-Jean-de-Monts en localisant l'océan Atlantique, la plage, le front de mer, la forêt, le centre-ville, la campagne...

♦ En vous aidant de la photographie aérienne, recherchez sur l'extrait du POS, les diverses parties de la ville :
— UB : zone urbaine
— ND : secteur protégé avec règlement particulier
— INA : zone naturelle
— UC : espace réservé au secteur industriel et commercial.

♦ De quand date la construction du front de mer ?

CHAPITRE 5 : LES HOMMES DANS LES MILIEUX TEMPÉRÉS

7. Le domaine méditerranéen

1 Mykonos dans les îles Cyclades, en Grèce.

1. La « dictature du climat »

● Entre l'Eurasie et l'Afrique, autour de la mer Méditerranée, le domaine du climat méditerranéen couvre 5 millions de km² dont 3 sont occupés par la mer (doc. 1 et 2). L'unité vient d'un climat original qui s'arrête net sur les pentes des montagnes ou se dilue dans l'aridité des déserts. Ce climat se retrouve en Californie, au Chili, en Afrique du Sud et en Australie.

● **Le domaine méditerranéen est un carrefour d'influences climatiques, tempérées en hiver et désertiques en été. L'été est sec et chaud** (doc. 3) : les températures moyennes sont supérieures à 23 °C, avec des périodes de **canicule***. **L'hiver doux et plus humide est soumis à des coups de froid** quand le vent violent (mistral, tramontane ou bora) se lève et s'accompagne d'un temps froid ensoleillé. Seules les **rivieras*** échappent au gel. **Les pluies se produisent à l'automne sous forme d'orages violents ou au printemps,** lorsque des dépressions océaniques circulent d'ouest en est.

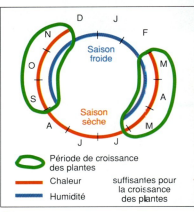

La période végétative.

2. Des paysages contrastés

● **Les paysages méditerranéens portent l'empreinte du relief montagnard et de la sécheresse estivale.** Depuis l'Antiquité les hommes ont façonné ce milieu qui a vu s'épanouir des civilisations prestigieuses.

● La forêt clairsemée de chênes verts ou de chênes-lièges a reculé devant les défrichements (doc. 4) et sous la dent des troupeaux. Elle a laissé place au **maquis*** ou à la **garrigue*** composés d'arbustes et de plantes adaptées à la sécheresse. Les petites feuilles coriaces et les épines limitent la transpiration alors que de longues racines s'enfoncent profondément dans le sol à la recherche d'une eau rare.

● **Les côtes offrent un milieu particulièrement recherché par les populations.** Des villages de pêcheurs et des ports se sont établis autour de petites criques, et aujourd'hui la vie maritime reste animée.

VOCABULAIRE

* **Canicule** : très forte chaleur.

* **Riviera** : côte abritée, bénéficiant d'un climat agréable, surtout l'hiver.

* **Maquis** : formation végétale méditerranéenne composée de buissons épineux que l'on rencontre sur les sols siliceux lorsque la forêt a disparu.

* **Garrigue** : formation végétale méditerranéenne composée d'herbes et de buissons de buis ou de genévriers laissant une partie du sol à nu, que l'on rencontre plutôt sur les sols calcaires, lorsque la forêt a disparu.

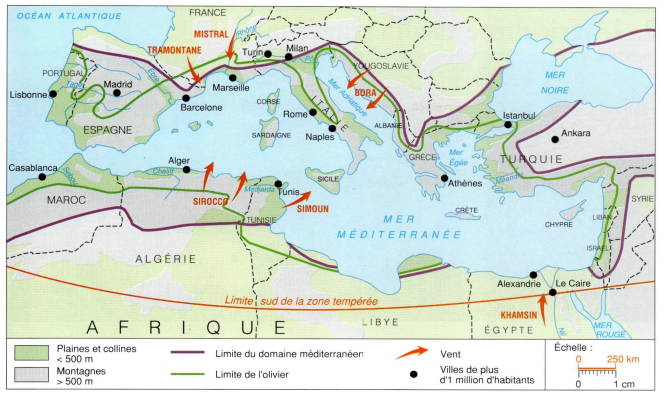

2 Le domaine méditerranéen autour de la mer Méditerranée.

- Où s'arrête le domaine méditerranéen ?
- Quels pays connaissez-vous dans ce domaine ?
- Quels vents soufflent en Afrique du Nord ? D'où viennent-ils ?

3 Les températures et les précipitations à Marseille-Marignane

	T (°C)	P (mm)
J	5,5	43
F	6,6	32
M	10,0	43
A	13,0	42
M	16,8	46
J	20,8	24
J	23,3	11
A	22,8	34
S	19,9	60
O	15,0	76
N	10,2	69
D	6,9	66
Moyenne annuelle 14,2 °C		Total annuel 546 mm

T : températures moyennes mensuelles en degrés ;
P : précipitations moyennes mensuelles en mm.

4 La corniche de l'Esterel dans le Var.
La vue panoramique sur la mer explique la construction de nombreuses villas dans la forêt.

CHAPITRE 5 : LES HOMMES DANS LES MILIEUX TEMPÉRÉS

8. L'agriculture méditerranéenne

1. La polyculture traditionnelle

- Les villages perchés étaient entourés de cultures en terrasses. **Le système de cultures traditionnel associait jadis le blé, l'olivier, les arbres fruitiers (abricotiers, figuiers, amandiers) et la vigne** (doc. 1). Les forêts servaient de terrains de parcours aux moutons et aux chèvres.

- Sur les sols pauvres, en Italie et en Sicile, de grandes propriétés, les latifundia, étaient consacrées à la céréaliculture et exploitées par une main-d'œuvre de journaliers misérables. **L'insuffisance des pâturages pour les troupeaux imposait de vastes mouvements de transhumance***. Au nord de la Méditerranée, en été, les bergers conduisaient les troupeaux des plaines vers les montagnes. Aujourd'hui cette agriculture traditionnelle a quasiment disparu.

- **Des travaux de drainage ont transformé certaines plaines littorales en huertas* prospères,** comme autour de Valence, en Espagne (doc. 5). Un système d'irrigation sévèrement réglementé y permet la culture intensive d'arbres fruitiers, de légumes et d'agrumes.

2. La spécialisation et les cultures commerciales

- **Les transports rapides,** comme le chemin de fer dès la fin du XIXᵉ siècle en France, et les camions isothermes aujourd'hui en Espagne, **ont bouleversé le monde rural.** Il est possible de livrer quotidiennement des légumes et des fruits mûris au soleil (doc. 2). Les plaines sont favorisées et les montagnes délaissées.

- Les barrages construits sur les cours d'eau des montagnes voisines alimentent des canaux d'irrigation comme en Languedoc et dans les plaines du Bas-Rhône. **Un nouveau paysage de grandes parcelles irriguées est né autour de puissantes coopératives*** de stockage et de commercialisation (doc. 4). L'essor des cultures légumières et fruitières, de la riziculture, du coton et de la vigne s'impose sur tout le pourtour de la Méditerranée, en France, en Italie, en Espagne, au Maroc. Mais la surproduction et l'effondrement des prix constituent maintenant une menace permanente pour les producteurs (doc. 3).

1 L'agriculture méditerranéenne traditionnelle près de Tolède en Espagne : le mouton, l'olivier, la vigne, les céréales.

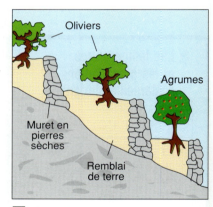

La culture en terrasses.

VOCABULAIRE

* **Transhumance :** déplacement d'un troupeau entre deux régions de pâturage afin de trouver de la nourriture toute l'année.

* **Huerta :** jardin, verger ou plaine irrigués et cultivés intensivement avec des techniques traditionnelles.

* **Coopérative :** entreprise agricole gérée par des agriculteurs qui se sont regroupés pour acheter les produits qu'ils utilisent et pour vendre leur production.

2 **Des citronniers dans la région d'Alicante en Espagne.** L'absence de gel autorise la culture des agrumes.

◆ *S'agit-il de cultures vivrières ?*

3 S'adapter à la concurrence agricole

Dans les plaines irriguées de la Basse-Durance et du Bas-Rhône l'agriculture est fondée sur le maraîchage intensif.

« L'économie agricole demeure prospère depuis près d'un siècle... Cependant la concurrence est vive sur les marchés. Les fluctuations, souvent considérables, des cours des produits maraîchers ont amené une poussée de l'arboriculture depuis 20 ans sur les basses terres alluviales de la Durance et du Rhône. La recherche du profit et la nécessité de trouver une parade aux arrivages massifs des légumes frais en provenance des pays méditerranéens à certaines périodes de l'année ont poussé les paysans de la région à développer sur leurs terres les abris plastiques, les serres de verre chauffées. Ce sont des techniques de ''forçage'' des productions afin de les mettre sur le marché, à une époque de l'année où les cours sont plus élevés. »

L. TIRONE et M. JOANNON, *Nouveaux Aspects de l'organisation de l'espace en Provence-Alpes-Côte d'Azur*, C.R.D.P. et I.N.S.E.E, Marseille, 1981.

◆ *De quels pays méditerranéens proviennent des légumes plus précoces que ceux de Provence ?*

◆ *Comment les maraîchers cherchent-ils à lutter contre la concurrence ?*

4 **La coopérative viticole de Listel dans l'Hérault.**

◆ *Quels services les coopératives rendent-elles aux agriculteurs ?*

CHAPITRE 5 : LES HOMMES DANS LES MILIEUX TEMPÉRÉS

9. Le peuplement autour de la Méditerranée

1 Un village perché : La Bollène-Vésubie dans les Alpes-Maritimes.

◆ *Pourquoi ce village est-il situé sur une hauteur ?*

1. Carrefour de peuples et de civilisations

● Les agriculteurs préféraient s'installer dans des villages perchés, à l'écart des plaines marécageuses, infestées de moustiques porteurs de malaria (doc. 1 et 3). Ils y étaient aussi à l'abri des invasions. **Le relief cloisonné a permis le maintien jusqu'à nos jours d'une grande diversité culturelle,** comme en Yougoslavie où s'affirment plusieurs langues et plusieurs religions.

● **L'assainissement*** des plaines et le développement de l'agriculture commerciale expliquent l'abandon progressif des sites perchés de la montagne méditerranéenne. **Face à l'intérieur montagnard qui se dépeuple, les plaines et surtout la côte connaissent un essor démographique sans précédent** (doc. 2).

2. Urbanisation et développement du littoral

● **De grandes villes se situent sur les rivages de la Méditerranée. Ce sont surtout des ports :** Marseille, Barcelone, Istanbul... Au cours des siècles, leur dynamisme s'est renouvelé avec les courants d'échanges maritimes. Athènes, Alexandrie et Venise doivent leur fortune à la mer.

● L'urbanisation transforme les rivages de la Méditerranée :

— tout au long de la Côte d'Azur, de la côte adriatique, de la Costa Brava et de la Costa del Sol, **des stations balnéaires accueillent près de 15 millions de touristes chaque année ;**

— au Maghreb et au Moyen-Orient, la croissance des villes n'est pas suivie par la création d'emplois urbains. Il en résulte des problèmes d'urbanisme comme la dégradation des **médinas*** (doc. 4) et l'extension des bidonvilles ;

— à l'inverse, **de Gênes à Barcelone, une région urbaine dynamique s'articule autour de pôles industriels, de villes et de technopoles*** comme Montpellier ou Sophia-Antipolis près de Nice.

VOCABULAIRE

* **Assainissement** : ensemble des techniques qui permettent de drainer des plaines marécageuses.

* **Médina** : quartier ancien dans une ville arabe, entouré de remparts, aux ruelles étroites.

* **Technopole** : ville regroupant des activités tertiaires de haut niveau comme l'informatique.

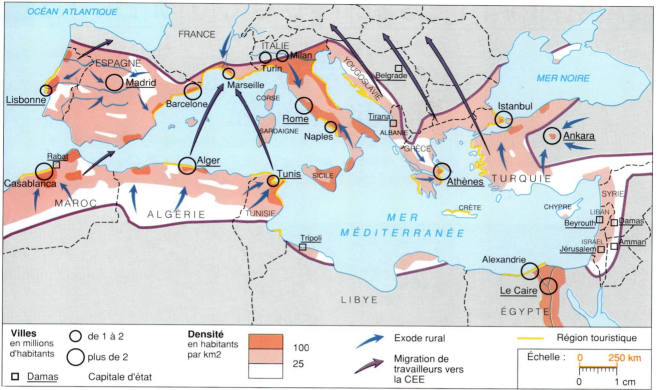

2 La répartition des hommes autour de la Méditerranée.

♦ Quelles sont les régions les plus peuplées ?
♦ Quelles capitales sont situées au bord de la mer ? Cette situation littorale est-elle un avantage ?

3 Des terres apprivoisées par le labeur des hommes

« L'histoire des hommes, en Méditerranée, a commencé le plus souvent par les collines et les montagnes où la vie agricole a toujours été dure et précaire, mais à l'abri de la malaria meurtrière et des périls trop fréquents de la guerre. D'où tant de villages perchés. [...] Dans toutes les zones hautes de la Méditerranée, on retrouve un paysage fragile entièrement créé de main d'homme : les cultures en terrasse, et les murettes sans cesse à reconstruire, les pierres qu'il faut monter à dos d'âne. [...]

De la Méditerranée, nous tendons aujourd'hui à ne voir que le décor, l'alliance de la mer et du soleil, du relief et de la végétation, le don gracieux d'une nature généreuse et pourtant ingrate. Car sous les fleurs, la pierre apparaît vite. Que l'homme relâche un moment son attention et ses soins, et les terrasses patiemment édifiées à flanc de montagne s'effondrent, envahies par les broussailles, le maquis repousse sur la forêt incendiée, les plaines retournent au marécage... »

F. BRAUDEL, *La Méditerranée*, Champs Flammarion, 1985.

4 Le port et la kasbah d'Alger.

♦ Retrouvez sur cette photographie les différents quartiers de la ville d'Alger.
♦ Décrivez l'architecture du quartier du port.

ACTIVITÉS ET DOCUMENTS

La fragilité du milieu méditerranéen

Dans un milieu naturel, le climat, la végétation et les sols dépendent les uns des autres : on parle d'équilibre naturel. Il suffit parfois de l'intervention de l'homme pour détruire définitivement cet équilibre.

1 Un canadair en action. Cet avion spécialisé dans la lutte contre les incendies peut emporter des milliers de litres d'eau de mer, et les déverser sur les flammes dans des zones difficilement accessibles par route.

2 La forêt méditerranéenne

« C'est une forêt d'arbres à feuilles toujours vertes, appartenant à un nombre d'espèces relativement peu nombreuses, en particulier des chênes (chêne vert, chêne-liège). Les feuilles sont généralement petites, coriaces, cireuses, ce qui limite leur transpiration. Le système de racines est très développé, et l'écorce épaisse. La forêt méditerranéenne est extrêmement fragile et se reconstitue difficilement. L'homme l'a souvent détruite pour ses cultures et pour ses pâturages. Des incendies, allumés, volontairement ou non, l'ont dévastée. Sur les pentes, l'érosion favorisée par la violence des pluies a enlevé le sol et mis la roche à nu. »

A. HUETZ de LEMPS, *La Végétation de la Terre*, Masson, 1976.

3 L'homme, responsable des incendies de forêt

Chaque été, les incendies font disparaître des milliers d'hectares de forêt méditerranéenne.

« Les espaces verts de la région méditerranéenne (forêts, c'est-à-dire landes, maquis ou garrigues) brûlent plus que d'autres pour des raisons qui ne sont pas seulement d'ordre climatique. Tour à tour sont accusés les lignes électriques, les tessons de bouteilles, les dépôts d'ordures publics ou sauvages, les enfants et enfin les touristes [...]. Mais il y a plus grave ou plus gênant. Près de 30 % des feux (connus) prennent naissance à la suite de travaux agricoles ou forestiers. En Corse ou dans les Cévennes, les bergers pratiquent encore l'écobuage, et parfois les feux qu'ils allument sont mal ou pas contrôlés. »

J.-P. BOURCIER dans *Ça m'intéresse* n° 18, 1982.

ACTIVITÉS ET DOCUMENTS

4 La pollution dans un port de Méditerranée.

- *Quelles peuvent être les causes de la pollution du port ?*
- *Quelles sont les conséquences de la pollution sur le milieu marin ?*

5 La Méditerranée peut-elle mourir ?

Des mesures de protection de l'environnement expriment la prise de conscience de la catastrophe écologique qui menace la Méditerranée.

« Immense quand elle était, pour les Grecs, la Mer, la Méditerranée n'a plus que les dimensions de la pollution qu'elle subit. Elle s'est faite petite et fragile : 3 millions de kilomètres carrés, c'est un monde peut-être, mais ce n'est que la 35e partie de l'Atlantique. [...] Les nappes de pétrole lâchées par les navires ne peuvent se dissoudre dans une mer dont la largeur ne dépasse nulle part 800 kilomètres et n'est que de 140 kilomètres entre la Sicile et la Tunisie. [...] De la Catalogne au golfe de Gênes, en Italie, s'entassent 9 millions de personnes, ce qui donne une densité de 220 à 340 habitants au kilomètre carré, parfois multipliée par cinq ou par dix en période estivale. »

C.-M. VADROT, *Mort de la Méditerranée*, © Editions du Seuil, 1977.

QUESTIONS

- *Retrouvez les relations entre les divers éléments du milieu méditerranéen (climat, relief, végétation, sols, activités humaines). Donner des exemples de relations entre climat et végétation, végétation et relief, relief et activités humaines, relief et sols...*

- *Pourquoi les hommes sont-ils responsables de la multiplication des incendies qui ravagent les forêts méditerranéennes ?*

- *Comment se manifeste la pollution de la mer Méditerranée ? Quelles en sont les causes ?*

- *Dans tous les documents étudiés, l'eau apparaît comme un acteur essentiel dans le monde méditerranéen. Montrer que le problème de l'eau est toujours présent (inondation, sécheresse, incendie, tourisme...) et que les hommes doivent prévoir et maîtriser l'eau.*

Chapitre 6

LES HOMMES DANS LES MILIEUX INTERTROPICAUX

1 Un point d'eau dans le Sahel, au Mali. Dans cette zone sèche qui borde le désert du Sahara, les points d'eau attirent les hommes et leurs troupeaux.

« On allait sortir de la saison des pluies, mais tout n'était pas dit encore et on se trouvait à la merci d'un des derniers orages, d'une tornade ou d'une averse diluvienne. La végétation, après ces inondations venues non seulement du ciel mais des marigots ou des cours d'eau débordés, était exubérante, désordonnée, d'une richesse incroyable et, souvent, elle avait envahi ce que l'homme avait péniblement gagné sur elle. »

P. VIALAR, *Mon seul amour*, Flammarion, 1971.

2 Une forêt galerie au Kenya. Dans cette région à l'aspect désertique, la végétation forestière ne peut se développer que le long du cours d'eau.

PLAN DU CHAPITRE

Planisphère :
La zone intertropicale................................. 268/269
1. Climats et milieux intertropicaux............... 270/271
2. L'eau et les fleuves................................. 272/273
3. Vivre dans la forêt dense......................... 274/275
Activités et documents
Un dossier : l'Amazonie............................. 276/277
4. L'agriculture vivrière de la savane............ 278/279
5. L'agriculture commerciale....................... 280/281
6. La riziculture tropicale............................ 282/283
Activités et documents
Découvrir la Côte d'Ivoire par les cartes...... 284/285
7. Les villes tropicales................................ 286/287
8. Les grands chantiers.............................. 288/289
Activités et documents
La Réunion, une île tropicale..................... 290/291

3 Un marché à Abidjan en Côte d'Ivoire. Des immeubles modernes dominent un marché paysan traditionnel au cœur de la ville.

LA ZONE INTERTROPICALE

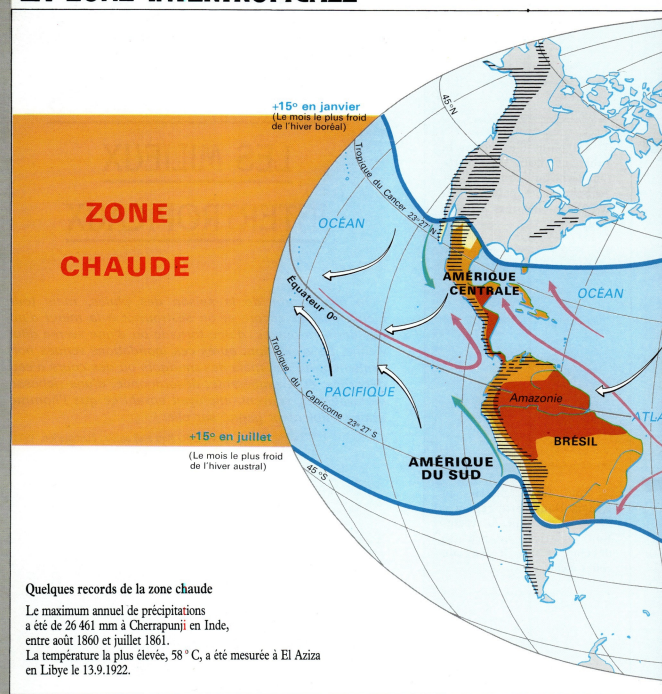

ZONE CHAUDE

+15° en janvier
(Le mois le plus froid de l'hiver boréal)

+15° en juillet
(Le mois le plus froid de l'hiver austral)

Quelques records de la zone chaude

Le maximum annuel de précipitations a été de 26 461 mm à Cherrapunji en Inde, entre août 1860 et juillet 1861.
La température la plus élevée, 58 °C, a été mesurée à El Aziza en Libye le 13.9.1922.

Dans la **zone chaude**, les pluies permettent de distinguer les climats :

Équatorial	Tropical humide	Tropical sec	Désertique
Pluies toute l'année	Une saison sèche et une saison des pluies. La durée de la saison des pluies diminue de l'équateur vers le tropique	Une longue saison sèche	Pluies très rares

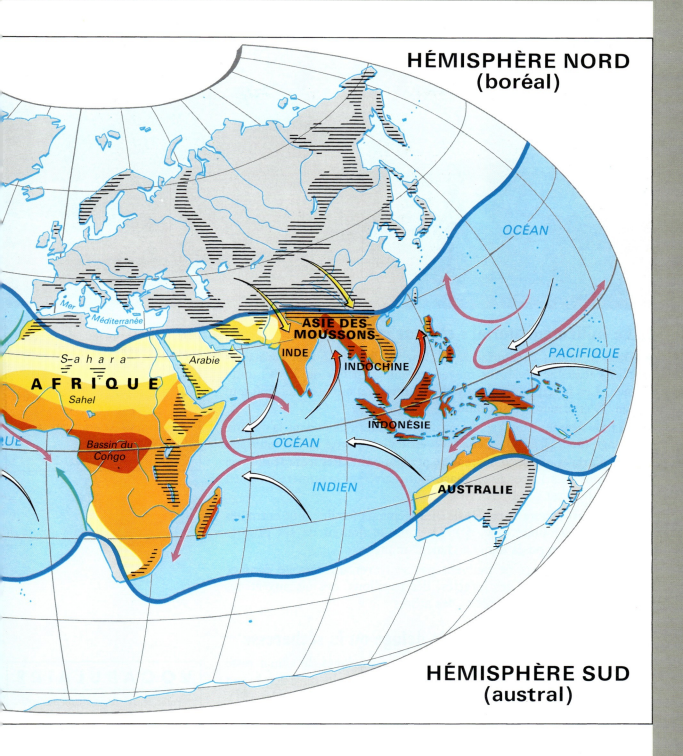

CHAPITRE 6 : LES HOMMES DANS LES MILIEUX INTERTROPICAUX

1. Climats et milieux intertropicaux

1. Le milieu équatorial : chaleur et humidité

● **Dans le milieu équatorial, la chaleur et l'humidité sont constantes** (doc. 2). Les températures moyennes sont proches de 25 °C toute l'année. Les précipitations sont abondantes, supérieures à 1 500 mm par an. D'énormes averses tombent chaque jour.

● **La forêt dense*** s'étend en Amazonie, en Indonésie et dans la cuvette du Congo (doc. 3 et 4). **Cette forêt est toujours verte car les multiples espèces d'arbres qui la composent ne perdent pas toutes leurs feuilles en même temps.** Les arbres au feuillage touffu arrêtent la lumière du soleil et le sous-bois est sombre.

● **Le sol y est pauvre et peu épais** : les éléments fertiles sont entraînés par les eaux de pluie (doc. 5). La forêt se nourrit de ses propres débris vite décomposés dans la chaleur moite.

● Les gros animaux ne peuvent pas se frayer un passage dans ce milieu. Des serpents, des insectes, des papillons, des oiseaux et des singes vivent dans les branches des arbres.

2. Les milieux tropicaux : le déluge ou la sécheresse

● **Quand on s'éloigne de l'équateur vers les tropiques, le climat reste chaud mais avec une saison sans pluie.** Cette saison sèche dure de plus en plus longtemps à mesure qu'on s'approche du tropique (doc. 2). L'année est divisée en deux saisons bien marquées : la saison sèche et la saison des pluies, appelée **mousson*** en Asie du Sud-Est.

● **Des vents d'est réguliers, les alizés, soufflent toute l'année des tropiques vers l'équateur.** Les cyclones sont des vents très violents qui dévastent tout sur leur passage à la saison des pluies.

● **Les formations végétales s'adaptent à la sécheresse saisonnière. C'est le domaine des savanes*** composées de hautes herbes qui poussent à la saison des pluies et d'arbres dispersés (doc. 1). Quand la saison sèche est très longue, la steppe domine.

● Les sols sont en général pauvres : les éléments fertiles sont **lessivés*** par les pluies ou se déposent à la surface en croûtes très dures et infertiles (doc. 5).

[1] Un troupeau dans une savane arborée au Burkina Faso, à la saison sèche.

♦ A quoi voit-on que la photographie a été prise à la saison sèche ?
♦ Quelle est la nourriture de ce troupeau ?

VOCABULAIRE

* **Forêt dense** : forêt tropicale toujours verte composée de très nombreuses espèces végétales : arbres, lianes, orchidées.

* **Mousson** : vent saisonnier soufflant en été de la mer vers la terre et en hiver de la terre vers la mer, en Asie du Sud-Est.

* **Savane** : formation végétale tropicale composée de hautes herbes avec quelques arbres isolés.

* **Lessivé** : se dit d'un sol appauvri en éléments fertiles lorsque l'eau de pluie les a dissous et emportés.

2 La chaleur et l'humidité

	Douala		Abéché	
	T(°C)	P(mm)	T(°C)	P(mm)
J	27,1	61	25,4	0
F	27,4	88	27,8	0
M	27,4	226	31,1	0
A	27,3	240	32,6	1
M	26,9	353	32,8	24
J	26,1	472	31,7	26
J	24,8	710	28,6	141
A	24,7	726	26,2	232
S	25,4	628	27,3	67
O	25,9	399	29,3	14
N	26,5	146	28,2	0
D	27,0	60	26,0	0

T : températures moyennes mensuelles en degrés ;
P : précipitations moyennes mensuelles en mm.

3 **Au cœur de la forêt dense en Centrafrique.** Aux multiples espèces d'arbres se mêlent des plantes géantes et des lianes. L'eau est partout présente.

♦ *A votre avis, est-il facile de circuler dans la forêt dense ? Pourquoi ?*

4 **L'étagement de la végétation dans la forêt dense :**
1 Les arbres géants comme l'acajou
2 L'étage intermédiaire
3 Les lianes et le sous-bois
♦ *Pourquoi les arbres géants poussent-ils si haut ?*

5 Les sols tropicaux

« Les sols tropicaux sont en grande partie utilisables bien qu'ils soient sous-utilisés. Certes, leurs faiblesses sont incontestables : pauvreté en matières organiques, en éléments solubles fertilisants, argile se transformant en hydrates d'alumine et de fer sans valeur agricole. Il arrive que ces hydrates se durcissent pour former des cuirasses incultivables quand elles affleurent. [...]

Cela dit, les surfaces tropicales cultivables excèdent largement les surfaces effectivement récoltées.

L'examen des paysages agricoles contraint à reconnaître que bien souvent la prospérité de l'agriculture n'est pas en rapport direct avec la fertilité des sols [...] ; le succès de l'agriculteur dépend plus encore des techniques employées. »

P. GOUROU, *Terres de bonne espérance*, coll. « Terre humaine », Plon, 1982.

♦ *Les sols tropicaux offrent-ils en général des conditions favorables à l'agriculture ?*
♦ *Quels moyens permettraient de produire davantage ?*

CHAPITRE 6 : LES HOMMES DANS LES MILIEUX INTERTROPICAUX

2. L'eau et les fleuves

1 Transport de chèvres sur un affluent du fleuve Niger, au Mali.

1. L'eau bienfaisante

● **Les pluies tropicales associées à la forte chaleur favorisent la croissance végétale.** Dans les régions équatoriales, les arbres, les arbustes et les plantes fournissent des fruits et des racines comestibles, tout au long de l'année. **Pour les populations des régions tropicales à saison sèche, l'arrivée des pluies signifie le renouveau de la vie** (doc. 4).

● Les fleuves des régions équatoriales, comme l'Amazone en Amérique du Sud ou le Congo en Afrique, ont les débits les plus forts du monde (doc. 5). **Dans les régions plus sèches, les fleuves au débit irrégulier comme le Niger attirent les hommes et les animaux pendant la saison sèche** (doc. 1). Ils constituent souvent les principales réserves d'eau pour les villages environnants. Les femmes et les enfants parcourent des kilomètres à pied pour trouver l'eau nécessaire aux besoins quotidiens (doc. 3).

● Les cours d'eau sillonnés d'embarcations de toutes sortes sont parfois la seule voie de pénétration et de communication dans la forêt.

2. L'eau maléfique

● **L'abondance des eaux stagnantes* et la chaleur favorisent la multiplication de nombreux parasites*** dangereux pour l'homme et pour certains animaux (doc. 2). L'eau consommée est souvent souillée. Les **maladies tropicales***, comme le paludisme transmis par les moustiques ou la maladie du sommeil, sont responsables d'une forte mortalité.

● **A chaque saison des pluies, les fleuves connaissent des crues considérables à l'origine d'inondations parfois catastrophiques.** La navigation est parfois impossible car les cours des fleuves sont accidentés de dangereux rapides tels ceux du Congo et du Zambèze en Afrique.

● La maîtrise de l'eau est indispensable pour les populations de la zone chaude. Comme elle exige des capitaux et des moyens techniques considérables, elle reste bien souvent incomplète et insuffisante.

VOCABULAIRE

* **Stagnantes** : se dit d'eaux immobiles qui ne s'écoulent pas comme dans un marécage. Contraire d'eaux courantes.

* **Parasites** : animaux ou végétaux qui vivent aux dépens d'autres êtres vivants comme des vers intestinaux ou des champignons.

* **Maladies tropicales** : maladies existant dans les régions tropicales et dont le développement est favorisé par le climat chaud et humide.

2 Des maladies tropicales liées à l'eau

Bien souvent les eaux tropicales sont insalubres ou abritent des parasites qui transmettent de graves maladies.

« Actuellement, quelque 200 millions de personnes sont affectées par la bilharziose, du nom du savant Bilharz qui découvrit le parasite : un ver plat. [...]

Cette maladie parasitaire est une menace pour 600 millions de personnes qui la contractent dans l'eau stagnante (marigot, lac, barrage) par l'intermédiaire de mollusques. Les enfants qui aiment beaucoup se baigner et patauger dans l'eau en sont les principales victimes. [...]

La maladie peut amener le cancer de la vessie, des lésions aux reins et des troubles hépatiques graves. Les vastes travaux d'irrigation entrepris dans le Tiers-Monde, comme le barrage d'Assouan ou la création des lacs artificiels en Afrique, ont entraîné une recrudescence de la bilharziose. »

Santé du Monde, OMS, décembre 1984,
Info Doc UNICEF, mars-avril 1986.

◆ *Comment est transmise la bilharziose ?*
◆ *Y a-t-il des moyens pour lutter contre cette maladie ?*

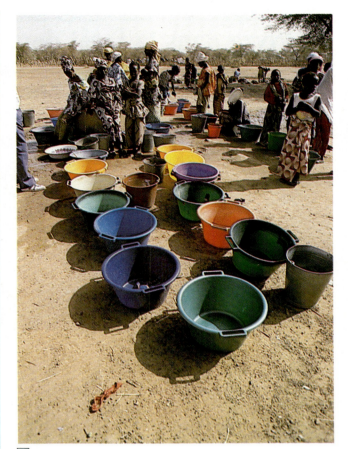

3 La corvée d'eau au Sénégal.
◆ *Pourquoi est-ce une tâche pénible ?*

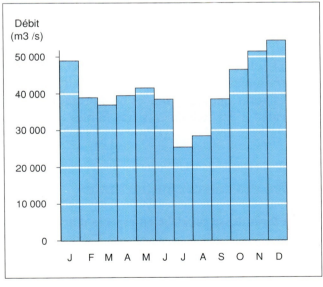

5 Le régime annuel du fleuve Congo.

◆ *A quelle période de l'année le Congo a-t-il le plus fort débit ?*
◆ *Comment s'explique l'abondance de ses eaux ?*
◆ *Avec le document 3 de la page 205, recherchez le nom d'autres grands fleuves de la zone chaude.*

4 Un ciel de mousson au-dessus des rizières au Népal.

◆ *Pourquoi le ciel est-il si sombre ?*

3. Vivre dans la forêt dense

1 Le transport du bois sur une piste, en Côte d'Ivoire.

♦ *Quelles difficultés doit-on surmonter pour exploiter la forêt équatoriale ?*

1. Un milieu répulsif

● **La forêt dense équatoriale est un « enfer vert ».** Elle est sombre, inquiétante, difficilement pénétrable avec son enchevêtrement d'arbres géants, d'arbustes, de plantes et de lianes. Une faune souvent dangereuse pour l'homme se dissimule dans ce fouillis végétal.

● **C'est un milieu insalubre.** De multiples parasites y prolifèrent, transmettant des maladies très graves qui épuisent les organismes humains.

● **Le peuplement est faible et discontinu.** Des populations très peu nombreuses et dispersées y vivent encore de chasse, de pêche et de cueillette. **L'agriculture se limite à quelques clairières défrichées par le feu** (doc. 3). Les méthodes rudimentaires et l'absence d'engrais imposent une très longue **jachère***. Les champs défrichés dans la forêt sont abandonnés après quelques années de culture. Cette agriculture itinérante sur **brûlis*** a des rendements très faibles.

2. Des ressources importantes

● **La forêt dense est riche en espèces d'arbres au bois précieux** comme l'ébène, l'acajou, le teck ou encore l'okoumé, à partir duquel on fabrique le contreplaqué. Les bois sont très recherchés par les pays industrialisés qui ouvrent de gigantesques chantiers forestiers (doc. 1 et 2).

● L'absence d'hiver et de saison sèche permet la succession de plusieurs récoltes au cours d'une année. **Les hommes cultivent des plantes vivrières comme l'igname et le manioc.** Ces **tubercules*** très nutritifs se contentent de sols médiocres. Des arbres offrent une grande variété de fruits, comme le papayer et le manguier.

● **La mise en valeur de nombreux gisements miniers et énergétiques exige la réalisation de grands travaux.** L'Amazonie, le Gabon ou l'Indonésie ont entrepris l'exploitation de ces nouvelles ressources. Aujourd'hui, partout, la forêt dense recule face aux **fronts pionniers*** (doc. 4).

VOCABULAIRE

* **Jachère** : terre laissée au repos, c'est-à-dire sans culture pendant une ou plusieurs années.

* **Brûlis** : défrichement partiel de la végétation naturelle et destruction des débris par le feu.

* **Tubercule** : racine où sont stockées les réserves nutritives de la plante. Parmi les tubercules comestibles, il y a l'igname, la patate douce.

* **Front pionnier** : zone de conquête du sol pour augmenter la superficie agricole aux dépens de terres inutilisées.

2 Une clairière défrichée dans la forêt dense, au Gabon.
♦ Quelles peuvent être les activités des habitants de ce village ?

3 L'agriculture itinérante sur brûlis au Venezuela

« Les principaux moments de la culture itinérante sont le choix de l'emplacement, le défrichement par abattage et le brûlage, la culture principalement (plantation, coupe des herbes, récolte) et la jachère. Le nettoyage de l'emplacement choisi débute au milieu de la saison sèche en janvier. A la fin de la saison sèche, en mars, les arbres abattus sont brûlés. On sème au début de la saison des pluies vers la fin avril. Il s'agit fréquemment de cultures associées mixtes, maïs et haricots noirs. Le cultivateur se borne ensuite à couper les herbes nuisibles avec sa machette. La cueillette a lieu en août. Parfois on sème une autre récolte. Deux ou trois années de culture sont les durées les plus fréquentes. Au-delà commence la jachère qui peut durer de 1 an à 12 ans suivant les régions. »

R.F. WATERS, *L'Agriculture itinérante en Amérique latine*, FAO, Rome.

♦ A partir du texte, dessinez le calendrier agricole, c'est-à-dire la succession des travaux effectués dans les champs au cours d'une année :
— représentez d'abord une frise des mois de l'année ;
— coloriez la saison sèche et la saison des pluies ;
— inscrivez le nom des activités agricoles.

4 Un ranch moderne en Amazonie, au Brésil. Cette forme d'élevage exploite des milliers d'hectares défrichés autour d'installations modernes.

ACTIVITÉS ET DOCUMENTS

Un dossier : l'Amazonie

Ce dossier (carte, photographies, texte) présente les paysages et les habitants de la forêt amazonienne. Il pose aussi une question : l'exploitation des ressources amazoniennes détruira-t-elle l'équilibre d'un milieu fragile ?

1 **L'Amazonie, la plus grande forêt du monde.** Les cimes des arbres forment un véritable toit au dessus d'un fouillis végétal. Des cours d'eau serpentent à travers la forêt sur des milliers de kilomètres.

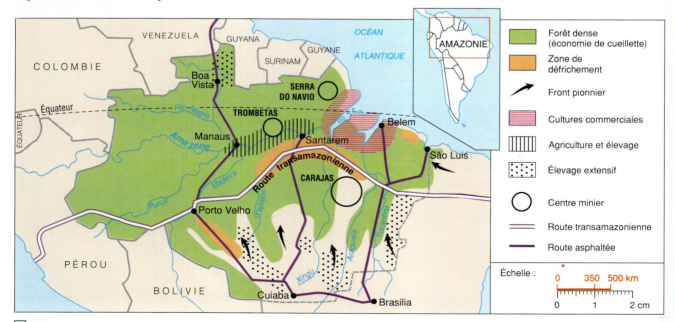

2 **L'Amazonie et ses ressources économiques.**
◆ *Quels sont les grands chantiers miniers de l'Amazonie ?* ◆ *Quel est le rôle des routes dans la mise en valeur de l'Amazonie ?*

ACTIVITÉS ET DOCUMENTS

3 De jeunes indiens.

4 Construction d'une route dans la forêt.

5 L'aménagement de l'Amazonie : un avenir prometteur ou une catastrophe écologique ?

« Renaldo de Sousa. Il est arrivé dans l'État de Rondônia il y a deux ans après avoir vendu la parcelle qu'il possédait [...] à 1 600 km plus au sud. [...] Il a pu contracter un emprunt et acquérir une terre de 50 hectares. [...] Au moyen de la machette, par le feu, la sueur et un dur travail, il a pu défricher 4 hectares où il cultive notamment du maïs, du riz, du manioc et de la canne à sucre. Ce que lui et sa famille ne consomment pas, il s'efforce de le vendre aux voyageurs qui empruntent la grande route. Si son exploitation fonctionne bien, dans six ans il deviendra propriétaire. [...]

Une vue aérienne de la province de Rondônia montre que la jungle a été abattue dans beaucoup d'endroits par les agriculteurs et les éleveurs, et par les sociétés d'exploitation forestière, les sociétés minières et pour la construction de retenues hydroélectriques. Une fois mis à nu, le fragile et mince sol tropical est alternativement brûlé par le soleil et lessivé par les pluies torrentielles. Les nombreux méandres des affluents de l'Amazone saturés d'alluvions passent alors du vert au rouge. Vue d'avion, la jungle semble saigner. »

D. KINLEY dans *Développement mondial*, avril 1989.

QUESTIONS

En utilisant les documents de ce dossier, il est possible de comprendre les enjeux, les espoirs et les risques que représente la mise en valeur d'une région grande comme dix fois la France.

◆ *Décrivez le milieu naturel (végétation, hydrographie...).*

◆ *Quelles sont les principales richesses minières de l'Amazonie ?*

◆ *Quels aménagements ont été réalisés pour exploiter les richesses forestières et minières ?*

◆ *Qu'apprend-on sur la vie des agriculteurs pionniers de l'Amazonie ?*

◆ *Pourquoi le titre du texte 5 est-il une interrogation sur l'avenir de l'Amazonie ?*

CHAPITRE 6 : LES HOMMES DANS LES MILIEUX INTERTROPICAUX

4. L'agriculture vivrière de la savane

[1] Un village de la savane au nord du Cameroun.

♦ *Dessinez le plan de ce village : la route, les maisons, les arbres, les champs.*

1. Une agriculture itinérante sur brûlis

● **Le calendrier agricole suit le rythme des pluies** (doc. [2]). A la fin de la saison sèche, les paysans allument des feux de brousse pour défricher un espace de savane. Les cendres enrichissent le sol, préparant de nouveaux champs qui sont cultivés pendant la saison des pluies. Ces champs sont mis en culture pour quelques années puis laissés en jachère.

● **L'espace cultivé s'organise autour du village** (doc. [1]) : **les champs cultivés de façon permanente sont les plus proches des habitations, tandis que les champs assolés* en sont éloignés.** Chez les Sérères du Sénégal, le paysage présente ainsi des auréoles concentriques. Les principales cultures vivrières sont des céréales (blé, sorgho, mil), moins nutritives que les tubercules de la zone forestière (doc. [3]). Elles sont souvent associées à des cultures commerciales comme l'arachide.

2. Une agriculture extensive

● **Les paysans ont de petites exploitations qu'ils cultivent selon des techniques traditionnelles,** avec des outils rudimentaires tels que la houe ou daba (doc. [4]). Les sols pauvres ne reçoivent pas d'engrais et s'épuisent rapidement. Les rendements sont bas.

● La production agricole, irrégulière en raison de l'irrégularité des pluies, est souvent insuffisante. **La disette se produit à l'époque de la soudure*.** Quand la population augmente, les paysans raccourcissent la durée des jachères pour multiplier les récoltes : les sols s'appauvrissent encore davantage et les rendements sont de plus en plus bas.

● Le bétail est rarement utilisé par les paysans pour le travail et pour la fumure du sol. **Les troupeaux constituent la seule richesse de populations d'éleveurs nomades comme les bergers Peuls au sud du Sahara** (doc. [5]). Ceux-ci passent parfois des **contrats*** avec les villageois, échangeant le fumier et le lait de leurs bêtes contre des céréales.

VOCABULAIRE

* **Assolé** : se dit d'un champ sur lequel se succèdent des cultures différentes.

* **Soudure** : période de l'année qui précède la récolte. L'alimentation est parfois insuffisante et il y a risque de famine.

* **Contrat** : accord par lequel une ou plusieurs personnes définissent leurs obligations mutuelles comme le temps de travail et le salaire.

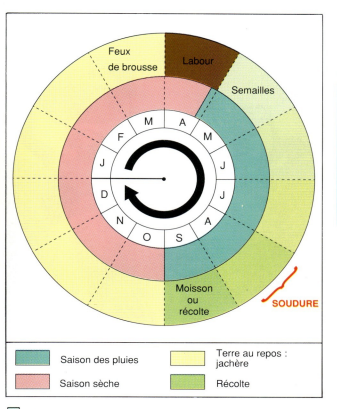

2 Un calendrier agricole en Afrique.

- Quelles cultures se succèdent au cours de l'année ?
- Avec quelles récoltes peut-on constituer un stock ?

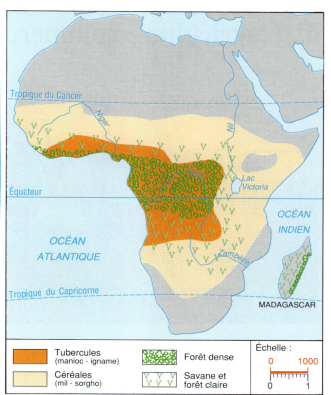

3 Les cultures en Afrique.

- Dans quel milieu naturel récolte-t-on des tubercules ? Des céréales ?

4 Des femmes au travail dans une rizière au Burkina Faso. Chaque femme pioche le sol avec une daba.
- Comment le travail est-il organisé ?

5 Nomades et sédentaires

Entre le Sahara et la région des savanes, le Sahel est une zone de contact entre des populations nomades et des sédentaires.

« Au bord du fleuve [le Niger], dans les marécages qui subsistent pendant la saison sèche, paissent de nombreux bovins, qui profitent d'une herbe abondante, le bourgou. Ces troupeaux sont à la charge des bergers peuls qui, chaque soir, les ramènent pour la nuit dans la zone de culture derrière le village, dégagée de la végétation en saison sèche. [...] Les bergers demeurent en saison sèche dans des huttes établies sur cette zone de culture que les troupeaux fertilisent pendant la nuit. Les agriculteurs paient au berger une redevance en mil pour chaque nuit de stationnement. Les bêtes appartiennent au berger ou aux agriculteurs. Cet élevage approvisionne en lait le village. »

F. de RAVIGNAN dans *Le Monde diplomatique*, novembre 1977.

- Quels sont les produits échangés entre les agriculteurs et les bergers ?
- Quels avantages ces échanges procurent-ils ? Aux éleveurs nomades ? Aux cultivateurs sédentaires ?

5. L'agriculture commerciale

1. Les grandes plantations modernes

● **Une plantation est un domaine agricole spécialisé qui produit surtout pour l'exportation.** En Amérique centrale, au Brésil et aux Antilles les cultures d'exportation sont surtout le café, la canne à sucre, les bananes et l'ananas (doc. 1). L'Afrique fournit plutôt du café (doc. 3), du cacao, des arachides tandis que l'Asie exporte le thé et le caoutchouc (doc. 2).

● **Des techniques de culture modernes (machines agricoles, engrais, irrigation) sont recherchées pour augmenter la rentabilité*** mais ne sont pas répandues sur toutes les plantations. Ainsi, la récolte de la canne est mécanisée aux îles Hawaï alors qu'elle exige une main-d'œuvre nombreuse dans les plantations traditionnelles de Cuba ou de La Réunion. Le traitement et la transformation industrielle des produits ont lieu sur place dans l'usine de la plantation.

● **L'origine des plantations remonte souvent à la colonisation*.** Elles devaient fournir des produits tropicaux (doc. 4) qui ne poussent pas dans les régions tempérées : denrées alimentaires comme le sucre de canne, le cacao ou matières premières comme le coton. Aujourd'hui elles appartiennent à des sociétés européennes ou américaines, parfois aux États.

2. Les petites plantations paysannes

● Pour se procurer de l'argent, des paysans pratiquent des cultures commerciales. Ces petites **plantations indigènes*** sont souvent situées sur les pentes des montagnes tropicales ou à côté des grandes plantations comme à la Martinique. **Chaque tentative de modernisation entraîne l'endettement* des petits planteurs sans capitaux.** Ils sont obligés de vendre leur production aux plantations voisines ou à l'État.

● Le cours variable des produits tropicaux pousse les petits planteurs à consacrer le maximum de terres aux cultures commerciales aux dépens des cultures vivrières. Les résultats sont désastreux pour les pays tropicaux. **La production agricole ne couvre plus les besoins alimentaires et il faut importer de plus en plus de nourriture** (doc. 5).

---

1 **Une plantation d'ananas en Côte d'Ivoire.** Cette plantation couvre 1 500 hectares et produit 130 000 tonnes d'ananas par an.

◆ *S'agit-il d'une culture vivrière ?*

VOCABULAIRE

* **Rentabilité** : on parle de rentabilité lorsqu'il y a un bénéfice suffisant.

* **Colonisation** : mouvement de conquête effectué au XIXe siècle par les États européens, hors d'Europe, pour la mise en valeur et l'exploitation de vastes territoires.

* **Plantation indigène** : domaine agricole appartenant à des populations d'origine locale.

* **Endettement** : fait d'avoir des dettes et de ne pas avoir d'argent pour payer un achat ou rembourser un emprunt.

2 Les premiers producteurs de cacao et de café

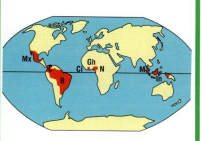

Cacao (% production mondiale)	Café (% production mondiale)
CI : Côte d'Ivoire (26 %)	B : Brésil (20 %)
B : Brésil (22 %)	C : Colombie (14 %)
Gh : Ghana (12 %)	In : Indonésie (8 %)
M : Malaisie (6,5 %)	CI : Côte d'Ivoire (5,6 %)
N : Nigéria (6 %)	M : Mexique (5,4 %)

3 **Une plantation de caféiers en Côte d'Ivoire.** Un ouvrier agricole cueille les « cerises » de café.

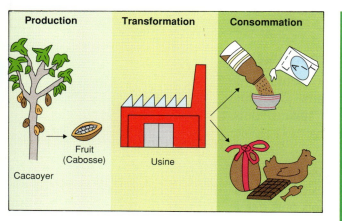

4 **Du cacao au chocolat.** Entre le producteur et le consommateur, de multiples opérations de transformation s'intercalent :
— les fruits du cacaoyer ne sont pas directement comestibles ;
— il faut extraire le beurre de cacao des cabosses mais, à l'état brut, ce produit est amer ;
— additionné de lait, de vanille et de sucre, il acquiert les qualités d'une friandise recherchée.

5 **« Sénégal : les mauvais tours de l'arachide »**

Les autorités coloniales ont forcé les paysans du Sénégal à cultiver l'arachide car la France avait besoin de se procurer de l'huile.

« La culture de l'arachide s'est étendue au détriment des cultures traditionnelles, car elle assurait aux agriculteurs des revenus élevés. Les paysans pouvaient acheter une quantité de mil ou de riz thaïlandais bien supérieure à ce qu'ils auraient eux-mêmes produit directement ; mais elle s'est traduite par un type d'agriculture « minière » sans respect des sols ni des temps de jachère. Tandis que des auréoles de terre épuisée commençaient à entourer les villages arachidiers, l'arachide gagnait d'autres régions, bouleversant l'association élevage-cultures traditionnelles. Puis l'indépendance s'est accompagnée de la fin des accords d'achat préférentiel par l'ancienne métropole. Exposée à la concurrence internationale, peu compétitive en raison de ses faibles rendements, pénalisée aussi par une série de sécheresses, l'arachide sénégalaise s'est effondrée, causant de graves problèmes à l'économie nationale, car elle occupe toujours le premier rang aux exportations. »

S. BRUNEL dans *Tiers-Mondes, controverses et réalités*, Economica, septembre 1987.

6. La riziculture tropicale

[1] **Une rizière traditionnelle à Bali, en Indonésie.** Le paysan laboure son champ à l'aide d'un araire.

1. L'aire de culture du riz

• Le riz exige de la chaleur et un apport d'eau régulier. Il peut pousser dans tout le monde tropical, mais les **grandes régions de riziculture se situent en Asie des moussons** (doc. 4). La culture inondée dans des rizières de vallées ou de deltas peut donner trois récoltes par an. La **culture sèche*** qui utilise les eaux de pluie connaît des rendements plus faibles. Lorsqu'on s'approche des régions tempérées comme dans le nord du Japon ou de la Chine, on obtient une seule récolte, en été.

2. Riziculture traditionnelle et riziculture moderne

• Les rizières sont des champs parfaitement plans, entourés de diguettes (doc. 1). Ils sont inondés par les eaux de pluie ou irrigués. Pendant la saison sèche les champs sont aplanis. Puis, pendant la mousson, se succèdent les semis, le repiquage et la récolte (doc. 3).

• **La riziculture traditionnelle exige beaucoup de main-d'œuvre.** En compensation, un hectare cultivé en riz fournit plus de calories alimentaires que la plupart des autres plantes cultivées, huit fois plus que le blé. Ce qui explique que **les régions de rizières coïncident avec les plus fortes densités rurales du monde tropical.** La riziculture moderne, pratiquée dans de très vastes exploitations mécanisées, obtient de hauts rendements dans le sud des États-Unis ou au Japon (doc. 2).

3. La révolution verte

• **Depuis plus de 20 ans, la révolution verte* a introduit des variétés de riz à haut rendement.** Elle s'est accompagnée de l'utilisation d'engrais, de machines et de l'extension de l'irrigation.

• Dans les régions qui ont adopté les **riz philippins***, la production alimentaire par habitant a augmenté. Toute la paysannerie n'en retire pas le même profit : les paysans pauvres qui ne peuvent pas acheter les engrais qu'exigent les nouvelles variétés de riz sont de plus en plus pauvres, alors que les plus riches vendent des surplus.

VOCABULAIRE

* **Culture sèche** : culture pratiquée pendant la saison des pluies. On l'appelle aussi culture « sous pluie ». C'est le contraire de culture irriguée.

* **Révolution verte** : introduction de nouvelles plantes à rendement élevé et de nouvelles techniques agricoles.

* **Riz philippin** : variété de riz à haut rendement expérimentée d'abord aux Philippines.

2 **Une rizière moderne au Japon.** ◆ *Comparez cette photographie au document 1.*

Janvier	Février	Mars	Avril	Mai	Juin	Juillet	Août	Septembre	Octobre	Novembre	Décembre
				MOUSSON							
Repiquage		Sarclage Désherbage			Repiquage Récolte				Sarclage Désherbage Récolte		Préparation des rizières

3 **Le calendrier de la culture du riz en Asie.**

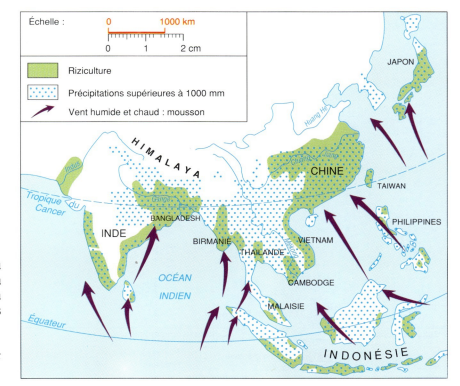

4 **La culture du riz en Asie.** Du Japon à l'Indonésie et au Pakistan, la façade maritime de l'Asie est exposée à la mousson. Elle offre des conditions favorables à la culture du riz.

◆ *Relevez les noms des grandes vallées et des deltas rizicoles.*

ACTIVITÉS ET DOCUMENTS

Découvrir la Côte d'Ivoire par les cartes

Chacune de ces cartes offre des informations sur un thème précis. Leur comparaison fait ressortir les grandes régions de la Côte d'Ivoire.

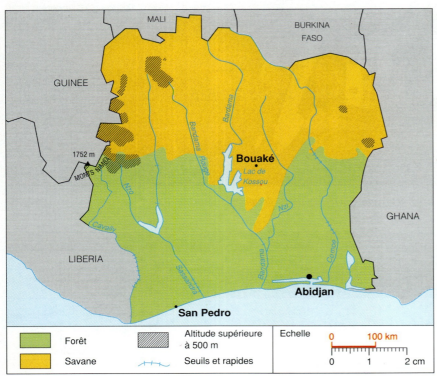

1 Le milieu naturel.

◆ Quelles sont les deux régions naturelles de la Côte d'Ivoire ?

◆ A quel climat correspondent-elles ?

◆ Où sont situées les régions montagneuses ?

2 L'agriculture.

◆ A l'aide de la carte du milieu naturel (doc. 1), faites la liste des cultures vivrières les plus étendues dans le milieu forestier, et dans la savane.

◆ Dans quel milieu le café est-il produit ?

◆ Dans quel milieu le cacao est-il produit ?

◆ Dans quel milieu cultive-t-on le coton ?

ACTIVITÉS ET DOCUMENTS

3 **Les villes et les voies de communication.**

◆ Quelles sont les villes de plus de 200 000 habitants ?

◆ Où sont situées principalement les villes ?

◆ Par où passe la voie ferrée ? Où se dirige-t-elle ?

◆ Quel est le milieu naturel le plus peuplé ?

◆ Quel est le milieu naturel le mieux desservi par les voies de communication ? Pourquoi ?

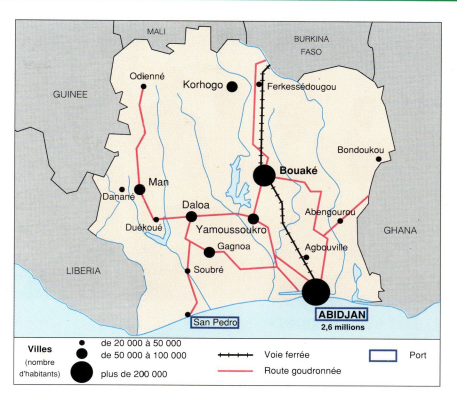

4 **Les activités minières et industrielles.**

◆ Quelles sont les grandes ressources industrielles du milieu forestier ?

◆ Quelles sont les régions les plus industrialisées ? Pourquoi ?

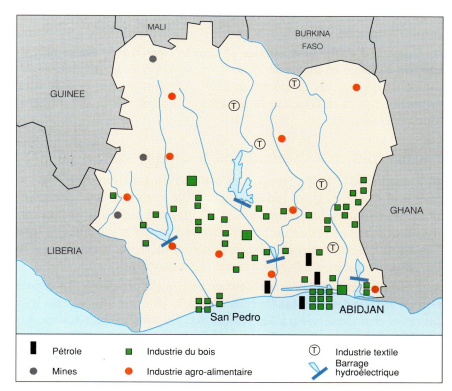

En utilisant les 4 cartes :
◆ Décrivez en une phrase le milieu des savanes, puis le milieu forestier.
◆ Dessinez une légende pour caractériser simplement ces deux milieux.

285

CHAPITRE 6 : LES HOMMES DANS LES MILIEUX INTERTROPICAUX

7. Les villes tropicales

1 Des enfants près d'une décharge d'ordures dans un quartier pauvre de Rio de Janeiro, au Brésil.

1. Des villes géantes

● **La population urbaine est très faible dans le monde tropical** : la majorité des habitants vit à la campagne. **Les citadins sont concentrés dans quelques très grandes villes.** Dans chaque État, une ou deux villes regroupent toutes les activités non agricoles du pays. Ce sont souvent des ports comme Abidjan ou Rio de Janeiro, ou des capitales politiques comme Lagos ou Mexico.

● **On parle d'« explosion urbaine »* dans le Tiers-Monde : le nombre de citadins a doublé en moins de 10 ans** (doc. 3). Cette augmentation très rapide s'explique par une forte natalité mais surtout par l'exode rural provoqué par la misère des campagnes et l'attrait de la vie moderne (doc. 2 et 4).

2. Des contrastes violents dans chaque ville

● La ville moderne correspond au centre-ville avec ses gratte-ciel calqués sur ceux des pays industrialisés. Elle regroupe les administrations, les banques, les commerces et les grands hôtels. Autour du centre s'étend la zone résidentielle avec ses immeubles et ses villas de luxe. Les hauts fonctionnaires, la bourgeoisie industrielle et commerçante, les **cadres*** étrangers habitent ces quartiers modernes.

● **Les quartiers populaires sont souvent rejetés à la périphérie. La population s'y entasse dans des taudis** construits à la hâte sur des terrains insalubres et mal desservis par les transports. Ce sont les bidonvilles. Les conditions de vie y sont affreuses : la faim, les épidémies, le chômage font partie de la vie quotidienne des habitants. Les nombreux petits métiers permettent tout juste de survivre. La mendicité est très répandue. On voit des cortèges d'enfants en haillons, rarement scolarisés, fouillant dans les tas d'ordures pour trouver quelque nourriture ou des objets à vendre (doc. 1).

● **Les bidonvilles regroupent une part de plus en plus importante de la population urbaine des pays tropicaux,** plus de 200 millions d'habitants en 1980. Leur extension n'est pas maîtrisée et pose de graves problèmes de salubrité et de sécurité.

VOCABULAIRE

* **Explosion urbaine** : très forte augmentation de la population des villes.

* **Cadre** : employé ayant une fonction de commandement dans une entreprise.

2 **Une ville du Nigeria : Ibadan.** Aujourd'hui, cette ville compte 1 170 000 habitants.
◆ *Où sont installés les commerçants ? Que vendent-ils ?*

3 L'explosion urbaine dans le monde intertropical : une urbanisation accélérée

	Population totale en 1985 (en millions d'habitants)	% de population urbaine	
		1965	1985
Côte d'Ivoire	10	23 %	45 %
Nigeria	97	15 %	30 %
Sénégal	7	27 %	36 %
Zaïre	34	19 %	39 %
Brésil	140	50 %	73 %
Mexique	81	55 %	69 %
Inde	775	19 %	25 %
Indonésie	170	16 %	25 %

Les plus grandes villes tropicales en 1980

	Population totale (en millions)	Population des bidonvilles (en millions)
Mexico	15,0	6,0
Sao Paulo	13,5	4,3
Calcutta	9,0	3,0
Bombay	8,2	2,7
Manille	5,6	2,2
Bogota	5,5	3,2
Karachi	5,0	1,8
Bangkok	4,6	1,5

4 Le migrant du Tiers-Monde

L'exode rural est très important dans les pays de la zone intertropicale. Voici le portrait-type du migrant qui quitte la campagne et vient s'installer dans une ville africaine ou asiatique.

« Dans les pays sous-développés, les migrants sont jeunes. Ce sont en majorité des hommes, du moins en Afrique et en Asie car de nombreux obstacles sociologiques s'opposent à ce que les femmes partent seules à la ville, sauf s'il y a déjà des parents pour les accueillir ; de plus, les emplois urbains sont en majorité réservés aux hommes. Ce sont plutôt des célibataires car le mariage est tardif...

En Afrique, beaucoup de jeunes partent à la ville afin de pouvoir payer la dot qui conditionne leur mariage. Ce sont en majorité des agriculteurs, paysans sans terre ou petits propriétaires dont les ressources sont insuffisantes. Très souvent enfin, ils ont reçu quelques rudiments d'instruction : ceux qui ont fréquenté l'école sont en effet mieux informés, plus libérés des traditions, plus entreprenants et aussi mieux aptes à trouver un emploi en ville. »

D. NOIN, *Géographie de la population*, Masson, 1979.

◆ *Quelles sont les causes de l'exode rural dans le Tiers-Monde ?*

CHAPITRE 6 : LES HOMMES DANS LES MILIEUX INTERTROPICAUX

8. Les grands chantiers

1 Un forage pétrolier en Indonésie.

♦ Pourquoi ce forage est-il l'illustration d'un grand chantier ?

1. La maîtrise des eaux

● **Les États du monde tropical entreprennent de grands travaux pour maîtriser leurs cours d'eau** (doc. 2). Souvent, ils font appel à l'**aide financière et technique*** de pays industrialisés. Leur but est de lutter contre la violence des crues et les inondations, mais aussi d'irriguer.

● La construction de barrages, de lacs réservoirs et de canaux permet de régulariser le débit des fleuves, de stocker et de distribuer l'eau. Les digues protègent des inondations. Des centrales hydrauliques, édifiées près des barrages, fournissent de l'électricité.

● **Ces grands aménagements ont pour principal résultat le développement de l'irrigation.** En Inde ou en Côte d'Ivoire, les superficies irriguées ont augmenté, permettant des cultures plus intensives. La production agricole s'accroît.

2. L'exploitation des richesses du sous-sol

● Les pays tropicaux recèlent d'importantes réserves de minerais et de sources d'énergie. **Aujourd'hui, leur exploitation est possible dans les régions qui disposent à la fois de techniques, de capitaux et d'hommes** (doc. 1 et 3)

● **Le premier problème à résoudre est celui des voies de communication** indispensables pour évacuer les bois ou les richesses du sous-sol hors de la forêt équatoriale. Le Brésil construit la route transamazonienne, le Gabon construit une voie ferrée jusqu'au littoral (doc. 4). **Ces travaux souvent gigantesques coûtent très cher et durent longtemps :** la Transamazonienne, commencée en 1970, n'est toujours pas achevée et sur certains tronçons la forêt a repris ses droits.

● La main-d'œuvre des chantiers travaille dans des conditions très pénibles. Après de longues journées de travail sous un climat chaud et humide, l'hébergement est rudimentaire dans des baraquements provisoires.

VOCABULAIRE

* **Aide financière et technique** : aide apportée aux pays pauvres par l'envoi de personnels qualifiés, de machines et d'argent.

2 Le barrage d'Itaipu sur le fleuve Parana, à la frontière du Brésil et du Paraguay.

3 Un gigantesque chantier minier en Zambie

Le cuivre assure 90 % des exportations de la Zambie.

« Un très grand trou, long de 3 kilomètres, large de 1 kilomètre, profond de 320 mètres. Par ses dimensions, la mine à ciel ouvert de Nchanga serait l'une des toutes premières du monde... Du rebord de cette immense cuvette aux parois en coupes, les hommes et leurs drôles de machines, occupés, 24 heures sur 24, à gratter le sol pour en extraire le précieux minerai, paraissent ridiculement hors d'échelle. Impression trompeuse car le matériel roulant est d'un gabarit peu commun.

Pour récupérer 1 tonne de roche cuprifère, il faut déblayer et évacuer 11 tonnes de déchets, de gravats. C'est à des mastodontes qu'est confiée cette mission : leur poids en charge atteint 85 ou 120 tonnes. Des monstres de 200 tonnes ont été mis à l'essai, mais leur coût d'exploitation s'est révélé trop onéreux. [...] Nchanga possède un parc de cent quatorze camions de ce gabarit, mais une quarantaine seulement sont en état de marche. Les autres sont sur cale, faute de pièces de rechange, moteurs et pneus. »

Dossiers et documents du Monde, avril 1985.

◆ *Décrivez le gigantisme de ce chantier minier.*

4 Construction d'un pont pour le transgabonais.
◆ *Les travailleurs sont-ils tous des Africains ?*

ACTIVITÉS ET DOCUMENTS

La Réunion, une île tropicale

L'île de La Réunion est un département-région français situé dans l'océan Indien, à plus de 9 000 km de l'Europe. Cette île volcanique est une montagne exposée à l'alizé. C'est une terre de peuplement européen, africain et asiatique.

1 Image satellite de La Réunion.

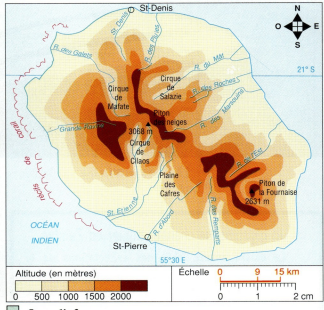

2 Le relief.

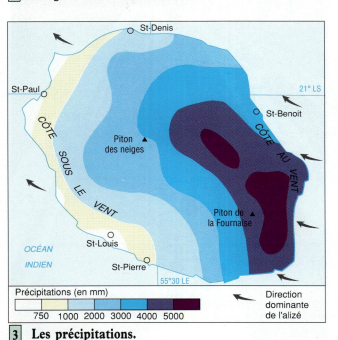

3 Les précipitations.

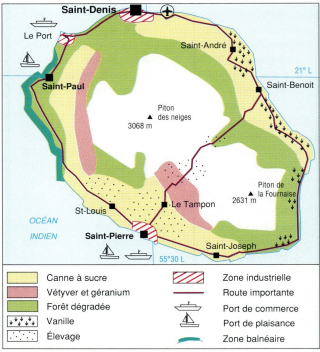

4 Les villes et les activités économiques.

ACTIVITÉS ET DOCUMENTS

5 L'île de La Réunion en chiffres

Superficie : 2 512 km²
Latitude : 21° Sud
Longitude : 55° Est
Point culminant : 3 068 m

POPULATION

Population totale :
552 500 habitants en 1986.

Groupes ethniques :
165 000 créoles blancs, 200 000 métis et cafres, 110 000 Indiens « malbars », 28 000 Indiens musulmans dits « z'arabes », 22 000 Chinois, 27 500 autres (Malgaches, Comoriens, Mauriciens, Européens et « z'oreils »).

Taux de natalité : 23,9 ‰ en 1984
Taux de mortalité : 9,9 ‰ en 1984
Taux de chômage : 40 % en 1988
Taux de population urbaine : 70 % en 1982

Principales villes (1982) : Saint-Denis (110 000 hab.), Saint-Pierre (50 000 hab.), Le Tampon (40 000 hab.), Saint-Louis (32 000 hab.), Le Port (8 000 hab.), Saint-Paul (8 000 hab.).

AGRICULTURE

Surface agricole utilisée : 65 000 hectares, canne à sucre (37 500 ha), géranium (2 000 ha), vétiver (250 ha), vanille (700 ha), tabac (160 ha).

INDUSTRIE

Valeur ajoutée des six premiers secteurs en 1985 :
Agro-alimentaire : 30 %
Boissons : 14,3 %
Constructions mécaniques et électriques : 11,5 %
Bois : 8,3 %
Papeterie, imprimerie : 7 %
Matériaux de construction : 6 %

COMMERCE EXTÉRIEUR EN 1985

Importations : 1 350 000 tonnes (870 millions de francs)
Exportations : 1 080 000 tonnes (7 400 millions de francs)

6 **Le marché du mercredi matin à Saint-Denis.** Les paysans des « Hauts » (les montagnes de l'intérieur) viennent vendre en ville les légumes et les fruits de leurs petites exploitations.

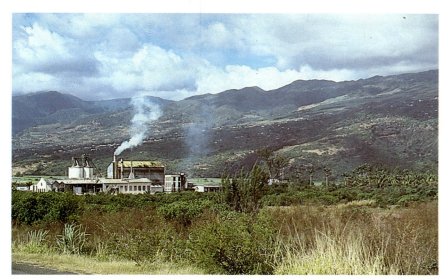

7 Une raffinerie de canne à sucre près de Saint-Paul.

QUESTIONS

♦ *Localisez l'île de La Réunion (latitude et longitude) ; repérez-la sur un planisphère.*

♦ *Quelles sont les différences entre la côte au vent et la côte sous le vent (relief, précipitations, activités humaines) ?*

♦ *Expliquez le contraste entre le littoral et l'intérieur des terres.*

♦ *Quelles sont les principales ressources de l'île ?*

La mondialisation des activités des hommes

1 Aire de stockage de voitures Toyota dans le port de Cherbourg (Manche).

♦ *Par quel moyen de transport ces voitures ont-elles été importées ?*

2 Les migrations internationales

« ''Si les richesses ne vont pas là où sont les hommes, les hommes vont naturellement là où sont les richesses'' (A. Sauvy). Dans le monde actuel, la pression démographique des pays du Sud, l'attraction économique des pays du Nord créent les conditions de départ des hommes. [...]

En 1980, la population émigrée économiquement active était évaluée à une vingtaine de millions (6 millions en Europe, 6 millions aux États-Unis, 4 millions en Amérique latine, près de 3 millions au Moyen-Orient)... »

PH. et G. PINCHEMEL, *La Face de la terre*, Colin, 1988.

1. Les échanges Nord/Sud

● La diversité des productions est à l'origine des échanges entre les pays. Depuis les années 1970, les mots « Nord » et « Sud » peuvent être employés avec une signification économique. **Le « Nord » désigne l'ensemble des pays industriels** qui se situent surtout dans la zone tempérée de l'hémisphère boréal. A l'inverse, **le « Sud » englobe les pays du Tiers-Monde ou en voie de développement,** situés surtout dans la zone intertropicale.

● **Du Sud vers le Nord,** les échanges concernent des hommes et des marchandises. Une main-d'œuvre sans qualification professionnelle émigre vers les pays industriels pour chercher du travail : des millions de personnes se déplacent ainsi. Les marchandises transportées par voie maritime sont des matières premières, des sources d'énergie, des produits industriels de grande consommation ou des produits agricoles tropicaux.

● **Du Nord vers le Sud, les flux* humains concernent un petit nombre de techniciens et de cadres employés dans des entreprises multinationales*.** Leur mode de vie tend à s'imposer comme modèle dans les pays du Tiers-Monde. Les flux de marchandises sont avant tout des produits industriels, des machines-outils et des produits alimentaires.

VOCABULAIRE

* **Flux** : quantité de matière, d'énergie ou d'information qui se déplace.

* **Multinationales** : entreprises qui exercent leurs activités dans plusieurs pays.

La mondialisation des activités des hommes

3 La destruction de la forêt tropicale

Les sociétés modernes dégradent le milieu naturel et sont souvent responsables de catastrophes majeures comme la désertification ou les inondations. La destruction des forêts tropicales qui ne couvrent que 7 % des terres émergées fait peser de lourdes menaces sur notre environnement.

« La frénésie de déboisement dans les pays du Tiers-Monde a détérioré 40 % des forêts tropicales. A ce rythme, les forêts auront disparu dans de nombreux pays dans vingt ou trente ans, favorisant l'érosion des sols et la désertification. Cette dernière progresse en Afrique à la vitesse de soixante mille kilomètres carrés par an. Elle n'épargne pas les pays plus développés de l'Europe du Sud. Cette dégradation des terres menace aujourd'hui directement la subsistance de 850 millions de personnes, vivant sur des terres en voie de désertification. »

Ph. MASURE, « La Vulnérabilité des sociétés modernes face aux catastrophes naturelles », article extrait de la revue *La Recherche* juillet-août 1989.

♦ Trouvez les causes du déboisement en Amazonie *(pp 276-277)* et en Côte d'Ivoire *(pp. 284-285)*.
♦ Peut-on déjà percevoir les inconvénients de ces déboisements ?

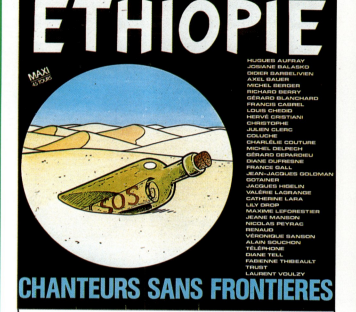

4 Un disque pour aider les victimes de la sécheresse en Ethiopie (1985).
Le produit de la vente de ce disque est allé à des organisations d'aide humanitaire.

♦ Citez d'autres exemples de disques enregistrés pour des organisations d'aide humanitaire.

2. Les solidarités mondiales

● Les problèmes de solidarité mondiale surgissent lors des catastrophes naturelles :

— **L'aide humanitaire apporte les premiers secours** en cas de tremblement de terre (Arménie), d'éruption volcanique (Amérique du Sud), d'inondations (Bangladesh), de sécheresse (Sahel)... Ces mesures d'urgence sont spectaculaires car les médias en informent toute la planète.

— **Un effort de développement à long terme est entrepris par des organismes internationaux** comme la **FAO*** ou l'**UNICEF*** et par des **organisations non gouvernementales***... Ils cherchent à lutter contre le retard économique par des programmes d'aide technique, de formation ou d'éducation.

● **La prise de conscience de la responsabilité des hommes dans la gestion de la planète se développe.** La pollution d'origine industrielle, la déforestation rapide des régions tropicales entraînent une dégradation irréversible de l'environnement. Il faut songer à une exploitation mesurée des ressources renouvelables pour préserver le patrimoine de l'humanité tout entière.

VOCABULAIRE

* **FAO** : *(Food and Agriculture Organization)* organisation internationale, dépendant de l'ONU pour s'occuper de programmes de développement agricole et alimentaire.

* **UNICEF** : Fonds des Nations Unies pour l'Enfance.

* **Organisation non gouvernementale** : association comme « Frères des Hommes » ou « Médecins du monde » qui ne dépend d'aucun gouvernement pour définir ses interventions d'assistance.

INITIATION ÉCONOMIQUE

1. Les échanges

1 Un hypermarché.

1. Le circuit économique

• On ne vit pas de la même façon dans les campagnes de la savane africaine et dans les deltas de l'Asie des moussons. Pourtant, au-delà des différences, partout la vie quotidienne répond aux mêmes exigences fondamentales : **un homme a besoin de nourriture, d'habillement, d'objets divers (maison, meubles...) et de services (santé, loisirs).**

• Chacun s'organise pour essayer de se procurer ce dont il a besoin. Si la nourriture ne provient pas d'une récolte familiale (et c'est le cas le plus fréquent), elle doit être achetée (doc. 1). Il faut alors de l'argent. Le travail permet de toucher un salaire.

• Nous pouvons tous nous situer comme acheteur ou comme producteur. **Le circuit économique est la relation plus ou moins complexe entre les consommateurs et les producteurs** (doc. 3). La demande (les acheteurs) est l'ensemble des besoins qui varient avec l'âge, le sexe, les goûts et les habitudes. L'offre (les producteurs) comprend les **biens*** et les services (doc. 4). L'offre et la demande se rencontrent sur le **marché***.

2. A la découverte des circuits économiques

• **Il y a autoconsommation* lorsque le consommateur des denrées ou des services en est aussi le producteur** (doc. 2). L'autoconsommation des produits agricoles ne subsiste guère que pour les légumes du potager en France. Pourtant, dans certains pays de la zone intertropicale, elle est encore essentielle.

• **Le troc* consiste à échanger un bien contre un autre,** un lapin contre du raisin par exemple. Ce n'est pas commode, car celui qui a un lapin préfère peut-être des oranges que son voisin ne produit pas.

• La **monnaie*** s'est généralisée et sert d'intermédiaire. Elle permet deux échanges successifs :
1. le producteur de lapin vend son lapin contre de l'argent ;
2. avec cet argent, il peut acheter des oranges chez le marchand.
La circulation des biens ou des services est compensée par un mouvement monétaire appelé « flux ». C'est une économie monétaire.

VOCABULAIRE

* **Bien** : objet qui permet de satisfaire un besoin.

* **Marché** : lieu de rencontre entre vendeurs et acheteurs. En économie de marché, les prix se fixent selon la loi de l'offre et de la demande.

* **Autoconsommation** : consommation par les producteurs eux-mêmes des biens qu'ils ont produits.

* **Troc** : échange direct d'un bien contre un autre.

* **Monnaie** : pièce de métal ou papier qui sert de moyen d'échange ou d'unité de valeur.

2 Des jardins ouvriers à Waziers, dans le Nord.

♦ A quels consommateurs sont destinés les légumes et les fruits de ce potager ?

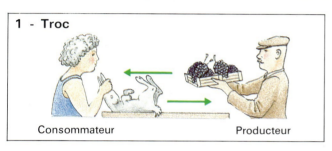

1 - Troc
Consommateur — Producteur

2 - Circuit économique simple
Consommateur — Producteur

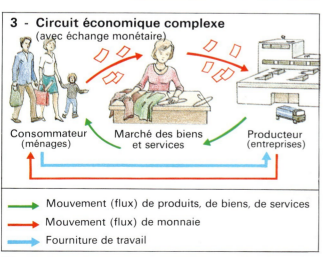

3 - Circuit économique complexe (avec échange monétaire)
Consommateur (ménages) — Marché des biens et services — Producteur (entreprises)

→ Mouvement (flux) de produits, de biens, de services
→ Mouvement (flux) de monnaie
→ Fourniture de travail

3 Les différents circuits économiques.

4 Biens et services pour satisfaire les besoins

Les besoins

« L'homme éprouve des besoins divers : il lui faut, ne serait-ce que pour survivre au temps et à l'ennui, se nourrir, se vêtir, se loger, se distraire, et la nature, en l'état, n'est pas apte à le satisfaire. Il est donc obligé de travailler. [...] Plus concrètement l'homme est contraint de se livrer à une œuvre de transformation de la nature, de créer des richesses capables de satisfaire ses besoins. Produire c'est précisément créer ces richesses. Consommer, c'est satisfaire directement ses besoins en disposant de richesses. »

G. DEVILLEBICHOT, *Initiation à l'intelligence économique,* Privat, 1972.

Les biens et les services

« Un bifteck, une auto, un médicament, un flacon de parfum se voient, se palpent, se respirent. Mais la coupe de cheveux, la visite médicale, le nettoyage d'une carrosserie, le travail d'un boucher ne sont pas des objets. Vous avez consommé ou payé un supplément de beauté, un regain de santé ou de force et non pas un produit. Ce que le facteur vous apporte avec la lettre ou l'artiste avec l'émission qui, sur l'écran du téléviseur, enchante vos regards, c'est un certain service. Le mot est lâché : un service, c'est-à-dire une consommation qui, au lieu de détruire un bien, met à votre disposition le temps, le travail et le talent des autres. »

C. QUIN, J. BONNIFACE et A. GAUSSEL, *Les Consommateurs,* © Editions du Seuil, 1965.

2. La demande des consommateurs

[1] Un ménage.

1. Le ménage est l'unité de consommation

● Plusieurs personnes qui dépendent d'un même revenu et vivent dans le même logement, constituent une unité de consommation ou **ménage***. Dans la journée, chacun a ses occupations mais le soir tous se retrouvent à la maison. Il y a utilisation commune du réfrigérateur, de la salle de bains ; les repas sont souvent pris ensemble et on décide certains achats en commun (téléviseur, vacances...).

● Les ménages sont classés selon leur composition. **Le ménage familial est le plus fréquent : il correspond à une famille,** c'est-à-dire aux parents et aux enfants vivant à la maison (doc. [1]). Le ménage peut être réduit à une personne célibataire, veuve ou divorcée. Parfois, il regroupe des personnes sans lien de parenté mais qui habitent sous le même toit, comme les soldats d'une caserne...

2. Le budget des ménages

● Les ménages ont un ensemble de besoins de consommation : nourriture, habillement, logement, transport, santé, loisirs... Leur satisfaction n'est possible que par des achats et dépend, par conséquent, des ressources de chaque ménage. En langage économique, **l'ensemble des ressources et des dépenses d'un ménage s'appelle un budget** (doc. [2]).

● Les ressources des ménages sont variées. L'agriculteur, l'industriel ou l'artisan vivent de la vente de leur production. Il existe des revenus du capital financier ou immobilier, mais pour la majorité des Français, le salaire est la principale source de revenu. En cas d'arrêt de travail pour maladie, la caisse de Sécurité sociale verse une **indemnité***. Le pouvoir d'achat d'un ménage est la somme des revenus dont il dispose.

● **Les dépenses des ménages se distribuent dans plusieurs rubriques ou postes budgétaires,** correspondant aux besoins de consommation : alimentation, habillement, logement, meubles et articles ménagers, santé, transport, loisirs. La part des postes budgétaires varie avec les revenus et les goûts de chacun (doc. [3] et [4]).

VOCABULAIRE

* **Ménage** : unité de consommation qui comprend une ou plusieurs personnes habitant ensemble et partageant leurs repas.

* **Indemnité** : somme d'argent attribuée en compensation d'un dommage.

Ressources		Dépenses	
• Salaires		• Dépenses de consommation (alimentation, logement, habillement, santé, culture...)	216 500 F
– du mari (technicien)	135 000 F		
– de la femme (employée)	77 000 F		
• Prestations sociales (allocations familiales et sécurité sociale)	12 000 F	• Impôts sur le revenu	15 000 F
• Revenus d'actions	1 500 F		
Total	**225 500 F**	**Total**	**231 500 F**
• Emprunt	30 000 F	• Épargne	24 000 F

A - Équilibre : Ressources / Dépenses

B - Excédent : Ressources / Dépenses + Épargne

C - Déficit : Ressources + Dettes / Dépenses

2 **Le budget d'un ménage.**
Un budget est toujours présenté en deux parties : les ressources et les dépenses. Le total de la colonne « ressources » est toujours égal au total de la colonne « dépenses ». Pour le ménage, il peut y avoir trois situations : l'équilibre (pas de dettes, ni d'épargne), l'excédent (le ménage épargne) ou le déficit (le ménage a des dettes).

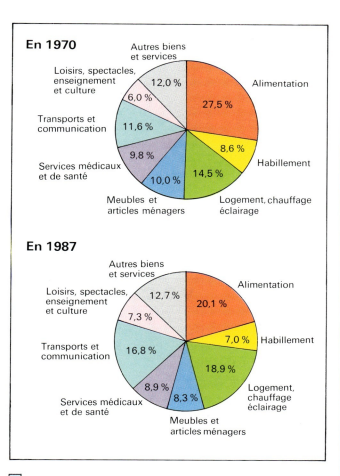

En 1970
- Autres biens et services : 12,0 %
- Alimentation : 27,5 %
- Habillement : 8,6 %
- Logement, chauffage éclairage : 14,5 %
- Meubles et articles ménagers : 10,0 %
- Services médicaux et de santé : 9,8 %
- Transports et communication : 11,6 %
- Loisirs, spectacles, enseignement et culture : 6,0 %

En 1987
- Autres biens et services : 12,7 %
- Alimentation : 20,1 %
- Habillement : 7,0 %
- Logement, chauffage éclairage : 18,9 %
- Meubles et articles ménagers : 8,3 %
- Services médicaux et de santé : 8,9 %
- Transports et communication : 16,8 %
- Loisirs, spectacles, enseignement et culture : 7,3 %

3 **L'évolution des dépenses des Français.**

◆ Comment s'expliquent les modifications des postes budgétaires consacrés à l'alimentation, au logement et aux transports ?

4 **Les jeunes consommateurs**

« On ne soupçonne guère le rôle économique considérable joué par les enfants. Non contents de dépenser eux-mêmes l'argent dont ils disposent (quelque 8 milliards de francs par an), ils exercent une influence considérable sur les achats effectués par leurs parents. De la tablette de chocolat à la chaîne hi-fi en passant par les magazines ou la planche à voile, leur ombre se profile derrière un grand nombre de décisions d'achats. [...] Comment s'étonner alors que la publicité les interpelle si souvent, même lorsqu'elle vante des produits qui ne semblent pas, a priori, leur être particulièrement destinés (alimentation, biens d'équipement).

Cette influence des enfants et des jeunes sur la consommation familiale s'exerce sur des types de dépenses très différentes selon l'âge de l'enfant.

Lorsque l'enfant grandit, ses choix interviennent d'abord pour l'achat des jouets et de la nourriture, puis pour les vêtements et les biens d'équipement. »

G. NERMET, *Francoscopie*, Larousse, 1988.

◆ Recherchez des exemples de biens et de services dont la consommation est influencée par les jeunes.
◆ A quels thèmes de publicité les jeunes sont-ils sensibles ?

INITIATION ÉCONOMIQUE

3. L'offre des producteurs

[1] Un artisan boulanger.

1. L'entreprise est l'unité de production

● **Une entreprise produit des biens et des services destinés au marché** (doc. [4]). Toute entreprise comprend des installations matérielles (bâtiments, terrains, machines) et des travailleurs qui assurent la production. **L'entreprise est privée lorsqu'elle appartient à une famille ou à des actionnaires*. Elle est publique si elle appartient à l'État.**

● Les entreprises artisanales comptent moins de dix salariés (doc. [1]). Les **P.M.I.*** et les **P.M.E.*** emploient de 10 à 500 travailleurs, les grandes entreprises plus de 500 salariés.

● Une entreprise se définit par sa production qui peut être très variée : de la viande, des fruits, des automobiles, des téléviseurs, des vêtements, des médicaments, des assurances... Elle est classée dans un des trois secteurs de l'économie :
— le secteur primaire où l'on trouve une ferme, un chalutier ou une carrière ;
— le secteur secondaire qui regroupe les usines ;
— le secteur tertiaire qui comprend l'ensemble des services (doc. [2]), les administrations, les commerces, les banques, les cinémas...

2. Les lois du marché

● **Le compte d'exploitation de l'entreprise est l'équivalent du budget d'un ménage.** Les dépenses proviennent de l'achat de matières premières et de machines, des salaires versés aux travailleurs... Les recettes dépendent de la vente des biens et des services.

● **En général, une entreprise cherche à réaliser des bénéfices pour vivre,** mais elle peut bénéficier de **subventions***. Pour augmenter les profits, il faut réduire les **coûts de production***. C'est possible en modernisant le matériel et en organisant mieux le travail, en se procurant des matières premières bon marché. La recherche et l'innovation débouchent sur de nouvelles productions.

● La publicité informe les consommateurs, favorise la vente et fait naître des besoins nouveaux (doc. [3]).

VOCABULAIRE

* **Actionnaire** : personne qui possède des actions, c'est-à-dire une partie du capital d'une entreprise.

* **PMI et PME** : petites et moyennes industries et entreprises, employant de 10 à 500 salariés.

* **Subvention** : aide financière de l'État pour combler le déficit d'une entreprise.

* **Coût de production** : prix de revient qui comprend le prix des matières premières, les salaires des travailleurs et l'amortissement du matériel.

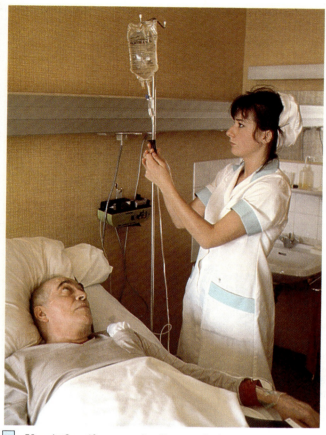

2 Une infirmière auprès d'un malade.
◆ Quel service « produit » une infirmière ?

3 Une affiche publicitaire.
◆ Quel est le rôle de cette publicité ?

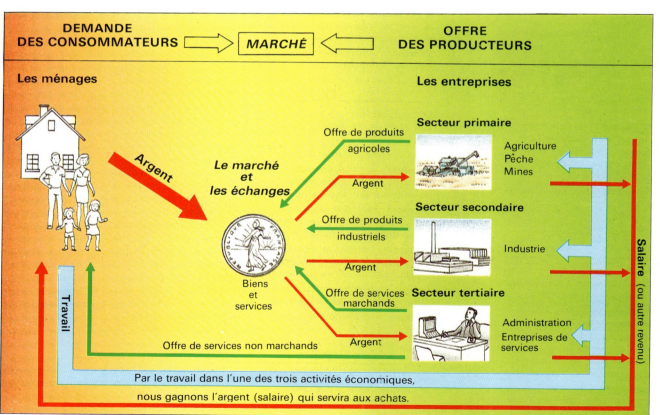

4 Le circuit économique dans la commune.
◆ Quelle relation y a-t-il entre le circuit de la production et celui de l'argent ?

LEXIQUE HISTOIRE

A

Aède : poète qui va de cité en cité pour chanter les exploits des héros en s'accompagnant sur la cithare.

Affranchi : esclave rendu à la liberté par son maître.

Ager publicus : territoires pris par Rome aux peuples vaincus d'Italie, et devenus propriété collective du peuple romain.

Agora : place publique, lieu habituel des fêtes, des activités commerciales et politiques dans les cités de la Grèce antique.

Amphithéâtre : [...] édifice de forme ovale à l'intérieur duquel des gradins entourent une piste où se déroulent jeux et combats de gladiateurs.

Anarchie : [...] désordre qui est la conséquence d'une absence d'autorité.

Apothéose : divinisation d'un empereur à sa mort, sur décision du Sénat ; l'empereur est déclaré dieu et son culte est assuré par un collège de prêtres.

Aqueduc : [...] conduite qui amène l'eau dans les villes.

Arche d'Alliance : coffret de bois précieux [...] dans lequel les Tables de la Loi ont été placées ; jusqu'à la construction du Temple à Jérusalem, il accompagne les Hébreux dans leurs déplacements.

Aristocrates : ceux qui se disent eux-mêmes « les meilleurs » ; ils sont propriétaires fonciers [...].

Aryens : populations venues d'Iran qui envahissent le nord de l'Inde à partir du XVIIIe siècle avant J.-C.

Augures : prêtres qui observent les signes de la nature pour connaître la volonté des dieux.

Australopithèques : êtres préhumains de petite taille qui se tenaient debout sur leurs membres inférieurs ; ils vécurent en Afrique australe entre 6 et 1 millions d'années avant nous.

Autel : petite construction en pierre, le plus souvent située en plein air devant un temple ; c'est sur un autel que, lors d'un sacrifice, la partie de la victime offerte aux dieux est brûlée.

Autonomie : droit de se gouverner par ses propres lois.

B

Baptiser : plonger une personne dans l'eau pour la laver symboliquement de ses péchés.

Barbare : à l'origine, « celui qui parle une langue que l'on ne comprend pas » ; les Grecs employaient ce mot pour désigner ceux qui ne partageaient pas leur culture. Désigne aussi les peuples qui se pressent aux frontières de l'empire romain.

Biface : outil de pierre grossièrement taillé sur deux faces pour qu'il coupe bien.

Blasphème : insulte faite à Dieu.

Bornes milliaires : bornes placées le long des voies romaines portant les distances routières ; le mille romain était long de 1 472 mètres.

C

Cataractes : groupe de rochers qui barrent un fleuve, forment des chutes et interrompent la navigation ; il y a 6 cataractes sur le Nil.

Celtes : peuples originaires d'Europe centrale, venus s'installer progressivement en Europe occidentale dès le Ier millénaire avant J.-C.

Chaos féodal : situation politique de désordre, dû à un trop grand nombre de seigneurs locaux plus ou moins indépendants.

Cité gauloise : *ne pas confondre avec les cités grecques* ; désigne un peuple et son territoire, puis le chef-lieu de ce territoire ; il y avait 20 cités en Narbonnaise et 60 dans les Trois Gaules.

Civilisation hellénistique : nom de la période qui, dans le monde grec, suit la mort d'Alexandre et dure jusqu'à la conquête par Rome.

Clan : groupe familial ayant un ancêtre commun ; chez les Hébreux, le chef d'un clan est appelé un patriarche.

Client : personne dépendant d'un riche citoyen qui le nourrit, le vêt ou le loge en échange de son vote aux élections.

Collège : association regroupant les artisans d'un même métier. Ces associations professionnelles célèbrent leurs propres fêtes religieuses et pratiquent l'entraide.

Consoler : apporter à ceux qui sont malheureux le réconfort qui vient de Dieu.

Consuls : les deux magistrats suprêmes de la République qui commandent les armées et ont un pouvoir sur tous les autres magistrats, sauf les tribuns.

Conversion : changement d'opinion ou de religion ; ici, devenir chrétien.

D

Démagogue : homme politique qui flatte son auditoire, le *démos,* afin d'obtenir le pouvoir.

Démos : ensemble des citoyens.

Dévaluer : à cette époque, diminuer le poids de métal précieux dans les pièces de monnaie afin d'en fabriquer davantage.

Diaspora : mot grec signifiant « dispersion », qui désigne les communautés juives dispersées à travers le monde.

Dictateur : magistrat choisi pour une durée de six mois afin d'exercer seul tous les pouvoirs en cas de menace grave.

Druide : « l'homme qui sait », en langue celte ; nom des prêtres gaulois.

Dynastie : succession des rois d'une même famille.

E

Égyptologues : historiens spécialistes de l'Égypte antique ; l'égyptologie est devenue une science grâce au savant français Champollion qui déchiffra les hiéroglyphes en 1822.

Épopée : long poème qui célèbre les exploits des héros et que récitaient les aèdes.

Ermite : personne qui se retire volontairement dans la solitude, loin des plaisirs du monde.

Eucharistie : partage du pain et du vin en mémoire du dernier repas pris par Jésus avec ses Apôtres, la veille de sa mort.

Évêques : successeurs des Apôtres.

F

Forum : place publique, centre de la vie politique, religieuse, judiciaire et commerciale.

G

Glaciations : périodes de refroidissement des climats de la Terre, qui se traduit par un développement des glaciers.

Grand pontife : chef des prêtres chargé de surveiller l'ensemble du culte privé et public ; il est nommé à vie par les autres prêtres.

Guerres puniques : nom donné aux trois guerres entre Rome et Carthage ; « punique » est un mot latin qui désigne ce qui se rapporte à Carthage.

Gymnase : espace en plein air entouré d'un portique et réservé aux exercices physiques ; à partir du IIIe siècle avant J.-C., les Grecs y enseignent aussi la grammaire et la littérature.

H

Haruspices : prêtres chargés d'interpréter les présages en observant les entrailles des victimes (tradition d'origine étrusque).

Héros : personnage qui a accompli des actions d'éclat pendant sa vie et est parfois considéré en Grèce comme un demi-dieu.

Hiérarchie : ordre établi entre des personnes ou des choses considérées comme de valeur inégale.

Hindouiste : personne qui croit en l'hindouisme ; on peut dire aussi « hindou » mais il ne faut pas confondre avec les Indiens qui sont les habitants de l'Inde.

Hoplite : guerrier grec dont les armes sont : une lance, une courte épée, une cuirasse, un bouclier et un casque.

Huns : peuple d'Asie centrale qui migre vers l'Occident au IVe siècle, chassant devant lui d'autres peuples.

I

Idole : image ou statue représentant un dieu et qui est adorée comme si elle était le dieu lui-même.

Impérialiste : qui cherche à dominer ; l'impérialisme est la domination d'un État sur un autre.

Irriguer : faire venir de l'eau dans un terrain cultivable trop sec [...].

L

Latins : habitants du Latium, région d'Italie centrale.

Lettrés : ceux qui savent lire et écrire.

Libation : offrande aux dieux d'un peu de liquide (huile, vin ou lait) versé sur le sol ou sur un autel, afin de les honorer et de leur demander aide et protection.

LEXIQUE HISTOIRE

Ligue : alliance de plusieurs puissances sous la domination de l'une d'elles.

Limon : fines particules de terres entraînées par un fleuve ; le limon du Nil se déposait à la fin de la crue et formait, après la baisse des eaux, un riche engrais naturel.

M

Magistrat : personne à laquelle est confiée une fonction publique importante.

Malédiction : parole par laquelle on appelle sur quelqu'un la colère d'un dieu.

Mandat céleste : l'empereur a reçu du ciel, qui est considéré comme un dieu, le pouvoir de gouverner.

Martyr : personne qui accepte de mourir plutôt que de renier sa foi.

Mégalithe : monument préhistorique de grande dimension, formé d'un ou de plusieurs blocs de pierre ; par exemple, les dolmens ou les menhirs.

Mercenaires : soldats étrangers qui se font payer pour combattre.

Métropole : [...] désigne la cité d'où sont partis les fondateurs d'une colonie ; par exemple, Sparte est la métropole de Tarente.

Milice : troupe provisoire qui renforce l'armée régulière en cas de danger.

Minotaure : créature légendaire mi-homme, mi-taureau qui vivait en Crète dans le palais du Labyrinthe ; il se nourrissait en dévorant 7 jeunes gens et 7 jeunes filles que les Athéniens devaient livrer chaque année.

Miséricorde : pardon des péchés.

Monopole : privilège qui consiste à être le seul à posséder, fabriquer ou vendre un produit.

Mythes : récits fabuleux qui expliquent ce que les hommes ont du mal à comprendre ; par exemple, le mythe de Prométhée explique l'origine du feu.

N

Nécropole : mot d'origine grecque signifiant « ville des morts ».

Nobles : membres de la noblesse ; à partir du IVe siècle avant J.-C., la noblesse comprend l'ensemble des familles dont un membre a été magistrat.

Nomades : personnes qui se déplacent et n'ont pas d'habitation fixe.

Notables : citoyens les plus riches, appelés aussi honorables, parmi lesquels se recrutent les hauts fonctionnaires.

O

Oasis : endroit isolé dans le désert où la végétation pousse autour d'un point d'eau.

Objet d'art : objet conçu pour être beau.

Obole : petite pièce en argent ; la drachme vaut 6 oboles.

Onguent : sorte de pommade faite de substances grasses et de résines très parfumées.

Oppidum : place forte sur une hauteur.

Oracle : réponse d'un dieu à une demande ; les Grecs peuvent consulter l'oracle d'Apollon à Delphes, ou l'oracle de Zeus à Olympie.

P

Papyrus : sorte de roseau des bords du Nil dont la tige découpée en lanières séchées, puis collées, sert à fabriquer un papier très résistant.

Parabole : récit imagé qui donne un enseignement à partir d'une histoire simple servant d'exemple.

Patriciens : ensemble des familles dont les membres seuls pouvaient, jusqu'au IVe siècle avant J.-C., devenir magistrats.

Péché : acte par lequel l'homme s'oppose à Dieu.

Pédagogue : [...] esclave chargé de conduire l'enfant à l'école.

Pentecôte : fête qui a lieu 50 jours après Pâques ; chez les chrétiens, la Pentecôte rappelle la descente de l'Esprit Saint sur les Apôtres ; à partir de ce jour, les Apôtres commencèrent à prêcher : c'est le début de l'Église.

Peplos : tunique de laine portée par les hommes et les femmes ; lors des festivités des Panathénées, les Athéniens offraient à Athéna un *peplos* brodé.

Phalange : formation militaire dans laquelle les hoplites sont disposés en rangs serrés, hérissés de lances, et protégés par leurs boucliers.

Pharaon : mot qui vient de l'égyptien Pir-Ra, « grande maison », ou encore « palais » ; il sert à désigner celui qui habite le palais et y gouverne, c'est-à-dire le roi d'Égypte.

Plébéiens : à l'origine, étrangers libres installés à Rome ; ils sont intégrés par la suite au peuple romain.

Pnyx : colline d'Athènes sur laquelle, au Ve siècle avant J.-C., se réunit l'Ecclesia.

Poliade : se dit d'une divinité qui protège la cité.

Polissage : frottement destiné à rendre une pierre lisse et tranchante ; un tranchant poli résiste aux chocs et à l'usure.

Préfet : fonctionnaire chargé de l'administration d'un service ou d'un territoire.

Prophète : personne qui parle au nom de Dieu.

Province : nom donné aux territoires situés hors d'Italie et gouvernés par des magistrats romains.

R

Recensement : enquête destinée à compter la population d'un État.

Religion à mystères : les mystères sont les cérémonies à la suite desquelles les initiés apprenaient les secrets qu'ils ne devaient pas révéler.

Rituel : ensemble des rites, c'est-à-dire prières, offrandes et cérémonies en l'honneur de dieux.

S

Sabbat : 7e jour de la semaine, consacré à Dieu ; le Sabbat correspond au samedi.

Saint des Saints : partie la plus sacrée du Temple de Jérusalem.

Sanctuaire : espace sacré où se déroule le culte public dédié à une divinité ; Delphes et Olympie sont des sanctuaires.

Sarcophage : cercueil de pierre ou de bois souvent orné de dessins et d'inscriptions destinés à faciliter l'entrée du défunt dans l'Au-delà.

Secte : ensemble de personnes qui ont la même croyance religieuse.

Sédentaire : personne qui vit dans un lieu d'habitation fixe.

Servitude : situation d'esclavage.

Silo : grenier clos où la récolte de grains est conservée ; en Égypte antique, les silos sont bâtis en briques et de forme arrondie.

Société : ensemble de personnes vivant en groupe organisé.

Société hiérarchisée : organisation de la société dans laquelle les groupes sont considérés comme supérieurs ou inférieurs les uns aux autres.

Sphinx : statue d'animal fantastique ; en Égypte, les sphinx ont le corps d'un lion, d'un bélier ou d'un épervier et la tête d'un homme.

Spirituelles : [...] qui n'appartient pas au domaine physique ou matériel.

Stupa : monument bouddhique dans lequel les reliques du Bouddha sont conservées.

T

Tables de la Loi : tablettes de pierre sur lesquelles les paroles de Yahvé à Moïse ont été gravées.

Taoïsme : religion fondée par Lao-Tseu au VIe siècle avant J.-C.

Terre promise : pays promis par Dieu à Abraham ; c'est le pays de Canaan.

Tétrarchie : [...] gouvernement par quatre personnes.

Tribuns : d'abord 2, puis 10 représentants de la plèbe qui la défendent face aux Patriciens.

Triomphe : la plus haute récompense accordée par le Sénat à un général victorieux ; il traverse Rome debout sur son char, couronné de laurier et vêtu des ornements de Jupiter, tunique et toge brodées d'or.

Triumvirat : [...] alliance politique de trois hommes.

Tyran : chef d'une cité qui exerce un pouvoir personnel ne reposant pas sur la loi ; beaucoup de tyrans firent une bonne politique.

V

Varna : mot qui désigne les 4 classes de la société indienne.

Vétéran : ancien soldat qui, après son service militaire (entre 16 et 30 années), reçoit des avantages, surtout des terres.

LEXIQUE GÉOGRAPHIE

A

Accroissement naturel : différence entre le taux de natalité et le taux de mortalité d'une population.

Acheb : mot arabe désignant une étendue de plantes surgies du désert après une averse.

Actionnaire : personne qui possède des actions, c'est-à-dire une partie du capital d'une entreprise.

Adret : versant ensoleillé d'une montagne dans la zone tempérée. Il est exposé au sud dans les Alpes.

Aide financière et technique : aide apportée aux pays pauvres par l'envoi de personnels qualifiés, de machines et d'argent.

Alluvions : dépôts de boues, de sables ou d'argiles apportés par un cours d'eau.

Alpage : prairie d'altitude située au-dessus de l'étage forestier et utilisée comme pâturage en été.

Altitude : hauteur du relief par rapport au niveau moyen de la mer.

Amplitude : différence de température entre le maximum et le minimum enregistrés au cours d'une période.

Année-lumière : unité de mesure dans l'espace. Elle correspond à la distance parcourue par la lumière en un an à la vitesse de 300 000 km par seconde, c'est-à-dire 9 500 milliards de km dans une année.

Aquaculture : culture de végétaux marins et surtout élevage de poissons de mer, de coquillages et de crustacés.

Aride : très sec. Se dit d'une région où les précipitations sont insuffisantes et où l'évaporation est très forte.

Assainissement : ensemble des techniques qui permettent de drainer des plaines marécageuses.

Assolé : se dit d'un champ sur lequel se succèdent des cultures différentes.

Atmosphère : enveloppe gazeuse qui entoure la Terre.

Autoconsommation : consommation par les producteurs eux-mêmes des biens qu'ils ont produits.

B

Banlieue : ensemble des localités qui entourent une ville.

Bassin hydrographique : ensemble hiérarchisé de cours d'eau, des petits ruisseaux au fleuve.

Bidonville : habitat spontané très pauvre fait de matériaux de récupération (tôles, planches) à la périphérie des villes.

Bien : objet qui permet de satisfaire un besoin.

Blizzard : vent très violent qui souffle dans les régions polaires parfois à plus de 300 km/h.

Bocage : paysage de campagne où les champs sont entourés de haies et où l'habitat est dispersé.

Brûlis : défrichement partiel de la végétation naturelle et destruction des débris par le feu.

C

Cadre : employé ayant une fonction de commandement dans une entreprise.

Canicule : très forte chaleur.

Carotte : échantillon de terrain prélevé en profondeur par un engin de forage.

Carrefour stratégique : espace où se rencontrent des intérêts militaires politiques ou économiques.

Centre historique : partie la plus ancienne d'une ville qui regroupe généralement les plus vieux monuments.

Colonisation : mouvement de conquête effectué au XIXe siècle par des États européens, hors d'Europe, pour la mise en valeur et l'exploitation de territoires.

Continentalité : influence climatique enregistrée lorsqu'on pénètre à l'intérieur d'un continent : l'hiver est plus froid, l'été plus chaud, les précipitations diminuent.

Contrat : accord par lequel une ou plusieurs personnes définissent leurs obligations mutuelles comme le temps de travail et le salaire.

Coopérative : entreprise agricole gérée par des agriculteurs qui se sont regroupés pour acheter les produits qu'ils utilisent et pour vendre leur production.

Coriace : dur comme du cuir. Une feuille coriace est petite, fibreuse et couverte d'une cuticule brillante.

Coût de production : prix de revient qui comprend le prix des matières premières, les salaires des travailleurs et l'amortissement du matériel.

Crue : hautes eaux exceptionnelles d'un cours d'eau.

Culture sèche : culture pratiquée pendant la saison des pluies. On l'appelle aussi culture « sous pluie ». C'est le contraire de culture irriguée.

D

Dépression : centre de basses pressions atmosphériques apporté par les vents d'ouest dans les zones tempérées et accompagné de nuages pluvieux.

Dérive des continents : lent déplacement des plaques de la croûte terrestre. Les continents s'écartent ou se rapprochent.

Désenclavement : interruption de l'isolement d'une région par la construction de voies de communication.

Dorsale océanique : chaîne de montagnes immergée au milieu d'un océan.

Douar : campement de plusieurs tentes appartenant à une tribu.

Drainage : aménagement de fossés, voire de canaux pour évacuer l'excédent d'eau d'un terrain.

E

Endettement : fait d'avoir des dettes et de ne pas avoir d'argent pour payer un achat ou rembourser un emprunt.

Equinoxe : moment de l'année où la durée du jour est égale à celle de la nuit.

Étagement : disposition de la végétation en fonction de l'altitude, le long d'un versant montagneux.

Étoile : astre qui émet de la lumière.

Évaporation : transformation d'un liquide en vapeur.

Évolution : transformation progressive des espèces au cours de l'histoire de la Terre.

Exode rural : départ des habitants de la campagne vers la ville.

Explosion urbaine : très forte augmentation de la population des villes.

Exportation : produit envoyé et vendu dans un pays étranger.

F

FAO : organisation internationale, dépendant de l'ONU pour s'occuper de programmes de développement agricole et alimentaire.

Flux : quantité de matière, d'énergie ou d'information qui se déplace.

Forage : puits creusé dans le sol et le sous-sol pour trouver de l'eau, du pétrole ou des matières premières.

Forêt boréale : forêt située près du cercle polaire de l'hémisphère Nord. Elle est composée surtout de conifères et de bouleaux.

Forêt dense : forêt tropicale toujours verte composée de très nombreuses espèces végétales : arbres, lianes, orchidées.

Formation végétale : ensemble des plantes qui vivent ensemble dans un milieu donné comme la prairie, la forêt...

Fossile : débris ou empreinte d'animal ou de végétal conservé dans des dépôts sédimentaires.

Friche : terrain agricole abandonné et peu à peu reconquis par la végétation spontanée.

Front pionnier : zone de conquête du sol pour augmenter la superficie agricole aux dépens de terres inutilisées.

Fuseau horaire : surface comprise entre deux méridiens distants de 15°.

G

Garrigue : formation végétale méditerranéenne laissant une partie du sol à nu, que l'on rencontre plutôt sur les sols calcaires, lorsque la forêt a disparu.

Genre de vie : ensemble des activités d'un individu ou d'un groupe humain en étroite relation avec le milieu.

H

Hamada : plateau désertique où la roche est à nu.

Hiérarchie : classement d'éléments en série croissante ou décroissante.

Houille blanche : hydroélectricité.

Huerta : jardin, verger ou plaine irrigués et cultivés intensivement avec des techniques traditionnelles.

Hydrocarbures : nom donné au pétrole, au gaz naturel et aux produits dérivés.

Hydroélectricité : électricité obtenue par la transformation de la force de l'eau en énergie grâce à des barrages.

I

Immigrant : personne qui entre dans un pays pour s'y établir.

Importation : produit en provenance des pays étrangers.

LEXIQUE GÉOGRAPHIE

Indemnité : somme d'argent attribuée en compensation d'un dommage.
Industrie de pointe : industrie utilisant les progrès récents de la technique et de la science.
Infrastructures : ensemble des installations au sol nécessaires aux transports.
Inlandsis : calotte de glace recouvrant les terres, parfois tout un continent comme l'Antarctique, dans les régions polaires.

―――――― J ――――――
Jachère : terre laissée sans culture pendant une ou plusieurs années.

―――――― L ――――――
Lande : formation végétale composée d'arbustes souvent épineux comme les bruyères, les ajoncs ou les genêts.
Lessivé : se dit d'un sol appauvri en éléments fertiles lorsque l'eau de pluie les a dissous et emportés.

―――――― M ――――――
Maladies tropicales : maladies existant dans les régions tropicales et dont le développement est favorisé par le climat chaud et humide.
Maquis : formation végétale méditerranéenne composée de buissons épineux que l'on rencontre sur les sols siliceux lorsque la forêt a disparu.
Marché : lieu de rencontre entre vendeurs et acheteurs.
Matières premières : produits bruts extraits du sous-sol ou fournis par l'agriculture.
Médina : quartier ancien dans une ville arabe, entouré de remparts, aux ruelles étroites.
Ménage : unité de consommation qui comprend une ou plusieurs personnes habitant ensemble.
Microclimat : ensemble des conditions de température, d'humidité et de vent qui règnent dans un lieu limité comme un versant, une vallée...
Migration : déplacement de population d'une région à l'autre ou d'un pays à l'autre.
Milieu : ensemble des conditions qui caractérisent le cadre de vie : conditions naturelles comme le sol, le climat, la végétation, mais aussi conditions sociales et économiques.
Mondialiser : se développer sur toute la Terre, à l'échelle mondiale.
Monnaie : pièce de métal ou papier qui sert de moyen d'échange ou d'unité de valeur.
Mousson : vent saisonnier soufflant en été de la mer vers la terre et en hiver de la terre vers la mer, en Asie du Sud-Est.
Multinationales : entreprises qui exercent leurs activités dans plusieurs pays.

―――――― O ――――――
Organisation non gouvernementale : association qui ne dépend d'aucun gouvernement pour définir ses interventions d'assistance.
Oued : cours d'eau temporaire en milieu aride.

―――――― P ――――――
Parasites : animaux ou végétaux qui vivent aux dépens d'autres êtres vivants.
Période végétative : temps pendant lequel les conditions de chaleur et d'humidité permettent aux plantes de pousser.
Plancton : ensemble des êtres végétaux ou animaux de petite taille, parfois microscopiques, vivant dans l'eau de mer.
Plan d'urbanisme : document qui définit les projets de construction et d'aménagement de l'espace urbain.
Planète : astre qui n'émet pas de lumière et décrit une orbite autour du Soleil.
Plantation indigène : domaine agricole appartenant à des populations d'origine locale.
PMI et PME : petites et moyennes industries et entreprises, de 10 à 500 salariés.
Population rurale : population qui habite dans les campagnes. En France, population des communes qui comptent moins de 2 000 habitants.
Population urbaine : population qui habite dans les villes (par opposition à la population rurale).
Prairie : formation végétale composée de hautes herbes. Le terme est utilisé surtout en Amérique du Nord ; en URSS on parle de steppe, en Argentine de pampa...
Puits de mine : lieu d'extraction du charbon (ou houille).

―――――― R ――――――
Radiotélescope : instrument destiné à capter les ondes émises par les astres.
Régime hydrologique : variations du débit d'un cours d'eau au cours de l'année.
Relief : ensemble des irrégularités de la surface terrestre qui comprend des bosses et des creux.
Remue : montée des troupeaux vers les pâturages d'altitude pendant l'été.
Rentabilité : on parle de rentabilité lorsqu'il y a un bénéfice suffisant.
Réseau : ensemble des voies de communication entrelacées plus ou moins régulièrement dans une région.
Réseau urbain : ensemble des villes d'une région ou d'un pays entretenant entre elles des relations commerciales, industrielles, touristiques ou administratives.
Révolution verte : introduction de nouvelles plantes à rendement élevé et de nouvelles techniques agricoles.
Rift : déchirure de la croûte terrestre. De part et d'autre du rift, les plaques s'écartent.
Riviera : côte abritée, bénéficiant d'un climat agréable, surtout l'hiver.
Riz philippin : riz à haut rendement expérimenté d'abord aux Philippines.
Rurbanisation : mot formé par la contraction de rural et d'urbanisation. Il désigne un espace rural modifié par des activités urbaines.

―――――― S ――――――
Salinité : quantité de sels dissous dans un litre d'eau de mer. La salinité moyenne est de 35 g par litre.
Savane : formation végétale tropicale composée de hautes herbes avec quelques arbres isolés.
Séisme : tremblement de terre.
Sidérurgie : activité industrielle qui consiste à fabriquer de la fonte et de l'acier avec du minérai de fer et du charbon.
Solstice : moment de l'année où l'inégalité de la durée des jours et des nuits est la plus grande. Le jour le plus long se situe lors du solstice d'été, le jour le plus court lors du solstice d'hiver.
Soudure : période de l'année qui précède la récolte. L'alimentation est parfois insuffisante et il y a risque de famine.
Source d'énergie : matière qui permet de produire de la chaleur ou de faire fonctionner les machines.
Stagnantes : se dit d'eaux immobiles qui ne s'écoulent pas, comme dans un marécage. Contraire d'eaux courantes.
Subvention : aide financière de l'Etat pour combler le déficit d'une entreprise.
Surpâturage : exploitation excessive des pâturages par le bétail, entraînant la dégradation de la végétation et des sols.
Surproduction : production supérieure à celle qui peut être consommée ou vendue.

―――――― T ――――――
Technopole : ville regroupant des activités tertiaires de haut niveau comme l'informatique.
Télécopie : service de copie immédiate à distance.
Télescope : instrument optique destiné à l'observation des astres.
Terrasse : aménagement d'un versant en gradins par la construction de murs qui retiennent la terre et limitent de petits champs étagés.
Toundra : formation végétale discontinue, formée de mousses, de lichens, d'arbres nains dans la zone froide.
Tourisme : fait de voyager pour son plaisir ou de séjourner dans un lieu où l'on ne vit pas habituellement.
Tour opérateur : entreprise qui vend des voyages organisés.
Transhumance : déplacement d'un troupeau entre deux régions de pâturage afin de trouver de la nourriture toute l'année.
Troc : échange d'un bien contre un autre.
Tubercule : racine où sont stockées les réserves nutritives de la plante. Parmi les tubercules comestibles, il y a l'igname, la patate douce.

―――――― U ――――――
Ubac : versant ombragé d'une montagne dans la zone tempérée. Il est exposé au nord dans les Alpes.
UNICEF : Fonds des Nations Unies pour l'Enfance.
Usine électrométallurgique : usine métallurgique qui utilise l'électricité pour raffiner l'aluminium et fabriquer des aciers spéciaux.

―――――― Z ――――――
Zone climatique : portion de l'espace terrestre au climat chaud, tempéré ou froid limitée par des parallèles.

Références iconographiques

P. 10-11 : © LAMONTAGNE ; p. 13 h : © F. ROUZAUD ; p. 13 b : © Editions LARREY, Toulouse ; p. 14 : © COLORPHOTO HANS HINZ ; p. 15 h : © Coll. Musée de l'Homme/Cl. D. Ponsard, p. 15 b : © D. Sacchi. 16 : © Erich Lessing/MAGNUM, p. 17 h : © Picture Point ; c. 17 m : Direction des Antiquités de Bretagne ; p. 17 b : Gerster/RAPHO ; p. 18 : © Centre Archéologique de Pincevent, p. 19.1 : Musée de Terra Amata © Alain MALAVAL ; p. 19.2 : © J.M. LABAT, p. 19.3 : © J.M. LABAT ; p. 19.4 : © Jean VERTUT, p. 19.5 : © Jean VERTUT, p. 19.6 : © Jean VERTUT, p. 19.7 : © Musée de l'Homme/Cl. J. Oster ; p. 19.8 : © Musée de l'Homme/Cl. J. Oster ; p. 20 : © Jean VERTUT, p. 21 h : © Languepin/RAPHO, p. 22 : © Selection du Reader's Digest/Chuzeville Muséé du Louvre ; p. 23 : © André HELD, p. 24 : © Erich Lessing/MAGNUM, p. 25 b : © Jean Louis NOU ; p. 26 : © Ciccione/Rapho, p. 27 : © Ch. Lénars/EXPLORER ; p. 28-29 : © G. DAGLI-ORTI ; p. 32 : © André HELD ; p. 33 : © Jean VERTUT, p. 34 : © Brake/RAPHO ; p. 35 g : © G. DAGLI-ORTI ; p. 35 d : © G. DAGLI-ORTI ; p. 35 b : © G. DAGLI-ORTI ; p. 36 h : © G. DAGLI-ORTI, p. 36 b : © PHOTO R.M.N. ; p. 37 h : © Michael Holford-Coll. British Museum, p. 37 b : © G. DAGLI-ORTI ; p. 38 : © G. DAGLI-ORTI ; p. 39 h : © Hubert JOSSE ; p. 39 b : © GALLIMARD, La Photothèque - Paris ; p. 40 : © Brake/RAPHO ; p. 43 : © M. Haillaux du Tilly ; p. 44 : © GIRAUDON, p. 45 d : © British Museum ; p. 45 b : G. DAGLI-ORTI ; p. 46 : © Erich Lessing/MAGNUM, p. 49 : © Zev Radovan, p. 50 : © Erich Lessing/MAGNUM, p. 51 : © Palphot ; p. 52 : © Zev Radovan, p. 53 : © J.L. NOU p. 54 : © André HELD ; p. 56 : © Loirat/EXPLORER ; p. 60 : © Colorphoto Hinz ; p. 61 h : © GALLIMARD, La Photothèque - Paris ; p. 61 b : © CNRS/CCJ ph. Réveillac, p. 62 : © Ekdotike Athenon, p. 63 : © R.M.N. ; p. 65 : © Erich Lessing/MAGNUM, p. 66 : © G. DAGLI-ORTI ; p. 67 : © Ekdotike Athenon ; p. 68 : © André HELD ; p. 69 g : © SCALA, p. 69 d : © R.M.N./M. Chuzeville ; p. 70 : © G. DAGLI-ORTI - Musée du Louvre ; p. 71 : © G. DAGLI-ORTI - Mumée de l'Acropole ; p. 72 : © EXPLORER/Clément ; p. 74 : © G. DAGLI-ORTI - Musée du Louvre ; p. 75 h : © E.R.L./SIPA ICONO - Hôtel des Monnaies ; p. 75 b : © B.N. ; p. 76 b : © EXPLORER, p. 76 : © G. DAGLI-ORTI - Musée de l'Agora ; p. 77 : © Ekdotike Athenon, p. 78 : © Bildarchiv Preussischer Kulturbesitz ; p. 79 h : © Michael Holford - British Museum ; p. 79 bg : © British Museum ; P. 79 bd : © André HELD ; p. 80 : © Bildarchiv Preussischer Kulturbesitz, p. 81 h : © Wadworth Atheneum Hartford J. Pierpont Morgan, p. 81 b : © SCALA, p. 82 : © G. DAGLI-ORTI/Naples, Musée Archéologique, p. 85 : © Alain Thomas : EXPLORER ; p. 86 h : © DAGLI-ORTI/Naples, Musée Archéologique, p. 86 b : © G. DAGLI-ORTI/Naples, Musée Archéologique, p. 87 h : © G. DAGLI-ORTI/Rome, Musée Archéologique, p. 87 m : © GIRAUDON ; p. 87 b : © G. DAGLI-ORTI/Athènes, Musée de l'Agora, p. 90 : © G. DAGLI-ORTI/Musée de la Civilisation Romaine, p. 94 : © G. DAGLI-ORTI/Rome, Musée du Capitole, p. 95 : © DAGLI-ORTI ; p. 96 g : © B.N., p. 96 d : © B.N. ; p. 97 : © SCALA ; p. 98 : © DAGLI-ORTI, p. 100 : © DAGLI-ORTI, p. 101 : © SOPRINTENDENZA ARCHEOLOGICA, Roma, photo Martines, p. 102 : © LAUROS-GIRAUDON ; p. 103 h : © B.N. ; p. 103 b : © SOPRINTENDENZA ARCHEOLOGICA, Ostia, p. 104 : © LAUROS-GIRAUDON/Musée d'Orléans ; p. 105 : © B.N. ; p. 106 g : © YAN/RAPHO ; p. 106 d : © Musée de Chalon-sur-Marne ; p. 107 g : © DAGLI-ORTI, Reims, Musée Lapidaire St Rémi ; p. 107 d : © Musée Calvet, Avignon, p. 107 b : © DAGLI-ORTI Rome, Musée de la Civilisation Romaine ; p. 108 h : © « Vue du Ciel » par Alain PERCEVAL, p. 108 b : © B.N. ; p. 110 : © SCALA ; p. 111 : © Luisa Ricciarini, Milan ; p. 112 : © SCALA ; p. 113 : © Erich Lessing/MAGNUM, p. 114 : © Brian BRAKE/RAPHO ; p. 115 : © DAGLI-ORTI, p. 116 : © C.M. Dixon, p. 117 : © Luisa Ricciarini Milano, p. 118 : © DAGLI-ORTI, Musée du Bardo, Tunis, p. 120 : © Hubert Josse - Musée Gallo-Romain, Lyon ; p. 121 g : © BELZEAUX-RAPHO ; p. 121 m : (c) BELZEAUX-RAPHO ; p. 121 b : © FOTOGRAM-STONE, p. 122 : © Brian BRAKE-RAPHO ; p. 123 h : © Yan, Toulouse ; p. 123 b : © Dieuzaide/RAPHO ; p. 124 : © LAUROS-GIRAUDON, p. 125 : © SCALA, p. 126 : © Brian BRAKE/RAPHO ; p. 128 : © DAGLI-ORTI, p. 129 h : © SCALA ; p. 129 b : DAGLI-ORTI ; p. 130 : © André HELD ; p. 132 : © André HELD ; p. 133 : © Palphot ; p. 134 : © André HELD ; p. 135 : André HELD ; p. 136 : © DAGLI-ORTI ; p. 137 : © BELZEAUX-RAPHO ; p. 138 : © SCALA ; p. 142 : © Erich Lessing/MAGNUM, p. 132 g : © Photo Musée de l'Armée, Paris ; p. 143 d : © Photo Musée de l'Armée, Paris ; p. 144 : © DAGLI-ORTI ; p. 145 : © SCALA ; p. 146 : © J.L. NOU ; p. 148 : © J.L. NOU p. 149 g : © J.L. NOU ; p. 149 d : © J.L. NOU ; p. 150 : © J.L. NOU ; p. 151 g : © LAUROS-GIRAUDON, Madras, Musée National ; p. 151 d : © J.L. NOU ; p. 152 : © T ; GRAHAM/SYGMA, p. 153 : © B.N. ; p. 154 : © LAUROS-GIRAUDON, Paris B.N. ; p. 155 g : © LAUROS GIRAUDON - Musée Guimet ; p. 155 d : © LAUROS-GIRAUDON/New Delhi, Musée National ; p. 157 : © SCALA. p. 160-161 : FOTOGRAM-STONE, p. 162 : COSMOS/SPL/Hardy ; p. 163 : SYGMA/Tiziun ; p. 164 : RAPHO/Henzel-Stock Boston ; p. 165 : EXPLORER Archives ; p. 166 : M. Flonneau ; p. 170 : CNES/SPOT Image/BRGM ; p. 171 h : EXPLORER/Delu ; p. 171 m : RAPHO/Koch ; p. 171 b : Beaujard ; p. 174 : CNES/SPOT IMAGE/BRGM ; p. 176 : DITE/Nasa ; p. 177 : RAPHO/Lockman/BSNY ; p. 179 : IGN ; p. 180 h : EXPLORER/Salou ; p. 180 b : GAMMA/Morel, p. 184 : RAPHO/Saïto/PPS ; p. 185 : COSMOS/AZZI-Woodfin Camp ; p. 186 : EXPLORER/Baumgartner ; p. 187 h : EXPLORER/Cambazard ; p. 187 b : GAMMA ; p. 188 : ZEFA/Boutier ; p. 189 h : RAPHO/Beaune, 189 b : EXPLORER/Girard ; p. 190 : EXPLORER/Salou ; p. 191 h : « Vue du ciel » par Alain PERCEVAL ; p. 191 b : PIX/T. D'Hoste ; p. 192 : COMET Photo ; p. 196 h ZEFA/Leidmann ; p. 196 b : EXPLORER/Joffre ; p. 198 : RAPHO/Schultess ; p. 200 : Météorologie Nationale ; p. 204 : RAPHO/Setboun ; p. 205 : M. Flonneau ; p. 206 : CEDRI/Rives, p. 207 : PIX/Tass ; p. 210 h : COSMOS/B. de Camaret ; p. 210 m : RAPHO/Friedel ; 210 b : RAPHO/Rouland ; p. 212 : Office de Tourisme de Filande ; p. 213 : PIX/Edy ; p. 214 : PIX ; p. 215 g : ZEFA/Ziesler ; p. 215 d : ZEFA/D. Muench, p. 216 : Marc GARANGER ; p. 217 : AAA/Naud ; p. 218 : ZEFA/Goebel, p. 219 h : COSMOS APL/Derek Bayes ; p. 219 b : EXPLORER/Krafft ; p. 220 : ANA/Durazzo ; p. 221 : RAPHO/Gerster ; p. 222 : COUSTEAU SOCIETY ; p. 224 : PIX/Lerault ; p. 225 h : ZEFA/Steenmans ; p. 225 b : ANA/Jukta Rona ; p. 226 : JERRICAN/Daudier ; p. 227 : ELF AQUITAINE ; p. 228 : JACANA/R. König ; p. 230 : ZEFA/E. Silvester ; p. 231 : « Vue du Ciel » par Alain PERCEVAL ; p. 232 : Savoie Media/H. Barthelemy ; p. 233 h : PIX ; p. 233 b : ZEFA/Rosenfeld ; p. 234 : DIAF/J.P. Langeland ; p. 235 h : MAGNUM/Mc Curry ; p. 235 b : CEDRI/Sappa ; p. 237 : PIX ; p. 238 h : RAPHO/Cagnoni ; p. 238 b : ZEFA ; p. 242 : RAPHO/Mopy ; p. 243 : RAPHO/Linder ; p. 244 : ZEFA/Heilman ; p. 245 : PIX/Le Doare ; p. 246 : EXPLORER/Salou ; p. 247 g : ZEFA/Aerolux ; p. 247 d : JERRICAN/Berenguier ; p. 248 : M. Flonneau, p. 249 : PHOT'R/De Swarte ; p. 250 : DIAF/Prattl-Pries ; p. 251 : SPOT IMAGE ; p. 252 : ZEFA/Ed ; BOCK ; p. 253 : EXPLORER/Delarbre, p. 254 : ZEFA/Oster ; p. 255 g : CEDRI/Tripelon-Jarry ; p. 255 d : JERRICAN/Lainé ; p. 256 : DDE Vendée ; p. 257 : PIX/Meauxsoone ; p. 258 : CEDRI/Rives, p. 259 : DIAF/Leconte ; p. 260 : CEDRI/Marmounier ; p. 261 h : PIX/Gontscharoff ; p. 261 b PIX/APA ; p. 262 : PIX/Gauthier ; p. 263 : GAMMA/Aventurier ; p. 264 : ANA/J. Rerg ; p. 265 : EXPLORER/B. et J. Dupont ; p. 266 h : RAPHO/Gloaguen ; p. 266 m : EXPLORER/A. Guillou ; p. 266 b : HOA-QUI/Lainé ; p. 270 : HOA-QUI/AM-CAPIMPE ; p. 271 : HOA-QUI/Huet ; p. 272 : RAPHO/Gerster ; p. 273 h : HOA-QUI/B. Français ; p. 274 b : MAGNUM/MC Curry ; p. 274 : MAGNUM/Ian Berry ; p. 275 h : HOA-QUI/Marenthier ; p. 275 b : MAGNUM/B. Barbey ; p. 276 : ZEFA/Puttkamer ; p. 277 g : ZEFA/Boutin, p. 277 d : ZEFA ; p. 278 : APA/Graphix-Zylberman ; p. 279 : HOA-QUI/Debert Daniel ; p. 280 : HOA-QUI/Boutin, p. 281 : HOA-QUI/X. Richer ; p. 282 : AAA/Martelot ; p. 283 : AAA/Cazabon ; p. 286 : RAPHO/Gibet ; p. 287 : AAA/Naud ; p. 288 : RAPHO/Halary, p. 289 h : ZEFA/Bramaz ; p. 289 b HOA-QUI/Pavard ; p. 290 : MSS/BRGM ; p. 291 h : RAPHO/Diaz ; p. 291 b : M. Flonneau, p. 292 : TOYOTA ; p. 293 : PATHE MARCONI/Illustration Frank Margerin, D.R. ; p. 294 : RAPHO/Donnezan ; p. 295 : RAPHO/Lawson ; p. 296 : EXPLORER/Bernager ; p. 298 : EXPLORER/Jalain ; p. 299 g : RAPHO/Courtinat ; p. 299 g : JERRICAN/Gaillard.

Couverture : B.N. et BEICIP